新时代财经思考与地方探索

王璟谛 等 著

中国财经出版传媒集团
中国财政经济出版社
·北 京·

图书在版编目（CIP）数据

新时代财经思考与地方探索 / 王璟谛等著. -- 北京 : 中国财政经济出版社, 2025. 1（2025. 12重印）.
ISBN 978-7-5223-3734-0
Ⅰ. F812.767
中国国家版本馆CIP数据核字第2025H0437L号

责任编辑：杨　波　　　　责任校对：徐艳丽
封面设计：陈宇琰　　　　责任印制：张　健

新时代财经思考与地方探索
XINSHIDAI CAIJING SIKAO YU DIFANG TANSUO

中国财政经济出版社 出版
URL：http：//www. cfeph. cn
E－mail：tianmh@ cfemg. cn

社址：北京市海淀区阜成路甲 28 号　邮政编码：100142
营销中心电话：010－88191522
天猫网店：中国财政经济出版社旗舰店
网址：https：//zgczjjcbs. tmall. com
北京厚诚则铭印刷科技有限公司印刷　各地新华书店经销
成品尺寸：170mm×240mm　16 开　20. 75 印张　313 000 字
2025 年 1 月第 1 版　2025 年 12 月北京第 2 次印刷
定价：98. 00 元
ISBN 978－7－5223－3734－0
（图书出现印装问题，本社负责调换，电话：010－88190548）
本社质量投诉电话：010－88190744
打击盗版举报热线：010－88191661　QQ：2242791300

序

经济的发展，社会的进步，综合国力的增强，人民生活的提高，都离不开财政的支持，古今中外概莫能外，因此，各国政府和广大民众都非常关注本国财政。我们党和国家历来高度重视财政工作，不仅为财政强基固本指明方向，还为财政正确发挥职能作用创造条件。党的十八大以来，中国特色社会主义进入了承前启后、继往开来的新时代，社会的主要矛盾、社会环境、经济状况、外部条件等都发生了巨大变化，财政正面临着难得的发展机遇和空前的严峻挑战。“财政是国家治理的基础和重要支柱”，如何按照党中央提出的这个科学定位建立现代财政制度，不断提高财政治理体系和治理能力现代化水平，优质高效地做好新时代的财经工作，这是一个事关全局的大课题。广大学者和财政工作专家以高度负责的精神，从多角度、全方位进行深入研究和不断探索，为做好这篇大文章而建言献策，显然是具有重要意义的。

王璟谛博士在广西从事财税工作20余年，他作为一名少数民族干部长期服务于基层，期间曾借调到财政部工作，后来又考入中央财经大学在职攻读博士学位。他坚持学习、勤于思考，在学习中拓宽视野，在实践中增长才干。他和他的研究团队集思广益、求真务实，抓住财经热点问题进行深入调查、潜心研究，不断取得可喜成果，《新时代财经思考与地方探索》（以下简称《思考与探索》）就是他们智慧的结晶。财政具有综合性、公共性和法治性等特点，它能反映全局、影响全局，做好财政工作有利于提高经济社会的发展质量和效益，有利于提升公共服务水平和民生福祉。建立现代财政制度既要以目标为导向，也要以问题为导向，这样才能不断深化改革、守正创新。《思考与探索》立足广西，从财政视角用大量的数据和丰富的实例来研究财政与经济、金融、社会等各个方面的关系，旨在探究如何提高财政治理现代化的能力和水平，推进各项事业的科学发展。他们不仅整理了广西的翔实资料，还汇集了内蒙古、新疆、西藏、宁夏四个自治区和云南、贵州、青海三个少数民族较多省的相关信息，据此对诸多项目进行比较研究，学经验、找差距、探新路，这不仅是在研究广西财政，也是在研究民族地区财政。上述八省区占全国省级行政区划的1/4，特点非常明显：少数民族的数量较多、人口较少、文化差异较大；政区面积广阔，又多属于边疆、山区、欠发达地区，发展很不平衡，同时资源丰富，发展潜力很大，等等。中央曾多次召开民族工作会议，从政策到人、财、物等都给了多方面的大力支持，民族地区已经发生了今非昔比的巨大变化，但由于多种原因，就总体而言其发展仍然滞后。我国是一个社会主义大家庭，在现代化的道路上一个都不能少，做好这些地区的工作具有深远意义。

理念是行动的先导。我在通读《思考与探索》书稿后明显感到，作者的研究旨在探求如何使科学的理念在广西生根发芽、开花结果，这主要体现在三个方面。第一，认真落实党中央决策部署，扎实推进铸牢中华民族共同体意识示范区建设。党中央提出民族工作要以中华民族伟大复兴为出发点和落脚点，铸牢中华民族共同体意识，实现各民族大团结，共同发展、共同富裕。这是党的民族工作和民族地区各项工作的主线。广西是民族团结进步示范区，新时代对广西工作提出了更高的要求，作者正是遵循这条主线展开研究的。第二，要坚持新发展理念，走好广西高质量发展之路。坚持新发展理念、坚持高质量发展是我国经济社会发展的核心战略，是全面建设社会主义现代化国家的首要任务。习近平总书记在党的二十大期间参加广西代表团讨论时指出，广西要“在推动边疆民族地区高质量发展上展现更大作为”。作者抓住广西应如何结合本地实际实现高质量发展这个主题展开研究。高质量发展体现了新发展理念，是一个综合性概念，各行各业都应当全面、完整、准确地贯彻新发展理念，按照高质量发展的要求和“广西发展战略”“人才兴桂”战略的部署，制定自己的发展目标、发展质量和发展前景的规划；要高度重视发展新质生产力，因地制宜地发展先进生产力，不断增强发展的内生动力，推动经济转型升级；要“以人民为中心”，注重社会公平正义和民生福祉；要增强综合实力和国际影响力，做好兴疆戍边工作等。建议简明、务实、有新意。第三，按照现代财政制度的内在要求不断深化改革，提高广西财政治理现代化的能力和水平。作者着重研究了为什么广西的财政支出总量不高、结构不优、人均支出偏低？如何加强政府债务管理、防范政府债务风险？如何加强财政政策与货币政策的协调配合？如何强化财政暂付款的管理？如何强化预算执行中的管理等？他们以科学的态度给出了自己的答案，并提出要深化改革、要以数字化助推财政治理现代化、要加强财政法治建设等相应建议。我坚信，只要坚持以发展促改革，再以深层次改革来推动高质量发展，预期目的就一定会达到。

我在大学毕业后分配到新疆，经过再教育即调入塔城地区财政局工作10余年；1981年起在高校任教，随后我曾几次参加原财政部财科所组织的民族地区财政研讨会；多年来我也曾以不同方式向民族地区的财政、经管部门做过调研和交流；在我指导的研究生中有来自民族地区的，其中有人撰写的学位论文也是研究民族地区财政的。当璟谛邀我写序时，我在翻阅书稿后很快作了回应，这不仅因为我和他有师生之谊，还因为我与民族地区财政有不解之缘。我认为，阅读一篇好的作品就是一次再学习的机会。《思考与探索》有助于了解广西以及民族地区财政，有益于今后的工作，所以我乐于推介此书与大家分享。

在繁花盛开的时节，《思考与探索》就要问世了，我表示由衷的祝贺，同时也表达诚挚的祝愿，希望再接再厉，多出优秀成果，为推动民族地区的各项事业高质量发展作出新贡献！

李保仁

2024年5月

前言

对财政重要性的认识，古今中外具有高度的一致性。“财者，为国之命而万世之本。国之所以存亡，事之所以成败，常必由之。”这与马克思提出经济决定政治的科学论断不谋而合，是符合辩证和历史唯物主义规律性认识。亚当·斯密把财政称为“庶政之母”。党的十八届三中全会指出：“财政是国家治理的基础和重要支柱，科学的财税体制是优化资源配置、维护市场统一、促进社会公平、实现国家长治久安的制度保障。”可见，古往今来，财政的重要性不言而喻。从大方面看，财政经济方面学问是经国济世之学，我显然没有如此宏大的理想，亦无政治家追逐理想的翅膀，但向善向美之心，人皆有之，所以对国家阳光雨露暖人润心，关于民生基层的点滴感悟愿飨读者。

本书是我从事20多年财税工作的思考，也是一群志同道合的研究团队成员勤学好思的见证，集结了基层财政人的智慧结晶。我结合自身多年来岗位变迁、求学深造和课题研究过程中对全口径财政工作的实践与思索，从财政与经济、金融、债务等多个热点角度切入，用历史归纳法和对比分析法来研究财经热点问题，期望于窥一斑而知全貌，以多角度的论述、翔实的数据、丰富的事例为读者揭示了纷繁复杂的地方财政运行机制体制，对从事财经工作的读者具有较强的可读性。长期基层工作经历，让我有幸认识基层党委政府、基层财政部门的同志，有幸成为村老总和村干部的朋友，他们都是行走在乡间地头的教科书，为人处世，答疑释惑，排忧解难，无一不是我的老师。

思想决定思路，思路引导出路。只有用科学的思想理论武装头脑，才能坚持走正确的道路，才能在各种各样的考验中经得起风雨，受得起锤炼。东西南北中，党是管一切的，在新的历史时期，必须用党的最新理论成果来指导实践，特别是在财政工作中的实践。跳出财政看财政、跳出广西看广西的思想窠臼，是理论指导地方财政工作的有效途径。

本书大致可以分为三个部分。需要说明的是，民族区域自治制度根本目的在于维护国家统一和民族团结，边疆民族地区边疆安宁、社会稳定和经济繁荣等发展目标同等重要、相辅相成。根据国家发展大局需要，中央对边疆地区发展的定位，在多重目标均衡中仍有明确的优先序，孰重孰轻，一目了然，主线清晰。所有对边疆民族地区的财政政策和地方财政治理应当与之契合。部分文章文末著有简评，读者若没有时间阅读正文，看看简评便可。

第一部分，讲方法论与财政视野，主要是我从事财经实践工作一些思考。我有幸被组织安排在中央部委和最基层单位工作过，特别是经历过驻县扶贫岁月，从工作环境变化中实现了视野拓展，更好地从党委、政府、其他部门和群众的立场对地方财政管理进行思考，并取得了一些认识和经验。本部分多篇文章在《当代广西》上发表，并在“学习强国”的理论前沿板块转载。开篇讲述中美贸易摩擦之后，又有世纪疫情冲击，一波未平又起一波，激起我们对全球化和逆全球化的思考。在财经工作中注重坚持系统观念谋划，直面地方财政经济运行的实际困难，用改革创新的举措推动高质量发展，尤其是注重数字化治理，破解形式主义和官僚主义，解决信息不对称和经济运行低效无效的问题，助推国家治理迭代升级。《扶贫笔记——驻县工作这两年》一文中运用科学思想指导并参与产业扶贫的深刻感悟，被《中国好故事》收录。“夫财赋，邦国之大本，民生之侯命，天下理乱轻重，皆由焉。是以前历代迁重臣主之，犹惧不集，往往覆败。大计一失，则天下动摇”。文中还提到人才强桂，实质是一个国家和每个地方，要抓好事业发展，最重要的是人才问题，财政工作如是，广西工作如是，同时，注重本国本土人才的培养，因为这些人才的根就在这里。

第二部分，以广西和象州为蓝本，通过对比民族地区的财政经济变化关联关系，着重分析广西财政与经济发展成效、面临的困境和改革的方向，属于中观层面的内容。广西的财政支出问题分析，主要是通过五个自治区的财政收支运行和三次产业发展进行比对分析，指出地方 GDP 的税收贡献率和财政支出的经济绩效性不高等财政运行问题，以及财政投入存在历史欠账的累积性问题和当前财政投入不科学的结构性问题，明确了地方发展的主攻重点。在对广西财政收支运行长周期的观察后，肯定取得成绩的同时，分析了预算管理和执行监督中体制性、机制性的短板。对象州县进行“解剖麻雀”，主要是考虑到其县域经济具有典型性，提出的具体对策建议，仍具有很强的针对性。部分内容引入了计量经济学技术手段对民族省区的财政运行指标进行分析，以佐证相关内容的分析判断。对民族省区财政收支结构进行比较，反映出一个地方的事权及支出责任，也反映出中央对一个地方发展的定位和一个地方当前发展的基本现状，为读者提出更加宝贵的意见作铺垫，为下一步改革改善这些地方发展提供初步的资料。

第三部分，研究地方财政风险管理。反映出财政学科是经济学与管理学充分交叉的综合学科。既谈论债务问题，也研究新的财政风险。阐明金融资本的重要性和金融创新的技术性风险对政府管理和财务管理的挑战并反思过重债务负担将拖累地方发展，反思了地方举债制度安排与转移支付制度优化的问题，尤其是经济基础薄弱的民族区域自治地方，将会面临发生区域性系统性风险的挑战。开展了地方财政暂付款风险的研究，从研究文献看，公开发表的相关文章共有280篇左右。可见，财政人绝不讳疾忌医，敢于直面财政实践中发现的新问题。财政暂付款问题，相对于政府债务来说不是大问题，但是却能反映当前财政管理风险出现的新苗头。文中的相关资料反映，除了传统的财政借垫款外，又有基层财政严峻运行形势下产生的新手法、新苗头。从账上看这些构成政府债权的往来资金，大多数已经实际支出，并已经形成难以变现的资产或呆账，揭示其违规支出的实质，反映基层实质性赤字预算运行的现实，应当从预算编制的源头预算执行的规范上予以关注。为规范预算执行和提高财政资金绩效，文中收录了加强财政支出和预算执行动态监控的工作研究，在建立预算执行反馈预算编制良性互动机制方面，有一定的参考作用。

“三寸之管而无当，无可满也”，无论对于中央或地方，都是显而易见的。我们应当反思预算法新的修订和实施、国库管理改革纵深推进和现代信息化手段应用，为什么没能阻断财政支出的无序扩张和财政风险的累积？整个地方经济形势下行愈演愈烈、财政收支运行风险有增无减？从宏观、中观层面对这些财政资金安全风险和管理问题进行理性分析，2021年我在地方财政管理实践中就较早地引入财政安全宽口径的综合财政理念，从公共资金、公共资产和国家资源统筹出发，将有形的和无形的“三资”进行数字化管理，对建立和完善财政基本法规、预算国库管理制度等顶层设计，以及建立应用区块链技术等信息化的动态监控机制和预算执行反馈预算编制的机制操作层面进行思考和探索，反映了基层治理和财政治理深层次的制度机制问题，指出长周期的增量改革要深入推进必然触及到存量调整。党的二十届三中全会，对深化财税体制改革、健全预算制度和完善央地关系等方面提出新的更明确的要求，明确指出“健全预算制度，加强财政资源和预算统筹，把依托行政权力、政府信用、国有资源资产获得的收入全部纳入政府预算管理”，为破解国家财政治理困境和地方财经运行难题指明了方向和路径，我相信我国财政经济未来一定能够实现高质量发展与高水平安全良性互动。

世界天然具有复杂性，不确定性不断增多，当下的国际经济形势更加复杂多变。广西作为边疆民族地区，在“两个大局”中坚守中央对广西发展定位，把稳边固边兴边以服务国家大局摆在更加优先位置，用先进的制度和奋斗的姿态来建设民族团结示范区，作为前沿地区服务好发展好我国与周边国家的关系，稳疆固边，发展多边关系，拓展国际影响力，建设国家边境安全的天然屏障。这也是当前国家安全改革开放的科学选择，也是国家“一带一路”倡议应有之义，具有深远的战略意义。在此背景下，研究促进边疆民族地区经济发展的财政政策和工作方法，不断拓展不确定性中的确定性边界，压缩确定性中不确定性的范围，将优秀传统文化理念与现代先进技术手段结合起来，将循序渐进稳步前行与代际平衡跨越发展结合起来，守正创新，标本兼治，并在一定的地区范围改革试点再向全国推广，就显得更加切合时代的需要。

世界的运行有规律可循。习近平新时代中国特色社会主义思想，是把马克思主义基本原理同中国具体实际相结合、同中华5000多年优秀文化传统相结合，是当代伟大的思想。既有科学性，更有人民性；既有历史性，更有时代性，是中国共产党人和中国人民智慧的集中反映，能够指引我们从胜利走向胜利。曾经有人说过：触及利益比触及灵魂还要困难。古人云：天下熙熙，皆为利来；天下攘攘，皆为利往。这与西方经济学家关于市场经济的利己与利他的辩证统一，中西方哲人的思辨不谋而合。从以人为本出发，我们坚持系统思维，在发展中统筹平衡好国家、集体和个人的发展利益，有利于构建和维护发展的内生动力机制。在新形势下，我们要学习运用马克思主义中国化时代化的成果，用科学的思想和先进的科技手段不断地拓展确定性和缩小不确定性，用朴素的道理和语言诠释新时代中国财政人的故事。

对部分直接涉及财政金融的文章刊登在《经济研究参考》《财务与会计》《广西民族大学学报（哲学社会科学版）》等，受篇幅限制未能引入本书。财政资金安全管理问题研究将来计划单独成书，也暂不引入本书。已收录进本书的文章大体是实践性强于学术性，操作性重于理论性，部分内容引入一些计量经济学分析技术佐证观点，大量素材和分析基于工作实践和工作调研，理论水平和文字水平还与读者期望有差距。文中许多观点来自基层财政人的思索，星星点点，不足以明道指向，然而，希望能抛砖引玉，引起读者的兴趣，激发大家共同为边疆民族地方财政经济繁荣发展贡献金点子。尽管本书收录的多篇文章已经在相关刊物上公开发表过，部分文章在集体课题研究过程中也得到研究团队的一致认同，但是随着新形势的不断发展，特别是有些文章在2020年以前撰写的，财政经济发展环境条件变化巨大，必然有些分析及政策建议时过境迁，存在不完善不科学的地方，期待读者的包涵和批评指正。

王璟谛

2024年4月

目 录

第一篇

思考方法与思想火花

新冠疫情将深刻影响世界[①]

王璟谛

岁末年初，新冠疫情突如其来，时至今日，源头仍然没有找到，感染人数已高达百万人之众，全球防控形势严峻。

疫情在武汉暴发后，党中央、国务院高度重视，习近平总书记亲自领导、亲自指挥、亲自部署，要求把人民生命安全和身体健康摆在最高位置。一时之间，武汉封城，实行战时管理，全国各地分区分级精准施策，有效切断了疫情快速传播途径。与此同时，全党全军全国人民驰援湖北，各地医疗队逆行出征，各省份持续捐赠防疫、生活物资。中国在抗击疫情过程中展现出强大力量，全国上下同舟共济，众志成城，以钢铁般意志、科学严谨的态度，集合全国人民智慧和力量，使疫情在最短的时间内得到有效控制，最大限度减少疫情造成的损失和伤害。中国为此作出了巨大努力和牺牲，为遏制疫情蔓延贡献了中国方案，彰显了负责任的大国担当，为世界提供了卓有成效又可资借鉴的经验。对此，习近平总书记给予了客观评价，充分肯定我国取得的阶段性重要成果，并指出这是对治理体系和治理能力的一次大考，既有经验，也有教训。

每次重大安全事件过后，世界面貌都会焕然一新。新冠疫情也将深刻影响世界。

新冠疫情将会重塑全球卫生治理体系。因为传染性极强，新冠疫情给全球公共卫生安全带来巨大挑战，将会迫使全球卫生治理体系重新审视重点领域，传染病防治将被重新加以重视。过去较长一段时间，全球的传染

① 本文载于《当代广西网》（当代论坛），2020－04－15。

病流行和危害主要发生在发展中国家，很多传统发达援助体由此减少了在公共卫生和健康领域中的投入规模，但此次疫情在欧美发达国家所造成的损失是巨大的，这也将会让这些发达国家更加重视健康和卫生问题，从而加大投入力度。此外，新冠疫情还将会迫使全球重新审视国际多边合作的价值。近年来，美国等国家拖欠会员费以及退圈等操作，使多边机构面临更多的资金压力，在应对全球事务上的能力也受到冲击。面对新冠疫情，由于国际公信力和执行力式微，世界卫生组织很多时候有心无力，从而也造成了疫情国际传播，这就迫使国际社会需要重新审视国际多边机构和多边机制的协调作用。

新冠疫情还会对全球经济产生深刻影响。新冠疫情对世界经济造成了不可避免的短期冲击和挑战，经济停摆，金融市场暴跌，外贸受挫，全球化倒退，等等。如果不能得到及时控制，疫情甚至足以改变世界经济发展走向。目前，在全国人民的共同努力下，中国的疫情基本得到控制，按照中央统筹推进疫情防控和经济社会发展的部署，各地有序恢复生产生活秩序，顺利推进企业复工复产，取得了一定的成效。但经济社会全面恢复仍是任重道远。全球经济一体化的今天，你中有我，我中有你，中国与世界各国之间经济深度交错、相互依存。疫情在全球蔓延，中国也难以独善其身，在加强外防输入的同时，今日中国作为经济全球化分工的重要一环，是世界最大的进出口贸易国家之一，深受国外疫情蔓延的严重影响，除部分医疗物资外，供给端和需求端均出现严重缩水，进出口贸易订单明显减少。可见，当前严重的疫情形势已经深刻影响到世界经济发展，在经济全球化的背景下，没有任何国家能成为“例外”。

新冠疫情让人类不得不重新认识自然界。一场席卷全球的疫情，让我们重新审视人与自然的关系，再度认识“山水林田湖生命共同体”理念。尽管当前科学家尚不能准确地判断病毒的源头来自何处，但是对蝙蝠等野生动物体内存在大量病毒是有确凿证据的，不捕食野生动物也逐渐成为大家的共识。正如恩格斯曾经指出，“我们不要过分陶醉于我们对自然的胜利。对于每一次这样的胜利，自然界都报复了我们。”这也告诫我们重新审视人类的发展观，要敬畏自然，尊重规律，科学认识并正确把握自然资源的禀赋，在遵循其内在规律基础上开发与利用自然资源，构建可持续的自然资源利用管控体系，防止对自然资源的过度开发。

新冠疫情呼唤构建人类命运共同体。重大传染性疾病是全人类的敌人，没有谁能在疫情中成为孤岛。新冠病毒不分高低贵贱、不分国籍人种，无差别感染人类，在这一残酷的事实面前，我们应当重拾理性的科学信仰，遵循科学规律，听从科学家的建议，齐心协力、团结应对，力争取得疫情防控和经济发展“双胜利”，同时，要深刻反思并加快补齐治理体系的短板和弱项，全面加强国际合作。面对疫情，因各国国情、政治体制和治理体系不同，采取应对策略和方式方法也不同，但各国民众拒绝染病捍卫生命的目的是相同的。习近平主席出席二十国集团领导人应对新冠肺炎特别峰会时，提出了“坚决打好新冠疫情防控全球阻击战”“有效开展国际联防联控”“积极支持国际组织发挥作用”“加强国际宏观经济政策协调”四点倡议，强调“国际社会最需要的是坚定信心、齐心协力、团结应对，全面加强国际合作”。呼唤构建人类命运共同体，中国从来就不是说说而已。面对疫情，中国在积极做好本国疫情防控的同时，还积极给其他国家抗击疫情提供援助，主动参与全球卫生安全治理，展现大国担当，贡献中国力量，赢得了国际社会的高度评价，向全世界展示了一个真实、立体、全面的中国，赢得了越来越多的国家认同和肯定。新冠疫情的发生再次表明，人类是一个休戚与共的命运共同体。我们只有一个地球，人类共有一个家园，经此一“疫”，越来越多的国家意识到，国际社会必须树立人类命运共同体意识，文明互鉴，守望相助，齐心协力，携手应对各种风险挑战，积极化“危”为“机”，才能共建美好地球家园。

坚持系统观念谋划和推动高质量发展[①]

王璟谛

习近平总书记在党的二十大报告中指出，以铸牢中华民族共同体意识为主线，坚定不移走中国特色解决民族问题的正确道路，坚持和完善民族区域自治制度，加强和改进党的民族工作，全面推进民族团结进步事业。这一重要论述，为我们做好新时代边疆民族地区经济社会发展各项工作指明了前进方向、提供了根本遵循。以开展主题教育为契机，我们要完整准确全面理解和把握习近平总书记关于加强和改进民族工作的重要思想，用习近平新时代中国特色社会主义思想的世界观和方法论，指导广西加快推动高质量发展和区域治理现代化，奋力谱写中国式现代化广西篇章。

牢记殷切嘱托，用实际行动坚决捍卫“两个确立”、做到“两个维护”。习近平新时代中国特色社会主义思想是中国特色社会主义巍巍巨轮行稳致远的指南针和灯塔，也是建设新时代壮美广西的根本引领。我国是统一的多民族国家，广西是民族区域自治地方，壮乡儿女是中华民族大家庭中不可或缺的“石榴籽”。党的十八大以来，习近平总书记赋予广西发展“三大定位”新使命，对广西提出“五个扎实”新要求和“四个新”的总要求。习近平总书记在参加党的二十大广西代表团讨论时，对广西提出“五个更大”重要要求，其中排在第一位的就是“在推动边疆民族地区高质量发展上展现更大作为”。这充分体现了习近平总书记对广西民族区域自治工作的关心关怀，对广西5700万壮乡儿女的殷切期望，为我们战胜发展中遇到的各种困难挑战提供了强大精神力量。我们要牢记殷切嘱托，

---

① 本文载于《当代广西》2023年第12期，在学习强国平台的“理论前沿”板块上转载，是广西党校民族班脱产学习的阶段性成果。

以铸牢中华民族共同体意识为主线，牢牢把握高质量发展这个首要任务，把坚定捍卫“两个确立”、坚决做到“两个维护”贯穿全区经济社会发展和改革攻坚各项工作全过程。

坚持问题导向，直面经济发展中面临的现实难题。党的二十大报告指出，“必须坚持问题导向”“不断提出真正解决问题的新理念新思路新办法”。习近平总书记在参加党的二十大广西代表团讨论时，对广西10年来发展取得的成绩给予肯定，指出“这些成绩体现了党的民族政策和民族区域自治制度在祖国南疆的成功实践，是我国新时代10年伟大变革的生动缩影”。但欠发达后发展仍是目前广西最大的区情，发展不充分不平衡的矛盾尤为突出，与实现高质量发展的要求仍然存在较大差距。从广西自身经济发展情况看，长期存在一二三产业结构不合理、财政收支结构不优、财政自给率低、土地财政依赖度高和人均收支水平过低等体制性结构性累积性和机制性问题。从广西外部发展环境来看，受国内市场预期、需求和供给的多重压力的影响，加上各地各种税收洼地引发的地区间不正当竞争，对后发展地区经济发展秩序形成冲击。同时，对冲因疫情影响而实施的阶段性全国性减税降费政策性减收压力没有减，叠加逆全球化的国际形势冲击，广西作为边疆民族地区、疫情防控最前沿，受到了更大冲击。坚持系统观念，推动边疆民族地区高质量发展。经济决定财政，财政可以反作用于经济。我们要科学地看待地方经济与财政的关系，运用系统思维，坚持系统观念，科学有效破解当前广西发展中面临的现实难题。一是立足新发展阶段，科学预判当前乃至更长时期国际国内形势，结合民族区域自治实际，加快符合广西特点的现代财政制度体系建设，推进以提高自治区本级财政调控能力为重点的财政体制改革，有效提高财政资源配置效率，实现保重点发展与促均衡公平相统一。同时，加强财政管理的标准化科学化和财政资金绩效管理制度建设，充分发挥财政资金“四两拨千斤”的作用，全面撬动金融资本和社会资金服务地方经济社会发展。二是尊重发展规律，不作超越广西发展阶段的收支安排，做到对冲逆周期、调优顺周期和平衡跨周期，预算安排财政收支增长目标应处于合理稳健的增长区间，与地方经济发展合理区间相衔接。同时，收入要重质量，支出保持高于全国平均水平的适当强度，不断优化收支结构；统筹好财政与经济发展的关系，力促生财、聚财、理财和管财相统一，做到增加可用财力与支持地方实体经济和社会事业发展相协调。贯彻事权与支出责任相匹配原则，通过积极向中央争取解决广西发展的历史累积性问题，尤其对广西承担边海防等中央事权的事项。通过积极争取发行债券引导推动产业结构调整等方式培植优质税源，夯实地方发展基础。三是坚决维护边疆民族地区安全。充分发挥考核指挥棒的风向标作用，统筹好发展与安全、显绩与隐绩的关系，结合各地实际和特点，实行共性考核和差异性考核相结合，着重完善市县党政主官政绩考核指标体系。建立化解财政金融运行风险的考评机制，管控好地方金融风险，坚决防范区域性和系统性金融风险。同时，加大基层“三保”尤其是“保工资”力度，全力落实“六保”任务，突出有效防控区域性债务风险、坚决遏制部分地区隐性债务风险和有序化解财政暂付款管理风险的考核，实现财政预算跨期平衡和中长期发展目标，用财政金融运行的安全平稳来保障和支撑经济社会的高质量发展，服务好祖国南疆的安全和发展的需要。

推进人才强桂战略落实落细[①]

王璟谛

党的二十大报告明确指出，“科技是第一生产力、人才是第一资源、创新是第一动力”，并明确作出深入实施人才强国战略的工作部署。广西作为边疆民族地区，发展不平衡不充分的矛盾更为突出，各类人才资源更为缺乏，更加需要做好人才工作，要全方位培养、引进、用好人才，进一步激发人才活力，推动人才强桂战略落实落细。

（一）推进人才强桂，必须坚持党对人才工作的全面领导

广西在文化传统和地理位置等方面具有特殊性，是民族区域自治地区，更加需要旗帜鲜明地坚持和加强党的全面领导，坚持以习近平新时代中国特色社会主义思想为指导，坚决贯彻落实习近平总书记关于新时代人才工作的新理念新战略新举措，完善党管人才体制机制，深入实施人才强国战略，创新人才培养及使用的机制和方式。围绕习近平总书记对广西发展提出“五个更大”重要要求，正确把握广西与其他地区的共同性与差异性，建设适合本地区的现代人才管理制度体系，加大人才发展投入，构建爱才敬才、重才用才的良好生态，着力创新人才培养机制、激励机制和使用机制，建设堪当民族复兴重任的高素质干部队伍，为建设新时代壮美广西提供人才支撑。

---

① 本文载于《当代广西》2023 年第 17 期，着重阐述后发展地区更加要注重人才工作。旨在通过政策性支持和产业化手段，大规模地培养和使用本土人才，形成兴边富民和固边稳疆服务国家发展大局的新格局。

（二）推进人才强桂，必须发挥本土人才的主体作用

人才是最宝贵的资源。广西作为欠发达地区，受毗邻发达地区的虹吸效应影响，面临着人才匮乏、人才流失的双重困境。我们要实事求是，敢于直面问题，积极用好本土存量人才，全面提升现有人才质量，加强对现有人才的激励与使用。要抓好领导干部这个“关键少数”，发挥好考核指挥棒作用，不断完善市县党政主官政绩考核指标体系，结合各地实际和特点，实行共性考核和差别化考核并重的评价政策，以“关键少数”带动“大多数”。要大胆建立具有广西特色、符合广西实际的激励机制，加强对本土现有干部的培养、使用和奖励。要拓宽并畅通干部交流通道，对工作实绩突出的干部加大使用力度；创新物质奖励和精神奖励机制和方式，激发干部担当作为的热情；增强干部工作的透明度和公开性，从源头遏制用人不正之风和腐败现象。要科学配置领导干部资源，实现老、中、青的合理搭配，发挥不同年龄段干部的各自长处，让整个干部队伍都有干劲、有奔头、有希望。

（三）推进人才强桂，必须实施阶段性非均衡人才发展战略

实践证明，人才总是流向政策好、资源好、环境好的地方。广西要建立有效的人才引进机制，依托民族团结、民风淳朴和文化包容优势，发挥不同城市集群的特有优势，建立和发展不同类型的人才中心，实现人才强桂战略纵深推进。以打造桂林世界级旅游城市为契机，挖掘桂林独特的人文优势、开放精神和世界级的旅游资源价值，将桂林建设成为世界级文化交流中心、世界级科技人才休憩集中区、信息科学研发国际区域中心等，以破解广西高科技人才与专业人才紧缺的问题；以南宁为中心，联动钦北防和崇左、百色5市，培养大批服务国家“一带一路”倡议和面向东盟的人才，建成面向东盟国际区域性人才中心，助力中国与东盟战略对接与合作。以西江流域为主线，将中心城市、来宾、贵港和梧州串联起来，利用西江黄金水道千年航运业优势和沿江工业优势，建设现代制造业实用型人才中心，以培养更多卓越工程师、大国工匠、高技能人才，为广西制造业提供坚实的人才支撑。要创新人才培养投入机制，积极投入政府引导资金并激励高校和企业建立人才发展基金，激励干部把个人成长与地方发展结

合起来，完善全区人才发展的硬设施和软环境，为引进高端人才和吸引产业人才回流创造条件。同时，探索建立柔性引才机制，倡导“不为我所有、但为我所用”的用人理念，用好用活院士专家工作站、企业研发中心等平台，不断加强与域外高水平领军人才的交流合作，有效培养和提高本土人才专业素质。

（四）推进人才强桂，必须培养大批适应广西高质量发展需要的专业人才

要用好民族区域自治制度优势，促进高中阶段学校多样化发展，以发展高技能人才为突破，创新和优化普通高中和职业高中融合发展模式，办好适合广西发展需要的教育。积极打通职业教育本科生的升学通道和到研发型企业、事业单位就业的通道，率先在全国发展高水平的职业教育。例如，要争取中央部属高校加大对广西的援助，参照“新疆班”开设“广西班”，或与广西联合办学，定向培养广西优秀学子。要加大广西普通高校与职业高校联合办学力度，建立以普通高中招生为主、普通高中与职业高中共同培养的模式，建立新型“民族班”向职业高校定向选送优秀学生机制，并要求这些定向培养的优秀学生毕业后留广西工作，为培养大国工匠和制造业高端人才储备力量。要注重做好新型高中民族班学生资助工作，建立特殊的助学金和奖学金制度，为人才的培养、成长提供强有力保障。

以数字化助推国家治理迭代升级①

王璟谛

当今世界已经进入数字化时代，以数字化推动国家治理体系完善和治理能力提升，是推进国家治理现代化的必然选择。在科学思想的指引下，党中央擘画了实施国家大数据战略和建设“数字中国”的宏伟蓝图，推动中国在全世界率先突破疫情之困、发展之难，实现经济社会跨越式发展。

数字治理表现为治理数字化，它加速了经济社会的转型发展，让我国在发展的新赛道上赢得了先机。然而，数字化不是万能的，数字治理更不是固定和教条的。当前一些领导干部对数字治理理念存在误解，重数字、轻治理，以数论数，脱实向虚，甚至出现对数字化盲目崇拜的倾向。具体有以下三个方面的表现：有些领导政绩观扭曲，唯地区生产总值论英雄，不顾地方财政承受能力，盲目超前投资、过度开发透支，脱离实际加大非基本民生的安排，甚至是搞虚假统计；有的借“民生工程”之名，行“面子工程”之实，导致出现“数字增长”“数字繁荣”的乱象，造成经济信号失灵、支出结构失衡和经济管理失序，影响了地方财政的可持续发展；有的数字化管理催生了过度留痕的弊端，基层干部本应为百姓办实事、好事，组织群众抢抓生产，但是为了应付检查，每天疲于拍照“打卡”、填表报数，既加重基层负担，又影响党和政府公信力，是典型的官僚主义、形式主义表现。

此外，大数据的天然属性也带有一定的弊端。从数字治理要素看，大数据具有垄断特质。大数据的收集、存储、整理、分析需要耗费巨大的资

① 本文载于《当代广西》2024 年第 3 期。

源，需要重磅资金投入或资本加持，基层政府、中小机构和中小企业很难承担。如不加以规范管理和科学引导，必然会出现资本的无序扩张和各类平台垄断经营，出现垄断式定价、大数据“杀熟”或大数据壁垒等问题。从数字治理效能看，信息呈现出几何量级的高效传递，容易导致大数据泛滥和错误信息超级传播等问题，加剧错误信息的负面影响。

为此，我们要辩证地认识数字治理的规律及本质，努力实现数字治理与价值治理的内涵互洽，共同促进国家治理现代化。数字治理核心是数字化技术应用，主要以互联网、云计算、区块链、大数据、人工智能为代表，通过智能化、自动化和信息化的手段实施，最大限度减少人工干预等人为因素，有效提供更多确定性，缩减不确定性的边界；大幅度提高管理透明度，解决信息不对称的问题；大大提高资产资源配置效益，有效降低国家管理运行成本和市场主体交易成本；减少协同发展的阻力，实现各资源、多环节的协同和重构；催生新业态新产业，实现跨行业、跨产业、跨区域的联动发展。价值治理的核心思想是以人为本，实现全体人民共同富裕和中华民族伟大复兴。价值治理主要是遵循客观规律和伦理道德，保护公共利益和个人合法权益，通过价值观生产和动员整合机制，对国家与社会、政府与市场、集体与个人之间的伦理关系进行制度性调整，引导和规范多元主体参与协作，推动理念从强制性向共识性转变，从而实现国家长治久安、社会和谐稳定。

可见，从治理的本质看，数字治理是“器”，是工具、方式和方法；价值治理是“道”，是方向、目标和结果。全面建设“数字中国”，就是要确保数字化技术符合全面建成社会主义现代化强国的价值要求。坚持“道”“器”相融，以先进的数字化技术服务社会主义新时代的共同价值目标，以科学价值观指引数字化时代的正确航向。

加强党对经济工作的领导。要坚持以习近平新时代中国特色社会主义思想为引领，始终贯彻以人民为中心的发展理念，充分发挥价值治理引领作用，铸牢中华民族共同体意识，激发国家治理现代化的内在动力。把数字治理与加强党中央集中统一领导、实现中华民族伟大复兴的价值治理结合起来，促进各地共同发展、各民族共同繁荣。

坚持实质重于形式的原则，纠正不科学、僵化的数字观念，正确处理好数字治理和价值治理的关系，统筹平衡“好”与“快”的关系，努力实现高质量发展和高水平安全良性互动。加强关于数字经济的理论研究，发挥数字技术贯通联动生产的全要素特点，有效提高生产效率激发经济发展叠加倍增效应，努力依据各地资源禀赋，打造各种类型的世界级数字化产业集群，夯实经济社会发展的物质基础。

坚持以科学思想武装头脑，秉持正确的政绩观和方法论，注重以合理的区间代替固定的数字，科学运用确定性应对不确定性，减少认识的误区和盲区。建立科学的官员评价体系，统筹好对上负责和对下服务，统筹好发展与安全，处理好“破”与“立”的关系，破解体制性、结构性和累积性矛盾，用数字化治理服务高质量发展，以数字技术的先进性和价值治理的正确性应对世界经济发展的复杂性和不确定性。

加强制度建设，既要保障数字化技术充分发挥其优势特点，又要防范具有巨大破坏力的负面因素背离为人民服务的初衷，确保数字化治理沿着正确的方向、处于正确的轨道上、处于合理可控的区间，助力实现中华民族伟大复兴的中国梦。

做一名合格的驻县工作队长[①]

王璟谛

广西壮族自治区财政厅牵头的派驻宾阳县“美丽广西”乡村建设（扶贫）工作队主要是履行自治区党委、组织部和财政厅规定的工作职责。我有幸自2016年3月到任自治区“美丽广西”乡村建设（扶贫）工作队派驻宾阳工作队队长兼宾阳县委常委、县人民政府副县长以来，根据县委、县人民政府的工作部署，主抓“美丽广西”乡村建设（扶贫）工作队管理和“美丽宾阳·宜居乡村”活动两项工作。这期间始终坚持认真履行职责，依法行政，不敢有所懈怠。下一步，要着重开拓创新上下功夫，结合新形势、新任务和工作新特点，探索工作新形式、新办法和新途径。

（一）深入基层，要“下马观花”

1930年毛泽东同志在《反对本本主义》一文中提出了“没有调查，没有发言权”的著名论断，这一方法论直到今天对我们开展工作依然有着深刻的指导意义。我驻县工作后，第一时间对宾阳县的状况开展实地调研摸底。就广西地区来看，宾阳属于中等发达县，近年将自身的发展定位为“打造民营经济强县、构建现代化商贸名城、建设宜居宜业中等城市”，着力打造六个宾阳，即活力宾阳、实业宾阳、诚信宾阳、生态宾阳、宜居宾阳、幸福宾阳。但因受河流等水资源不足、现代交通资源缺乏（县域核心交通枢纽功能弱化）等因素的制约，经济发展势头有所放缓、财力增长较为有限。例如2016年，县城镇居民人均可支配收入完成29103元，农村居

① 本文是我驻县工作时向派驻单位的阶段性工作报告，反映基层工作的点滴，向驻村第一书记和工作队员致敬，他们是中国脱贫攻坚时代的英雄。

民人均可支配收入完成 11644 元。农民月均可支配收入不足 1000 元，贫富差距相对明显。目前宾阳县户籍人口约 107 万人，辖区有 16 个乡镇，2015 年精准识别有 48 个贫困村、约 4 万的建档立卡（76 分以下）贫困人口，2016 年实现 15 个贫困村摘帽出列、2863 户脱贫人口 11010 人脱贫。取得这样的成绩是可喜的，但同时也应清醒地看到，宾阳贫困村与贫困人口数量均超过全区平均水平，贫困人口的绝对规模还比较大，精准脱贫工作任务仍然非常艰巨。

（二）健全机构，要“责无旁贷”

开展工作首要是健全组织机构，全面落实领导责任。宾阳县委、县政府高度重视和亲切关怀这项工作，早在年初就由县委组织部牵头，从县住建局、农业局抽调 2 位工作人员，继续充实完善宾阳县扶贫开发领导小组组织保障专责小组驻组成员，驻组办公地点设在县委楼 106 室，由县委组织部一名副部长兼任驻组负责人，根据《宾阳县扶贫开发领导小组组织保障专责小组人员分工》《宾阳县扶贫开发领导小组组织保障专责小组工作制度》等管理办法，理顺工作关系，明确分工，责任到人。针对少数部门或部分乡镇因人员短缺的状况，按照“宣传发动、个人申请、单位推荐、组织部门审定”的程序，做好驻村工作队员交接工作，真正做到无缝对接，确保全县 233 个行政村（社区）工作队完整、稳定。目前驻扎在宾阳县的工作队员由区派 2 名，市派 52 名（含 48 名第一书记），县派 234 名，镇派 233 名组成。每个贫困村都有三名以上机关干部常驻（分别是南宁市选派的第一书记、县派的扶贫专干、镇派的驻村干部），非贫困村有 2 名以上机关干部常驻（分别是县级以上部门派驻的驻村队员和镇派驻村干部）。会同县扶贫办指导各镇、各单位按照“帮扶到户、责任到人、措施到位”的帮扶工作要求，确保每个贫困户都有干部职工结对帮扶。

（三）互学互促，要“保持联通”

工作成绩总有高低，工作进度总有先后，这是必然现象，但有了差距就要分析原因，找到不足进而迎头赶上。要实现追赶这一过程，交流学习显得十分必要。从某种程度上讲，差距越大，交流学习的需求也就越大。精心组织学习培训，以“学”促“提高”成为美丽队员保持先进的源泉。

一是多方协调各部门和培训老师，建立形式多样、内容丰富的每月工作队例会学习机制，使工作例会成为提供政策培训、经验汇报、信息交流的重要培训平台。二是积极组织队员参加区、市、县举办的相关专题业务培训和成果展示交流。主动对接脱贫先进地区百色市凌云县和南宁市隆安县，组织我县分队长、驻村工作队员前往学习精准扶贫和乡村建设管理经验，进行业务交流和成果分享，提高学习成效和开拓脱贫路子，较好地帮助他们打开本村扶贫产业路子。三是利用县、镇第一书记和工作队员 QQ 群、微信群等交流平台，为工作队员在开展精准扶贫工作中遇到问题拓宽咨询交流渠道。今年以来组织保障专责小组配合上级部门及会同其他单位通过专题业务学习、每月例会等形式，组织队员进行电商扶贫、种养产业扶持等知识培训共 2 批次、培训 200 余人次。学习培训拓宽了驻村工作队员的思路，增强了扶贫业务知识。

（四）组织关爱，要“以人为本”

加强队伍建设，“人”是核心。在县委县政府的大力支持下，这方面有了很大的改善，一是协调县财政部门每年给予每个工作分队 5000 元和每位第一书记 10000 元专项工作经费，主要用于平时考察研究、经验交流、日常活动等。二是积极创造条件为驻村工作队员提供必要的生活保障。协调财政、人社部门和后盾单位，落实县级工作队员 300 元/月乡镇补助和工作队员驻村补助标准由原来 40 元/天提高到 60 元/天，确保队员安心驻村。三是落实人身意外伤害保险。经县委、县政府同意，组织保障组牵头为 48 位扶贫专干购买 200 元/年/人的人身意外伤害险（其余驻村工作队员由派出单位解决），并要求后盾单位要理顺工作、合理安排，解决驻村干部工作和生活困难。

（五）积极联动，要“保障有力”

工作队干部利用自己的双重身份，要积极联动有关部门，将一些好政策、好信息快速有效地传递下来，为乡村建设增添助力。积极引导工作队员（第一书记）把时间和精力聚焦到：建强基层组织、推动精准脱贫、为民办事服务、提升治理水平这 4 项主业任务上来，压紧压实工作职责，引导他们既主动担当，又不包办代替，尊重、发挥村干部和党员的积极性；

把村委班子、党员队伍带强，帮助厘清工作思路、落实惠农政策、提高发展能力，留下一支“永不走的工作队”。同时，积极协调派出单位与工作队员（第一书记）进行“三捆绑”，即责任捆绑、项目捆绑、资金捆绑，工作队员（第一书记）驻村与部门结对、单位联村结合。在自治区财政厅召开自治区、南宁市驻宾阳县“美丽广西”乡村建设（扶贫）工作队员后盾单位联席座谈1次，县级工作队协调会12次，协调后盾单位分发挥政策、资金、项目、技术、人才、信息资源等优势，加大对脱贫攻坚和乡村建设工作的投入，千方百计支持工作队员为所驻村办实事好事。一年来，我积极引导队员聚焦主业，主动跟进落实惠农政策、推动产业精准脱贫，提高工作队员发展产业扶贫能力，充分发挥了后盾单位作用，宾阳县各级驻村工作队员和后盾单位共引进帮扶资金和项目5724.7余万元，推进了贫困村和贫困户的脱贫事业健康持续发展。

扶贫笔记

——驻县工作这两年[①]

王璟谛

还记得2016年2月23日，单位通知我派驻南宁市宾阳县任脱贫攻坚（乡村振兴）工作队队长时，既有几分惊喜，也不免有一丝顾虑。虽然曾长期在基层工作，但当时我借调至财政部工作刚回来不久，加之所在部门人少事多等，完全没想到单位会安排我驻县。不过转眼又想，这是组织对我的信任，也是难得的锻炼机会，于是在接到通知的第二天，我便毫不犹豫地奔赴新的岗位去了。

（一）基层工作千头万绪，不能眉毛胡子一把抓，我把脱贫攻坚作为首要的工作任务和头等大事来抓

基层工作千头万绪，如何找准工作突破口？在我看来，要善于抓住重点、牵住“牛鼻子”，这样工作起来就能牵一发而动全身。脱贫攻坚工作是当前全国上下最重要的一项工作任务，也是广西最大的民生工程、最大的政治任务。因此，驻县伊始，我就把脱贫攻坚作为首要的工作任务和头等大事来抓。

脱贫攻坚既要精准施策、精准帮扶，也要通过创新激发活力。驻县期间，我们首次建立了所有分队长派出单位率先成立扶贫领导小组的制度，明确后盾单位责任，解决派出队员无人关注、出工不出力或两头不到岸的

① 本文载于《当代广西网》“党建”板块，反映优秀的村干部和经济能人的先进事迹，他们是千百万农村党员的缩影。2018年8月7日，本文被收录进《中国好故事》。

问题，为建立大扶贫格局奠定基础；首次建立了每年工作分队5000元和每位第一书记10000元县级专项工作经费预算保障制度；首次建立后盾单位每年定期联席座谈交流机制，会上公开通报各后盾单位定期下村实地调研并解决工作队员工作生活保障问题的情况，让工作队员开展工作没有了后顾之忧。同时，我们坚持问题导向，针对驻村工作的短板，新制定加强驻村管理的七项驻村工作纪律，为驻村工作管理提供制度保障；针对检查过多的问题，理顺并整合县级精准脱贫和乡村建设等多方监督力量形成综合督查，提高督查效率等。

想要打赢脱贫攻坚这场持久战，“造血扶贫”至关重要，产业发展尤其关键。为此，我们因地制宜，以党建为引领，在产业扶贫上下足功夫、做足文章。一是积极建言献策。我摸准县情，把准非贫困县扶贫的特点，用好县委常委的身份，主动在常委会上和扶贫领导小组会议上，积极建议投入适当的政府引导资金，率先在全区推进启动特色农业示范区建设，并与扶贫产业捆绑发展、同步推进，所有在乡镇实施的政府投资项目都要就近吸纳贫困人口参与。二是狠抓“宾阳万顷香米产业”成效好。宾阳是全区最大的优质稻生产县，我具体负责打造香米产业，通过优化当地农民参与经营管理的方式，推进全程机械化自动化和生态化的现代农业发展模式，既解放了农村生产力，又增加了群众的收入。三是建好糖料蔗“双高”基地促脱贫，奋力扭转甜蜜事业发展颓势。有段时间，蔗农由于受拖欠蔗款等影响，种蔗积极性不高。为此，我们及时修订完善并细化相关管理办法，扫清加快推进“双高”基地建设的制度障碍。同时，以党建助力，树立优秀党支部书记宋仕略等一批先进带头人，为农民增收、群众脱贫树立了榜样，两年共完成4.6万亩“双高”基地建设任务。①

（二）依靠党员，相信群众，工作中就没有攻克不了的难题

宾阳县永凯糖厂长期拖欠蔗农蔗款和运费，造成农民群众生活困难，严重损害了蔗农种蔗的积极性，推进“双高”基地建设工作举步维艰。面对这一棘手问题，我心想一定要依靠党员做好群众工作。实践证明，关键

① 脱贫攻坚中产业扶贫是最具有挑战性的，群众的智慧最为宝贵。2016年，是广西沙糖桔发展迅猛的时期，之所以在宾阳县引导农民群众种植甘蔗，与当地土壤条件、产业链条和保障群众长远稳定收入相关。

时期，党员冲在前面发挥了先锋模范作用。在王灵镇，三择村党支部书记宋仕略在没有完成土地确权的情况下，团结带领群众牵绳划线垦地开荒，带领党员率先认领条件差的地块并顺利完成分块经营，他们以德服众，带动群众积极参与进来，让三择村“双高”基地从2015年的500亩发展到现在的连片5000多亩规模，农民户均年增收10000元以上，解决了贫困户的产业发展问题。①

农民变工人，荒地变基地，依靠致富带头人乡村振兴大有希望。新桥镇大罗村素有“广西小五金之乡”，但随着义乌小五金的崛起和全球经济一体化的发展，大罗村作坊式小五金沦为出口商的代工厂，并面临淘汰的境地。为了改变被动挨打的局面，村中致富带头人蒙德刚等20多个业主自发抱团发展，用实际行动换来村民的信任，最终村民一致同意将村里100多亩闲置宅基地用来创建“大罗村五金创业园”，将村集体经济、园区经济发展和群众受益分享捆绑起来，开启了“党建+公司+企业+农户”的发展模式，集中技能培训和关键技术攻关开发，统一接收订单后分户承接生产加工。这样既节约了开发成本，还提高了产品竞争力和出口产品议价能力。目前，园区为当地农民和建档立卡贫困户提供近3000个就业岗位，为农村产业扶贫和乡村振兴提供了可参考路径。

回望驻县工作的日日夜夜，我完成了阶段性任务，所驻县荣获全区非贫困县扶贫开发考核一等第二名的好成绩，我备感荣幸参与了其中。

---

① 宋仕略同志，是一位优秀的村委干部，为群众做了很多实事，口碑好。

贵州发展经验之拙见①

王璟谛

广西是少数民族自治区，贵州是少数民族较多的省份，两省区相接，山水相连，习俗相近，自然禀赋和社会状况有着众多相同或相近之处。分税制改革以来，贵州的地区生产总值相当于广西的比重由1994年的42.2%上升至2019年的80%；财政收入方面，比重由50%上升至97.5%；财政支出方面，比重由62%上升至101.2%。贵州以更少的区划面积、常住人口和地区生产总值实现与广西相近的财政收支规模，其发展经验值得研究。我的《黔桂财政收支比较及政策启示研究》② 一文，客观分析了两个省区财政收支及经济发展重要指标的相关变化规律，总结近年来贵州发展经济的先进经验，力求为建设壮美广西、共圆复兴梦想提供经验启示。

（一）客观比较广西和贵州的财政经济发展

贵州近年来实现加快发展是不争的事实。自2011年以来，贵州省生产总值增速连续九年位居全国前列，贵州与广西发展差距逐渐缩小并呈赶超之势，但贵州的发展并不天然地好于广西，需要全面客观比较分析，对科学合理的成分应予以吸收。

两省区发展定位不同。中央积极从政策方面助推两省区加快发展，但发展的方向明显不同。国务院《关于进一步促进广西又快又好发展的若干意见》（国发〔2009〕42号）和《关于进一步促进贵州经济社会又好又快

① 本文载于《当代广西网》“当代论坛”板块，2020年4月30日。旨在显见贵州发展之长，非论其道无瑕，以利于后发展欠发达地区参考和反思。

② 发表于《广西民族研究》2019年第4期。

发展若干意见》（国发〔2012〕2 号）两个文件，体现了中央对广西和贵州发展定位的差异化、特色化：对广西国际区域合作、江海联动培育沿海增长新一极赋予了国家使命；对贵州以扶贫开发为重心，并对其装备制造、西南交通枢纽、生态屏障、文化旅游和民族繁荣作出详细的安排，明确将贵州培育成西部地区增长新一极。近年来，党中央和习近平总书记给广西的发展定位是“构建面向东盟的国际大通道，打造西南中南地区开放发展新战略支点，形成‘一带一路’有机衔接的重要门户”（简称“三大定位”），与原来的定位既有机衔接，又有所突破、有所提升，为充分挖掘广西沿“海”“江”“边”开放开发的区位优势指明方向。

贵州经济基础支撑较好。从主要经济指标看，广西多胜于规模，贵州人均水平提升快。广西处于中越边界，真正是从 1990 年以后才全面开启改革开放，但广西的地区生产总值规模一直保持压倒性优势；而贵州后期发展速度较快，地区生产总值规模相对广西的比例一直在上升，两省区人均地区生产总值的差距也越来越小。同时，贵州交通基础设施增长和运输能力提升程度较之广西要强，为经济快速发展提供了良好支撑。从经济发展对财政收入的影响看，贵州的产业结构更为优化，对税收贡献度较高的第三产业比重高于广西 5 个百分点以上；支柱产业更强，以“贵州茅台”为龙头的白酒行业成熟度高，以大数据为引领的电子信息产业发展迅速，产业融合发展良好，价值链不断拉伸，实现经济发展与财政收支增长的良性循环；中心城市引领带动作用较好，贵阳市多项主要指标增速在全国省会城市中连续排名第一，对全省经济和财政发展发挥显著带动作用。

两省区的财政收支运行压力差异较大。两省区的财政收支规模相近，都存在非税收入占比过高的问题，但贵州的财政收入增速明显高于广西，增长潜力更大，总体收入质量优于广西。支出方面，两省区支出增长均较快，但贵州支出年均增长水平高于广西，收支人均水平更高，更加利于经济的平稳发展。两省区的财政自给率均明显偏低，严重依赖中央补助，财政收支矛盾尖锐。从近十年的转移支付情况看，贵州在落实中央发展战略和争取中央资金支持方面成效显著，广西获得的中央补助资金实际低于贵州，且差距不断加大，人均获得中央补助收入水平差异更大，与广西代理中央事权和实行民族区域自治的财政支出责任不匹配，加上广西自身经济发展带动的收入增长不够，制约了财政保障能力的提高，进而限制了地方经济社会快速发展。贵州在多方利好因素的带动下，经济连续多年好转，财政收支矛盾相较有所缓和。

从以上比较分析看，广西和贵州同为欠发达后发展西部地区、“老少边山穷库”聚集省区，只是发展基础不同，条件不同，定位不同，各有优势，甚至广西更具天然优势，比如贵州区划面积和常住人口仅约为广西的74%。一直以来，广西的城镇化率、城镇居民人均可支配收入和消费支出高于贵州，但近年来，贵州城镇居民人均可支配收入和消费支出却高于广西。同时，两省区净流出人口规模和占比均较高，但广西的常住人口数量高于贵州，人口净流出比重仍明显低于贵州，广西较之贵州，仍拥有充足的人力资源，从侧面反映出目前广西更适合生活和就业。

（二）科学总结贵州发展经验

贵州省经济发展增速连续多年位居全国前列，对此贵州省自己总结了六大经验。从实践上看，当前贵州发展道路的内在逻辑必然符合贵州的特点和实际，其中融合发展的经验可以借鉴。

一是线上和线下的大融合。全面实施“云上贵州”等大数据经济战略，“云上贵州”线上大数据大发展，线下交通等基础设施大连通，信息网、交通网无缝衔接，有效突破经济发展地域限制瓶颈，引领全产业链融合发展、全域生态文化旅游跨界跨行业发展等，形成新产业新业态新模式，充分涵养和培植税源并提高了社会良性循环发展的保障水平，尤其是在当前夺取统筹疫情防控和经济社会发展“双胜利”背景下，大数据和人工智能产业优势明显。

二是脱贫攻坚与生态建设大融合。贵州着力加强脱贫攻坚与生态建设，既符合中央赋予的定位和支持的方向，又符合贵州实际情况和优势特点，真正用足用好中央脱贫攻坚政策，获得首个国家批准省级脱贫攻坚投资基金3000亿元，获批建设首批国家生态文明试验区，为交通基础设施扶贫、教育医疗等方面扶贫和产业扶贫、易地搬迁等筹集大量资金，有力保障了通过加大基础设施和生态环境建设的投入，助力实施现代工业和现代农业、网络经济和全域旅游等战略，实现“三产”融合发展，转劣势为优势，实现了空间优化布局和优势资源整合融合。

三是财政改革与金融发展大融合。经济增长是财政收入的基础，金融是经济发展的血脉，三者相互影响和作用。科学的财税制度是国家资源优化配置和长治久安的重要保障。贵州注重优化财政分权，分级财政收支结构具有“小中间大两头”的特点，强化省级对全省调控平衡能力，并加大县域经济发展保障，有效减少中间环节的支出摩擦，提高财政支出精准度和绩效性。同时，贵州注重充分发挥财政撬动金融的杠杆作用助力经济社会发展的经验值得肯定，2014 年以来贵州的人均贷款余额已赶超广西。贵州注重用好政府债券这个财政金融结合产品，2017 年获得核定贵州债务限额规模近万亿元，与当年贵州地区生产总值规模接近，有效降低了经济运行成本，加上债券资金撬动的金融乘数效应，明显地带动了地方经济增长。同时，创新财政投融资方式，定向支持扶持中小企业和现代农业的地方金融机构，给予一定比例贴息，既支持了实体经济尤其是中小企业的发展，又保障适合地方特色的项目建设资金需要。

（三）加快广西发展的几点思考

我们既要清醒地看到，较周边省份和发达地区，广西的社会基本公共服务总体水平和人均水平仍然明显偏低，产业结构转型升级、新旧动能转换仍较为落后，地区间发展不平衡不协调等问题较为突出，同时又要充满信心，客观地看到广西在工业化、城镇化方面取得了长足发展，区位优势、资源优势、生态优势和政策红利优势尚未充分发挥出来，民族团结、民风淳朴和文化包容的人文优势还没有充分展示出来，未来的广西是大有可为的。

细化实化中央支持政策。广西财政支出主要来自中央的财力补助，未来十年内不会有大的改变。积极将中央扶持民族地区发展的政策意图细化为可落地可操作的政策，转化为可落地可实施的具体重大项目，并积极争取中央转移支付资金支持。抓住当前打赢疫情防控阻击战和脱贫攻坚战，全面建成小康社会的契机，地方党委、政府要带领各个业务部门加大向中央各部（委）的汇报争取力度，客观实际地反映疫情对广西经济发展冲击的情况，全面反映广西与全面建成小康社会的差距，以及扶贫工作中的难点问题，找准发力点，与国家政策同向发力，有效转化中央支持政策为项目投放和资金支持，争取实现中央的财力补助有效提高。

持续推进融合发展。充分发挥区域自治和民族自治优势，深入推动财税金融体制机制改革，有序提高自治区本级的调控平衡能力，在推进地方治理体系和治理能力现代化建设中，建立科学广西标准，创立特色广西方案；同时，激活各大金融机构支持广西经济发展的动力。建立并增强全要素融合发展理念，加快数据产业化和产业数据化发展，系统解决发展问题。充分发挥财政撬动金融的杠杆作用，最大限度地管理好债务和基金，既防风险，又要促进经济发展；进一步优化产业结构布局，促进“三产”融合发展，培育重点税源行业和品牌产业；全力补齐区域内基础设施建设短板，全面提升区域内基本公共服务均等化水平，建立人才培养和引进机制、外出务工人口回流激励机制。以中国—东盟博览会、中国—东盟商务与投资峰会为重点，搭建更多面向全球的高端、稳定的开放合作交流平台，主动融入粤港澳大湾区协同发展，与广东共建共享共担珠江水系红利和责任，与广东、海南深度协同发展北部湾城市群，实现对内对外的全面开放合作。

第二篇

地方财经发展的长期主义

广西财政支出问题研究

——基于分税制实施以来五个自治区的财经数据对比分析[①]

王璟谛　等

2015 年两会期间，习近平总书记发表讲话，对广西发展进行重新定位，赋予了广西重要历史使命和重要发展战略机遇。要完成这一艰巨光荣的历史使命，必须有强大的财力和先进的现代财政制度作保障。但广西受发展欠发达的区情和中央转移支付资金不足的影响，财政支出总体水平较低，特别是人均支出明显偏低的问题尤为突出。据统计，2013 年，广西人均财力仅 4749 元，相当于全国平均水平（7243 元）的 65.6%，相当于民族地区平均水平（7263 元）的 65.4%，在全国排倒数第 2 位；人均转移支付 3113 元，在全国排第 20 位，在民族 8 省区中排倒数第 1 位。广西人均财力和人均转移支付与其他省区相比存在较大差距的问题也引起了习近平总书记、李克强总理和俞正声全国政协主席等中央领导的关注。广西作为全国仅有的五个民族自治区之一，应该比一般的省份享受更加多中央转移支付资金，为便于对比研究广西财政支出问题，我们选择了 1994—2014 年五个自治区财经数据进行对比分析，从宏观层面寻找问题原因，结合广西实际，提出促进广西跨越发展的政策建议，对广西积极完成总书记赋予的历史使命，与全国各省共同繁荣发展具有积极的意义。

① 本文为广西财政系统重点调研课题优秀成果。课题组组长：王璟谛。许丽萍、黄欣宁、闫彬彬参与相关课题研究。文末作了简评，协助读者进一步加深了解广西财政支出的意义。

一、1994—2014年广西财政支出的基本情况

（一）财政支出规模逐年扩大，呈加速态势

1994年，以现价计量的广西公共财政预算支出（以下简称“财政支出”）为125亿元，2008年支出规模首次突破1000亿元大关，达到1297亿元。仅用两年时间于2010年财政支出规模越过2000亿元大关，达到2008亿元，并于2013年突破3000亿元大关，达到3192亿元，2014年支出规模为3480亿元，21年来财政支出规模扩大了27.9倍。主要是2007年以来支出规模加速扩张，年均增加300亿元左右，2011年扩张规模最大，比2010年增加支出538亿元。财政支出规模的不断扩大，为广西地方经济社会发展提供了强大的财力保障。具体情况见表1。

表1　1994—2014年广西公共财政支出规模情况　单位：亿元

年份	1994年	1995年	1996年	1997年	1998年	1999年	2000年	2001年	2002年	2003年	2004年
广西	125	141	157	171	198	225	258	352	420	444	507
年份	2005年	2006年	2007年	2008年	2009年	2010年	2011年	2012年	2013年	2014年	2015年
广西	611	730	986	1297	1622	2008	2545	2965	3192	3480	

（二）财政支出总体增长较快，但增幅逐渐收窄

1994—2014年，广西财政支出年均增长18.1%，2001—2014年年均增长19.3%，分税制实施以来保持较快的增长速度，并且在2001年国家调整所得税分享比例后仍呈加快增长态势，对广西地区生产总值增长、改善民生和提高就业水平作出应有贡献。但从增长趋势图看，年度间增幅起落较为剧烈，并呈逐年收窄的态势。如增幅最高是2001年的36%，最低的是2003年5.7%，两者相差30个百分点，同时支出增幅从2007年的35.1%降到2014年的9.0%。支出增幅下降是公共资源配置能力下滑的重要反映，不利于广西经济社会的加快发展。具体情况见图1。

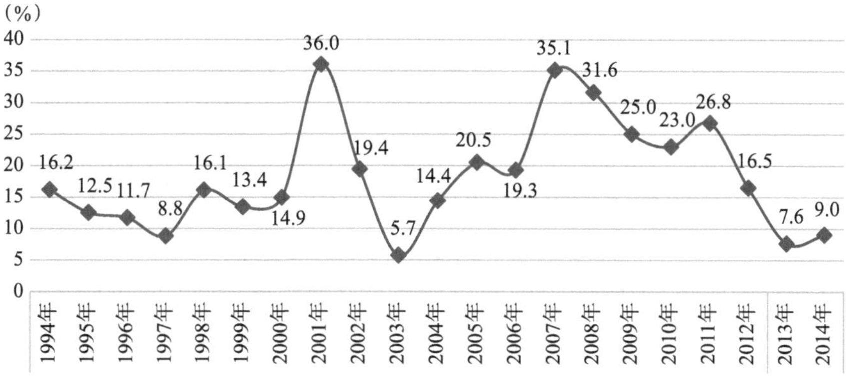

图1　1994—2014 年广西壮族自治区财政支出增长情况

（三）预算执行水平有所提高，支出效率情况良好

财政预算支出任务完成情况总体良好，保持80%（一个衡量财政支出进度完成情况的指标）以上进度水平，并从 1997 年完成预算进度 88.4%提高到 2014 年的 93.3%。通过加强财政支出预算执行管理，有效提高预算资金使用效率和效益，充分发挥了财政在稳定经济、公共服务、分配调节、环境保护、国家安全等方面的职能作用，特别是当前国内外错综复杂的经济形势、国内经济增长下行压力加大，加大财政投入、加快支出进度并综合运用公共投资、补贴、转移支付等财政政策工具撬动社会投资，对稳增长、调结构、惠民生和防风险具有积极意义。具体情况见表 2。

表 2　　1997—2014 年广西历年财政支出进度情况

年份	1997 年	1998 年	1999 年	2000 年	2001 年	2002 年	2003 年	2004 年	2005 年
预算数（亿元）	193	225	265	309	414	465	482	572	701
执行数（亿元）	171	198	225	258	352	420	444	507	611
预算进度（%）	88.4	88.0	84.9	83.6	84.9	90.3	92.0	88.8	87.2
年份	2006 年	2007 年	2008 年	2009 年	2010 年	2011 年	2012 年	2013 年	2014 年
预算数（亿元）	869	1138	1481	1862	2229	2777	3218	3427	3730
执行数（亿元）	730	986	1297	1622	2008	2545	2985	3209	3480
预算进度（%）	84.0	86.6	87.6	87.1	90.1	91.7	92.8	93.6	93.3

注：预算进度 = 执行数 ÷ 预算数（含中央追加广西）×100%

据杨骞、张义凤《中国地方财政支出无效率的来源》[①] 的实证分析判断，广西的支出效率在全国处于中上游水平，在西部地区和五个自治区均处于领先地位。

（四）支出结构不断优化，财力持续下沉

由于数据的可获得性限制，我们未能完全统计分析1994—2014年分级次财政支出情况，但所收集的数据足以证明广西财政支出结构不断优化。一是民生事业支出保持较高占比水平，为地区和谐发展提供强有力财政保障。据统计，2007年以来，民生支出占全区财政支出70%以上，2014年涉及民生的教育、医疗、卫生、社保、保障房等民生支出达到2686.70亿元，占全区财政支出的77.2%，比重较上年提高1.4个百分点。二是财政支出分类从“吃饭型”渐渐转为“发展型”，为经济建设提供强大财力保障。据统计，广西2007年的基本支出和项目支出构成比重为63.3∶36.7，到2013年两者的比重变为45.3∶54.7。自治区本级的支出结构变化更为突出，基本支出和项目支出的比重从2007年的48.1∶51.9，变为2013年的25.8∶74.2，项目支出占部门预算支出的3/4。三是各级财政支出均呈增长态势，县区财政规模增长最快，占比逐年提高。据统计1997—2014年分级次财政支出，自治区本级财政收入从1997年的48亿元扩大到2014年的636亿元，17年间增长16倍，年均增长16.5%。市本级财政支出由1997年的47亿元扩大到2014年的723亿元，17年间增长了15.4倍，年均增长17.5%。县区级财政支出从1997年的76亿元，增加到2014年的2121亿元，17年间仅增长27.9倍，年均增长21.6%。四是自治区本级和市本级占比呈下降态势，县区级占比逐年上升。1997年，自治区本级、市本级和县区级的比重分别为：0.28∶0.27∶0.45，变为2014年的0.18∶0.21∶0.61，自治区本级下降10个百分点，市本级下降了6个百分点，县区级上升16个百分点。财力不断下沉，有利于建立财力与事权相匹配的财政支出管理机制。具体情况见表3。

---

① 《统计研究》2015年4月。

表3　　广西壮族自治区分级次财政支出结构变动情况

年份	分级支出规模（亿元）				分级占比（%）		
	全区合计	自治区本级	市本级	县区级	自治区本级	市本级	县区级
1997年	171	48	47	76	0.28	0.27	0.45
1998年	198	50	59	90	0.25	0.30	0.45
1999年	225	56	51	117	0.25	0.23	0.52
2000年	258	71	59	129	0.27	0.23	0.50
2001年	352	106	79	167	0.30	0.23	0.47
2002年	420	133	95	192	0.32	0.23	0.46
2003年	444	118	107	219	0.27	0.24	0.49
2004年	507	138	122	247	0.27	0.24	0.49
2005年	611	169	145	298	0.28	0.24	0.49
2006年	730	175	180	375	0.24	0.25	0.51
2007年	986	260	227	499	0.26	0.23	0.51
2008年	1297	338	284	675	0.26	0.22	0.52
2009年	1622	373	370	878	0.23	0.23	0.54
2010年	2008	408	454	1145	0.20	0.23	0.57
2011年	2545	612	525	1408	0.24	0.21	0.55
2012年	2965	613	619	1754	0.21	0.21	0.58
2013年	3192	617	646	1947	0.19	0.20	0.60
2014年	3480	636	723	2121	0.18	0.21	0.61
年均增长(%)	0.194	0.165	0.175	0.216	—	—	—

注：数据来源于《2011年广西财政统计摘要》。

二、人均支出水平明显偏低是最大的问题

（一）支出总量没有优势

1. 支出规模排名下降，全国占比提升最慢。截至2014年，五个自治区财政支出规模总体上不断扩大，并均已突破1000亿元大关。内蒙古于2007年率先突破千亿元大关，其他自治区首次突破千亿元的时间是2008年为广西和新疆，2013年为西藏，2014年为宁夏。广西财政支出总量于

2003年首次被内蒙古超过，交出了“头把椅”，经过奋战努力于2008年与内蒙古同年突破2000亿元大关，但是相互间差距不断扩大，并被甩出很远，2014年内蒙古支出比广西多400亿元，相当于广西2002年全年的支出。同时，广西与新疆支出规模差距却越来越小，2008年广西比新疆支出多出312亿元，2014年缩小为162亿元，大有被赶超的趋势。可见广西财政支出规模上稍微占优的形势已经不复存在。具体情况见表4。

表4　1994—2014年五个自治区财政支出规模对比分析　单位：亿元

年份	全国合计	内蒙古	广西	西藏	宁夏	新疆
1994年	5793	93	125	30	19	71
1995年	6824	102	141	35	23	96
1996年	7938	126	157	37	30	115
1997年	9234	143	171	38	34	123
1998年	10798	170	198	45	45	146
1999年	13188	200	225	53	50	166
2000年	15887	247	258	60	61	191
2001年	18903	319	352	105	94	263
2002年	22053	394	420	138	115	361
2003年	24650	447	444	146	106	368
2004年	28487	564	507	134	123	421
2005年	33930	682	611	185	160	519
2006年	40423	812	730	200	193	678
2007年	49781	1082	986	275	242	795
2008年	62593	1455	1297	381	325	1059
2009年	76300	1927	1622	470	432	1347
2010年	89874	2281	2008	551	556	1695
2011年	109248	2989	2545	758	706	2284
2012年	125953	3430	2965	905	872	2720
2013年	140212	3682	3192	1014	931	3065
2014年	151662	3880	3480	1186	1000	3318

注：数据来源于各省财政厅官网的决算公开。

为了更加清晰地反映五个自治区财政支出规模变动情况，我们以全国财政支出为基准，分析了各自治区支出占全国的比重，得出一些规律，除广西外，2014 年比 1994 年自治区财政支出占全国的比重（简称全国占比）呈正向增加，内蒙古同比增加了 1 个百分点，西藏增加了 0.3 个百分点，宁夏增加了 0.4 个百分点，新疆增加了 1 个百分点，而广西的占比呈“U”形发展，两头高中间低，前后端头也仅增加 0.1 个百分点，21 年里有 10 年的全国占比跌到 2% 以下。具体情况见表 5。

表 5　　1994—2014 年五个自治区财政支出的全国占比情况　　单位:%

年份	全国合计	内蒙古	广 西	西 藏	宁 夏	新 疆
1994 年	100.0	1.6	2.2	0.5	0.3	1.2
1995 年	100.0	1.5	2.1	0.5	0.3	1.4
1996 年	100.0	1.6	2.0	0.5	0.4	1.4
1997 年	100.0	1.5	1.9	0.4	0.4	1.3
1998 年	100.0	1.6	1.8	0.4	0.4	1.4
1999 年	100.0	1.5	1.7	0.4	0.4	1.3
2000 年	100.0	1.6	1.6	0.4	0.4	1.2
2001 年	100.0	1.7	1.9	0.6	0.5	1.4
2002 年	100.0	1.8	1.9	0.6	0.5	1.6
2003 年	100.0	1.8	1.8	0.6	0.4	1.5
2004 年	100.0	2.0	1.8	0.5	0.4	1.5
2005 年	100.0	2.0	1.8	0.5	0.5	1.5
2006 年	100.0	2.0	1.8	0.5	0.5	1.7
2007 年	100.0	2.2	2.0	0.6	0.5	1.6
2008 年	100.0	2.3	2.1	0.6	0.5	1.7
2009 年	100.0	2.5	2.1	0.6	0.6	1.8
2010 年	100.0	2.5	2.2	0.6	0.6	1.9
2011 年	100.0	2.7	2.3	0.7	0.6	2.1
2012 年	100.0	2.7	2.4	0.7	0.7	2.2
2013 年	100.0	2.6	2.3	0.7	0.7	2.2
2014 年	100.0	2.6	2.3	0.8	0.7	2.2

2. 五个自治区中年均支出增幅最低。第一部分我们描述了广西的财政支出增长较快，但是与其他四个自治区相比，财政支出增长处于劣势。通

过表5可以算出，1994—2014年五个自治区支出21年来增长的倍数，内蒙古（41.8倍）、广西（27.9倍）、西藏（39.1倍）、宁夏（51.6倍）和新疆（46.7倍）；同样，计算年均增幅，分别为内蒙古（20.5%）、广西（18.1%）、西藏（20.1%）、宁夏（21.8%）和新疆（21.2%）。无论增长的倍数还是年均增幅，广西均排末位，比最高的宁夏差14.7倍，低3.7个百分点。总体上看，广西财政支出增幅偏慢的问题比较严重。五个自治区各年支出增长具体情况见图2。

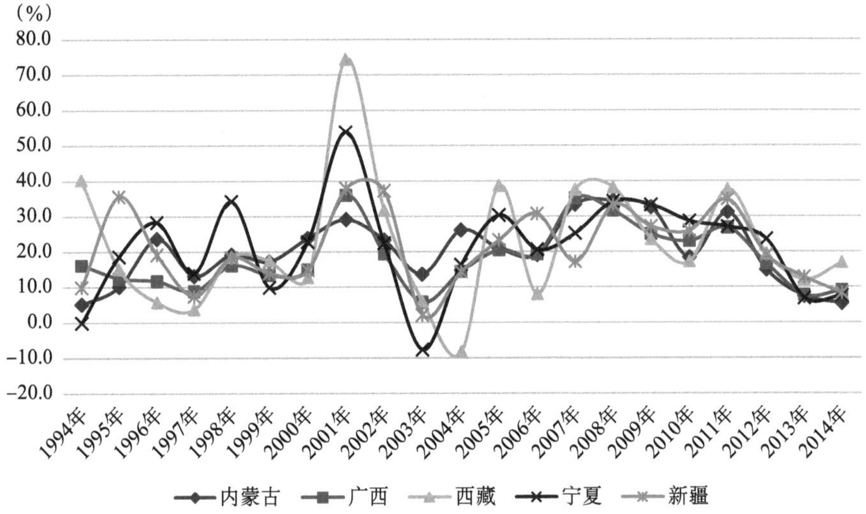

图2 1994—2014年五个自治区财政支出增长情况

（二）财政支出结构不够优化

1. 支出严重依赖中央补助，财政自给水平连年下降。据统计，2014年广西财政支出3480亿元中，自有收入1422亿元，其余靠中央补助收入支撑，对中央补助的依赖程度达到了近60%。从历史数据看，五个自治区的财政自给能力都不高，都需要中央给予大力的支持，但除广西外，其余自治区依赖中央补助的程度呈下降趋势（一定程度上反证了自给能力逐步上升），据能够获得的材料，2001—2014年中央补助占自治区支出比重变动情况为内蒙古下降22.5%、西藏下降4.8%、宁夏下降10.8%、新疆下降10.5%，广西上升6.8%，比中央补助地方平均水平（34%）高出25个百分点，反映出广西财政自给程度在下降。具体情况见表6。

表 6　　2001—2014 年中央对五个自治区补助占支出比重情况　　单位:%

年份	全国平均	内蒙古	广　西	西　藏	宁　夏	新　疆
2001 年	31.8	75.0	52.3	94.3	76.8	71.8
2002 年	33.3	73.1	51.9	95.1	76.2	60.3
2003 年	33.5	60.8	53.6	91.6	69.9	64.5
2004 年	36.5	69.1	59.8	101.7	103.8	68.0
2005 年	33.8	60.5	58.3	103.3	76.9	66.2
2006 年	33.4	60.3	61.1	102.7	73.9	69.3
2007 年	36.4	54.5	57.5	92.7	66.9	64.1
2008 年	36.7	55.3	60.0	93.5	70.7	65.9
2009 年	37.4	55.8	61.7	93.6	74.2	71.1
2010 年	36.0	52.8	61.5	93.4	72.7	70.7
2011 年	36.5	54.6	62.8	92.8	68.8	68.5
2012 年	36.0	54.6	61.4	90.4	68.9	66.6
2013 年	34.3	53.4	59.2	90.7	66.0	63.3
2014 年	34.0	52.5	59.1	89.5	66.0	61.3

注：根据《2011 年广西财政统计摘要》统计计算。

2. 财政支出安排不够科学合理。通过 2007—2014 年五个自治区分科目财政支出数据横向对比分析，可以看出广西财政支出结构不够优化的问题主要表现：一是养人和机关运行的成本仍然比较高。如一般公共服务支出占本区财政支出比重从 2007 年的 19.6% 降至 2014 年的 11.7%，有一定的下降，但降幅低于其他四个自治区。二是民生事业支出占比不增反降。如教育支出从 2007 年的 19.2% 降至 2014 年的 19%。如社会保障和就业支出从 2007 年的 11.2% 降至 2014 年的 11.1%。三是与支持经济快速发展的公共财政支出占比仍然偏小。如交通运输支出占比有所提高，从 2007 年的 4.2% 提高到 2014 年的 5.9%，但仍然占比过低，在五个自治区中排末位。四是科技创新驱动的优势不突出。如科学技术支出占比最高，但没有和其他自治区拉开差距，未能形成应有的优势。具体情况见表 7。

表7　　2007年和2014年五个自治区财政支出结构对比　　单位：亿元，%

地　区	财政支出		其中：				
			一般公共服务	科学技术	教育	社会保障和就业	交通运输
内蒙古	2007年	1082	194	9	154	152	48
广西		986	193	13	189	111	41
西藏		275	61	2	34	17	32
宁夏		242	38	5	47	25	8
新疆		795	148	13	143	91	34
内蒙古	2014年	3880	298	33	478	532	293
广西		3480	406	60	661	387	205
西藏		1186	164	4	142	86	173
宁夏		1000	62	12	123	116	73
新疆		3318	325	40	567	301	216
内蒙古	2007年	100	17.9	0.9	14.2	14.0	4.5
广西		100	19.6	1.3	19.2	11.2	4.2
西藏		100	22.1	0.7	12.2	6.3	11.8
宁夏		100	15.9	2.0	19.6	10.5	3.5
新疆		100	18.7	1.6	18.0	11.4	4.3
内蒙古	2014年	100	7.7	0.8	12.3	13.7	7.5
广西		100	11.7	1.7	19.0	11.1	5.9
西藏		100	13.8	0.4	12.0	7.3	14.6
宁夏		100	6.2	1.2	12.3	11.6	7.3
新疆		100	9.8	1.2	17.1	9.1	6.5

（三）人均支出水平偏低的问题非常突出

1. 广西财政支出占全国的比重明显低于人口占全国的比重水平，意味着较少资金支撑较多的人口的发展，广西基本公共服务没有得到应有的保障，影响到广西的可持续发展。通过对2014年末五个自治区财政支出占全国支出的比重与常住人口占全国人口的比重进行对比，发现四个自治区财政支出占比均高于其常住人口占比，分别为内蒙古支出占比为2.6%，常住人口占比为0.8%；西藏支出占比为0.8%，常住人口占比为0.2%；宁夏支出占比为0.7%，常住人口占比为0.5%；新疆支出占比为2.2%，常住人口占比为1.7%；唯有广西支出占比为2.3%，常住人口占比为3.5%，其他四个自治区“钱多人少”，与广西财政“人多钱少”形成鲜明的对比。这两个重要指标不相适应，直接影响到自治区间基本公共服务均等化政策的落实和地方经济的均衡发展。

2. 广西人均支出水平远低于其他自治区和全国平均水平。据统计，1994—2014年广西人均财政支出从278元提高到7320元，年均增长17.8%，但是与其他自治区相比，人均规模及其年均增幅一直处于末位。广西人均财政支出从1994年相当于全国平均水平（483元）的57.5%，发展到2014年（7320元）相当于全国平均水平（11088元）的66%，仅提高了8.5个百分点，是唯一一个人均财政支出没有突破万元的自治区，具体情况见表8。

表8　　1994—2014年五个自治区人均财政支出情况　　单位：元

年份	全国人均	内蒙古	广西	西藏	宁夏	新疆
1994年	483	412	278	1279	386	437
1995年	563	450	313	1465	452	585
1996年	649	548	342	1510	567	680
1997年	747	614	369	1541	635	718
1998年	865	729	426	1813	845	843
1999年	1047	849	479	2096	916	945
2000年	1226	1044	562	2315	1101	1032
2001年	1481	1343	734	3976	1662	1404
2002年	1717	1654	871	5163	2003	1896
2003年	1907	1879	913	5404	1824	1905
2004年	2192	2368	1041	4920	2106	2161
2005年	2595	2859	1281	6731	2707	2613
2006年	3075	3396	1556	7176	3220	3342
2007年	3768	4508	2079	9748	3984	3837
2008年	4713	6037	2707	13333	5287	5014
2009年	5716	7969	3354	16296	6957	6279
2010年	6743	9323	4217	18669	8858	7811
2011年	8150	12068	5500	25103	11099	10398
2012年	9344	13797	6358	29635	13560	12245

续表

年份	全国人均	内蒙古	广西	西藏	宁夏	新疆
2013 年	10346	15895	6923	41232	17726	17992
2014 年	11088	15490	7320	37992	15123	14433
年均增幅(%)	17.0	19.9	17.8	18.5	20.1	19.1

通过对表 8 数据进行计算，2014 年其他自治区发展到相当于全国平均水平的比例情况为，内蒙古 139.7%，同比提高了 54.5%；西藏 342.6%，同比提高了 78.1%；宁夏 136.4%，同比提高了 56.5%；新疆 130.2%，同比提高了 39.8%。广西人均财政支出过低的劣势非常突出，直接影响到当地经济社会发展的可持续性，不利于国家发展平等、团结、互助的社会主义民族政策的落实。如图 3 所示：

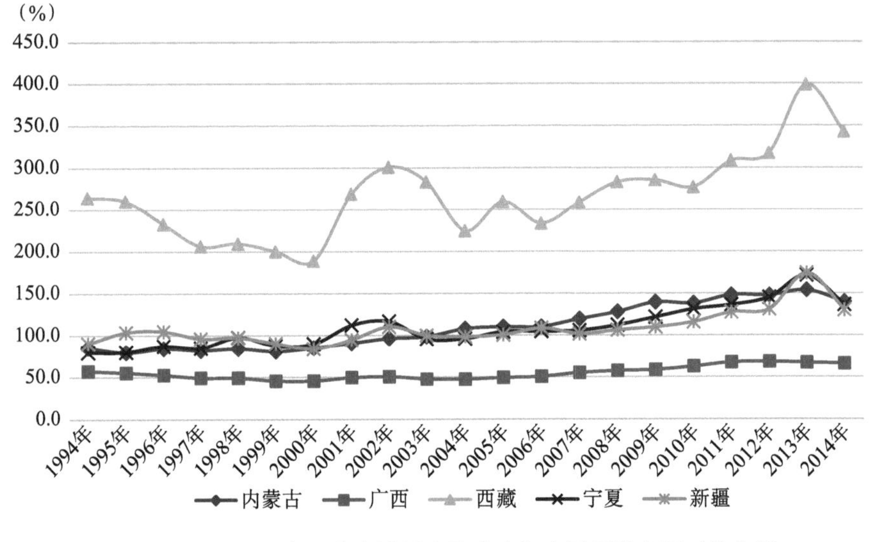

图 3　1994—2014 年五个自治区人均支出与全国平均水平对比分析

三、广西财政支出存在问题的原因探析

新修订的《中华人民共和国预算法》将“收支平衡”的预算重心向“支出预算和政策”转移，并实行跨年度平衡。但是，量入为出、量力而行是各国普遍的预算原则，财政收入是支出的直接来源和依据，个别税种的收入还有特定的用途和支出范围，如车购税。研究表明，财政支出与财

政收入是线性函数关系，所以研究财政支出问题必须研究财政收入的来源。广西财政支出的来源主要是一般公共预算收入（简称“一般收入”）和中央补助地方收入。经济决定财政，财政反作用于经济发展，人口增长既与经济增长相关，更与财政支出相关，为此，我们研究了财政支出与经济增长、财政收入和人口变动的关系。

（一）财政支出与经济增长的关系

一般情况下，财政支出对经济增长有正向拉动的作用。为了研究广西财政支出与地区生产总值相互影响关系，我们收集了1994—2014年五个自治区地区生产总值的数据，从1994年看，广西地区生产总值1242亿元，规模上远超其他自治区，2006年首次被内蒙古超越，并一直落后于内蒙古。与2003年广西财政支出规模被内蒙古超越的时间相比，地区生产总值规模被超越的时间后延了3年。但通过1994—2014年五个自治区地区生产总值年均增长的测算，广西的名义年均增幅居然倒数第一。具体情况见表9。

表9　1994—2014年五个自治区地区生产总值（GDP）情况　单位：亿元

年份	内蒙古	广西	西藏	宁夏	新疆
1994年	682	1242	46	134	674
1995年	833	1498	56	170	825
1996年	985	1698	65	194	912
1997年	1100	1817	77	211	1050
1998年	1192	1903	91	227	1117
1999年	1268	1953	106	241	1169
2000年	1401	2050	117	266	1364
2001年	1714	2279	146	337	1492
2002年	1941	2524	167	377	1613
2003年	2388	2821	189	445	1886
2004年	3041	3434	220	537	2210
2005年	3896	3984	250	606	2604
2006年	4791	4746	291	711	3045
2007年	6019	5823	342	834	3494
2008年	7762	7021	396	1099	4203
2009年	9726	7759	441	1335	4274

续表

年份	内蒙古	广　西	西　藏	宁　夏	新疆
2010年	11655	9570	507	1643	5419
2011年	14246	11714	606	2061	6475
2012年	15988	13031	696	2327	7466
2013年	16832	14378	808	2565	8360
2014年	17770	15673	925	2752	9264
年均增长(%)	17.7	13.5	16.2	16.3	14.0

注：数据来源于《2011年广西财政统计摘要》和各地统计公报。

为进一步分析五个财政支出与地区生产总值的关系，我们利用统计工具和1994—2014年五个自治区的财政支出与地区生产总值数据，通过建立模型并进行线性回归和分析（文中以各自治区名称拼音首位字母代替地名）。具体情况如下：

步骤1. 混合模型：测算五个自治区财政支出与地区生产总值的平均关系

Dependent Variable: ZHICHU?

Method: Pooled Least Squares

Date: 05/31/15 Time: 18: 54

Sample: 1994 2014

Included observations: 21

Cross - sections included: 5

Total pool (balanced) observations: 105

Variable	Coefficient	Std. Error	t - Statistic	Prob.
C	55.78139	38.43133	1.451456	0.1497
GDP?	0.220585	0.007261	30.38028	0.0000
R - squared	0.899606	Mean dependent var		763.0762
Adjusted R - squared	0.898632	S. D. dependent var		984.0935
S. E. of regression	313.3196	Akaike info criterion		14.35119
Sum squared resid	10111423	Schwarz criterion		14.40174
Log likelihood	-751.4374	Hannan - Quinn criter		14.37167
F - statistic	922.9614	Durbin - Watson stat		0.057349
Prob (F - statistic)	0.000000			

表达式为：

ZHICHU = 55.78 + 0.22GDP

表示五个自治区财政支出增加占地区生产总值的22%，解释能力90%。

步骤2. 面板数据模型选择：固定效应还是随机效应

Correlated Random Effects - Hausman Test

Pool：ZHICHU

Test cross - section random effects

Test Summary	Chi - Sq. Statistic	Chi - Sq. d. f.	Prob.
Cross - section random	12.727598	1	0.0004

Cross - section random effects test comparisons：

Variable	Fixed	Random	Var（Diff.）	Prob.
GDP?	0.247143	0.240209	0.000004	0.0004

根据Hausman检验，统计量的值为12.73，对应概率0.0004，拒绝随机效应的原假设，因此应该建立固定效应模型。

步骤3. 固定效应模型：比较各区财政支出的差异

DependentVariable：ZHICHU?

Method：Pooled Least Squares

Date：05/31/15　Time：18：59

Sample：1994 2014

Included observations：21

Cross - sections included：5

Total pool（balanced）observations：105

Variable	Coefficient	Std. Error	t - Statistic	Prob.
C	-29.37747	32.90153	-0.892891	0.3741
GDP?	0.247143	0.006914	35.74703	0.0000
Fixed Effects（Cross）				
NMG -- C	-252.7484			
GX -- C	-278.3131			
XZ -- C	273.6245			
NX -- C	96.20991			
XJ -- C	161.2271			

Effects Specification

Cross - section fixed (dummy variables)			
R - squared	0.938996	Mean dependent var	763.0762
Adjusted R - squared	0.935915	S. D. dependent var	984.0935
S. E. of regression	249.1239	Akaike infocriterion	13.92922
Sum squared resid	6144207	Schwarz criterion	14.08088
Log likelihood	-725.2842	Hannan - Quinn criter	13.99068
F - statistic	304.7678	Durbin - Watson stat	0.084929
Prob (F - statistic)	0.000000		

表述式为：

ZHICHU = -29.38 - 252.75Dnmg - 278.31Dgx + 273.62Dxz + 96.21 Dnx + 161.23Dxj + 0.25GDP（其中，Dnmg、Dgx、Dxz、Dnx、Dxj 分别为表示内蒙古、广西、西藏、宁夏、新疆的虚拟变量，若为该省，则为 1；否则为 0。从而通过比较变量前面系数大小，以比较不同省份财政支出的差异），即：

对于内蒙古，Dnmg = 1，Dgx = Dxz = Dnx = Dxj = 0，表达式为：

ZHICHU = -282.13 + 0.25GDP

对于广西，Dgx = 1，Dnmg = Dxz = Dnx = Dxj = 0，表达式为：

ZHICHU = -307.69 + 0.25GDP

对于西藏，Dxz = 1，Dnmg = Dgx = Dnx = Dxj = 0，表达式为：

ZHICHU = 244.25 + 0.25GDP

对于宁夏，Dnx = 1，Dnmg = Dgx = Dxz = Dxj = 0，表达式为：

ZHICHU = 66.83 + 0.25GDP

对于新疆，Dxj = 1，Dnmg = Dgx = Dxz = Dnx = 0，表达式为：

ZHICHU = 131.85 + 0.25GDP

固定效应模型解释能力 94%。五个自治区财政支出增加占地区生产总值的 25%。各虚拟变量差异代表不同省区个体差异。从上面结果可以看出，剔除地区生产总值因素以后各自治区财政支出水平从低到高依次为广西、内蒙古、宁夏、新疆、西藏，其中广西水平最低，说明了广西财政支出与地区生产总值的增长关系相对偏弱，或者说，西藏、新疆和宁夏财政支出与地区生产总值增长的关联性更强。

我们统计了1994—2014年五个自治区财政支出与地区生产总值对比情况，总体上比例呈逐年提高，其中，2009年以后西藏的财政支出相当于地区生产总值的比例超过100%，2014年，新疆和宁夏均达到36%左右，广西和内蒙古比略高于全国平均水平，与回归分析的结果一致。具体情况见表10。

表10　1994—2014年五个自治区财政支出相当于地区生产总值情况　单位:%

年份	全国平均	内蒙古	广西	西藏	宁夏	新疆
1994年	8.4	13.6	10.1	65.9	14.5	10.5
1995年	7.9	12.3	9.4	62.3	13.5	11.7
1996年	8.1	12.8	9.2	56.7	15.2	12.6
1997年	8.5	13.0	9.4	49.6	15.9	11.7
1998年	9.1	14.3	10.4	49.8	19.9	13.1
1999年	10.1	15.8	11.5	50.2	20.6	14.2
2000年	10.4	17.6	12.6	51.3	22.9	14.0
2001年	12.0	18.6	15.4	71.6	27.8	17.6
2002年	12.7	20.3	16.6	82.5	30.4	22.4
2003年	12.7	18.7	15.7	77.2	23.8	19.5
2004年	12.9	18.6	14.8	60.8	22.9	19.1
2005年	13.7	17.5	15.3	74.2	26.4	19.9
2006年	14.4	17.0	15.4	68.8	27.2	22.3
2007年	15.5	18.0	16.9	80.5	29.0	22.8
2008年	16.4	18.7	18.5	96.1	29.5	25.2
2009年	18.2	19.8	20.9	106.6	32.4	31.5
2010年	17.0	19.6	21.0	108.7	33.8	31.3
2011年	17.9	21.0	21.7	125.1	34.3	35.3
2012年	18.6	21.5	22.8	130.1	37.5	36.4
2013年	18.9	21.9	22.2	125.5	36.3	36.7
2014年	20.1	21.8	22.2	128.2	36.4	35.8

从财政最优支出规模分析看，全国最优规模的平均水平11.6%[①]，高

① 数据来源：杨友才、赖敏晖：《我国最优政府财政支出规模——基于门槛回归分析》，2009年度（第七届）中国法经济学论坛论文集。

于 11.6%，财政支出规模对经济增长将产生负面影响。随着，经济发展和理论发展，有些学者认为全国的财政支出最优规模应该在 18% 左右，自治区的最优财政支出规模占比在 40% 左右。综合这些理论研究成果，我们认为目前广西财政支出相当于地区生产总值比重 22.2%，虽高于全国平均水平（与一般省份相当），从作用经济增长效率上已经达到要求，但明显低于宁夏、新疆和西藏三个自治区的占比水平。若按全国人均支出水平和广西常住人口换算，2014 年广西支出达到 5230 亿元，相当于地区生产总值 33.6%，加上政府性基金的支出，基本达到 40% 的理论最优水平，与其他自治区的占比水平相当。

结论：财政是国家治理的基础和重要支柱，国家管理和政府履职的范围就是财政支出的范围。为更好地维护国家统一和民族团结，更加灵活处理边疆或民族事务，根据国家的基本法律，在国家法律对自治区和其他省份同等授权外，还享有自主处理特殊事务的自治权，以承担中央委托的部分外交、防务等边疆事权和支出责任。自治区的财政支出政策目标除了经济增长、充分就业和国际收支平衡等宏观目标外，根据公共财政外部性的理论还应当包括自治区范围内的边疆稳定和反恐、民族团结、民族文化等政治价值取向的社会管理支出，如实行新疆生产建设兵团制度、西藏干部驻寺制度等特殊政治层面政策新增职责和支出项目，这些主要是非经济因素支出目标。可见，广西应当加大这些非经济因素事权的支出力度，提高全区的基本公共服务均等化水平，完善民族地区政府的履职范围和支出责任。

（二）财政支出与一般收入的关系

1. 一般收入的总量情况。从总量规模看，1994 年广西一般预算收入 62 亿元，收入规模排五个自治区首位，占五个自治区收入的 44%；2014 年广西一般预算收入 1422 亿元，收入规模排五个自治区第 2 位，比首位内蒙古少 422 亿元，占五个自治区收入的 28%，占比水平下降 16%。从年增长情况看，1994—2014 年，广西一般收入年均增长 17% 在五个自治区中排第 4 位，仅比西藏高 0.6%，其中，1994—2001 年，广西年均增长 16.4%，略高于内蒙古，西藏增幅为零；2001—2014 年，广西年均增长 17.3%，增幅最低，且各阶段的增幅均低于各省平均水平。具体情况详见表 11。

表 11 1994—2014 年五个自治区一般公共预算收入规模情况 单位：亿元,%

年份	地方合计	内蒙古	广 西	西 藏	宁 夏	新 疆
1994 年	2368	36	62	6	7	29
1995 年	2985	44	79	2	9	38
1996 年	3747	57	91	2	13	48
1997 年	4263	66	99	3	14	55
1998 年	4984	78	120	4	18	65
1999 年	5592	87	134	5	19	71
2000 年	6406	95	147	5	21	79
2001 年	7804	99	179	6	28	95
2002 年	8513	113	187	7	26	116
2003 年	9854	139	204	8	30	128
2004 年	11693	197	238	10	37	156
2005 年	14886	277	283	12	48	180
2006 年	18312	343	343	15	61	219
2007 年	23569	492	419	20	80	286
2008 年	28651	651	518	25	95	361
2009 年	32604	851	621	30	112	389
2010 年	40614	1070	772	37	154	501
2011 年	52547	1357	948	55	220	720
2012 年	61078	1553	1166	87	264	909
2013 年	68970	1720	1317	95	308	1128
2014 年	75860	1844	1422	124	340	1282
1994—2014 年	18.9	21.8	17.0	16.4	21.4	20.9
1994—2001 年	18.6	15.5	16.4	0.0	21.9	18.5
2001—2014 年	19.1	25.2	17.3	26.3	21.2	22.2

注：数据来源于《2011 年广西财政统计摘要》和各地统计公报。

2. 广西人均一般收入水平偏低影响人均支出水平的提高。从通过对五个自治区的一般收入与常住人口进行计算分析，由于广西人口基数大，所以人均指标明显偏低。1994 年广西人均一般收入 139 元，与宁夏接近，远低于其他自治区，相当各省平均水平的 72%；2014 年广西人均一般收入 3014 元，比经济较不发达的西藏有近 1000 元的差距，比其他自治区相距更远，人均水平仍然最低并呈扩大趋势，仅相当各省平均水平的 54%，下降了18%。1994—2014年，广西人均一般收入年均增长16.6%，仅比西藏高1.4%，比内蒙古、宁夏和新疆分别低4.5%、3.1%和2.4%，而同期广西的常住人口仅增长0.3%，分别比内蒙古、西藏、宁夏和新疆分别低0.2%、1.1%、1.1%和1.4%，广西在人口增长缓慢的情况下，却发生了人均收入水平下降更快的问题，反映了广西一般收入形势是严峻的。具体情况见表12。

表12　　1994—2014年五个自治区人均一般公共财政收入情况　　单位：元/人

年份	地方平均	内蒙古	广西	西藏	宁夏	新疆
1994年	193	161	139	235	142	176
1995年	247	191	175	90	175	230
1996年	306	248	197	100	243	286
1997年	345	284	214	121	265	317
1998年	399	331	256	144	330	374
1999年	444	367	283	179	347	402
2000年	495	400	328	205	370	411
2001年	611	418	373	232	490	507
2002年	663	474	387	274	463	611
2003年	762	583	419	302	518	663
2004年	900	825	486	366	637	793
2005年	1138	1163	607	434	801	897
2006年	1392	1432	726	534	1016	1070
2007年	1783	2046	879	704	1311	1365
2008年	2190	2695	1076	867	1537	1694
2009年	2476	3513	1279	1037	1785	1801
2010年	3047	4331	1677	1221	2437	2295
2011年	3920	5466	2040	1807	3443	3261
2012年	4531	6236	2491	2811	4080	4071
2013年	5092	6889	2792	3046	4715	4984
2014年	5598	7381	3014	3983	5197	5664

注：数据来源于《2011年广西财政统计摘要》和各地统计公报。

为更加直观分析五个自治区的人均公共预算收入水平，我们以人均公共预算收入系数来衡量不同民族地区人均公共预算收入水平，以及与全国平均水平的一个比较图。从图 4 中可见，1994—2014 年，广西人均公共预算收入不但远低于全国水平，而且还处于五个自治区的末位。自 2012 年起，甚至低于西藏自治区，位居五个自治区的末位。

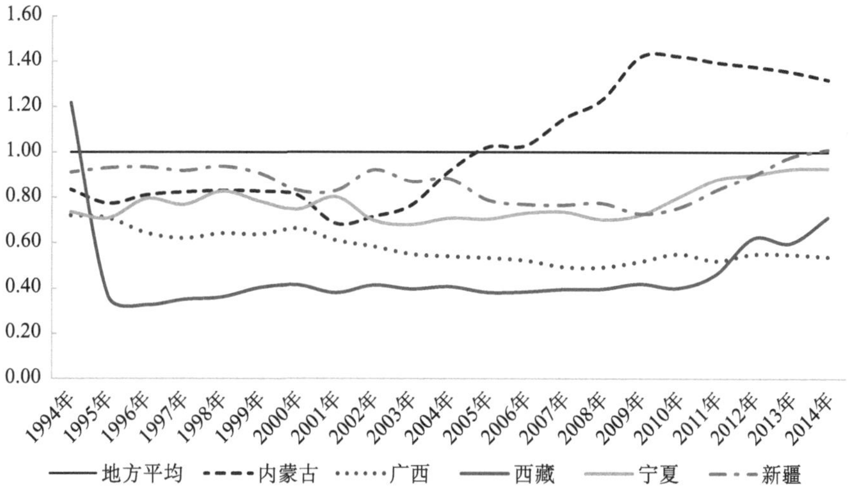

图 4　自治区人均公共预算收入系数

3. 广西一般收入结构不合理，非税收入占比过高，影响收入质量，制约财政支出的统筹能力。广西收入结构不合理，长期以来税收增长相对较慢，受收入预算管理的约束等因素的影响，非税收入成为弥补收入缺口的重要手段，因此长期存在非税收入占一般收入比重过高的问题。由于非税收入不同于税收，基本有指定的用途，进而影响到财政支出的统筹安排，影响收入和支出有效衔接。1998—2014 年，除 2001 年较低外，广西非税收入占地方财政收入的比重均非常高，2004 年以来连续 11 年超过 30%，连续 20 年高于同期全国各省平均水平 10%，2014 年有所下降，同期全国各省平均水平 9.2%，但仍在全国排在前列，即使与其他自治区非税收入的总量和占比综合对比，广西的非税问题总体仍然是比较突出的。具体情况见表 13。

表 13　1994—2014 年五个自治区非税收入占财政收入比重情况　单位：%

年份	地方合计	内蒙古	广西	西藏	宁夏	新疆
1994 年	1.0	1.9	13.9	57.7	5.0	0.8

续表

年份	地方合计	内蒙古	广西	西藏	宁夏	新疆
1995 年	4.6	6.5	17.3	-3.5	10.6	4.1
1996 年	8.9	10.4	20.7	-15.5	16.6	9.3
1997 年	6.2	7.8	19.6	-6.7	11.6	7.4
1998 年	11.7	13.6	27.4	1.3	21.9	11.8
1999 年	12.6	17.2	29.0	5.2	18.8	13.3
2000 年	12.1	18.2	30.3	6.2	14.5	11.1
2001 年	11.5	18.5	21.9	12.3	13.7	13.9
2002 年	14.1	21.5	29.7	21.4	17.5	19.7
2003 年	16.0	23.1	28.0	20.1	18.7	18.0
2004 年	18.1	26.8	31.2	28.3	19.2	20.8
2005 年	18.6	25.4	32.6	32.3	22.8	20.9
2006 年	19.5	24.1	34.2	38.2	26.9	20.5
2007 年	18.3	29.4	32.5	42.3	26.6	22.9
2008 年	18.9	28.6	33.2	38.8	18.2	20.6
2009 年	20.1	32.2	32.7	38.6	18.6	22.5
2010 年	19.5	29.6	30.8	30.7	17.4	16.8
2011 年	21.8	27.3	32.0	16.3	19.5	17.6
2012 年	22.5	27.9	34.6	19.1	21.6	23.1
2013 年	21.9	29.4	33.5	24.7	23.0	26.8
2014 年	22.1	32.1	31.2	30.9	26.3	30.8

注：数据来源于《2011 年广西财政统计摘要》和各地统计公报。

非税收入的正常增长本身不是大问题，问题是非税收入占比过高的地方容易有少数地方为片面追求财政收入增速，人为操作虚增非税收入、以“列收列支”方式空转收入、收“过头税”、留抵税款应抵不抵等手段增收，弄虚作假，导致广西财政收入存在“水分”，亦造成财政支出没有真正的来源，进而造成财政数据信息失真、政府失信的严重问题。

结论：一般收入是地方政府能自由安排的财力，主要由当地经济发展及经济的税收贡献度决定。由于广西收入规模相对不足、增长缓慢、人均水平低影响，制约了广西财政支出快速增长，进而制约了财政支出对经济增长的拉动作用，造成经济的税收贡献减少，形成不良的循环。而在这种情况下，广西还长期存在非税收入占比过高的问题，既影响到财政支出的统筹安排，又直接影响到争取中央转移支付。尤其是，2015 年作为中央与地方收入划分改革的基期年，压减财政收入特别是非税收入中的“水分”，对广西争取改革红利和中央转移支付的长远利益至关重要，直接影响到广西财政支出水平提高和经济健康持续增长的良性互动关系。

（三）财政支出与中央补助收入的关系

1. 中央对广西的补助的总量情况。实质上，目前中央同等补助自治区的政策加剧了地区间基本公共服务不均等。前文已经说明了五个自治区的财政自给能力都不高，都需要中央给予大力的支持，但实际上中央给各个自治区的补助情况各不相同。据统计，1994 年中央补助广西收入规模 63 亿元，比内蒙古多 10%，远高于西藏、宁夏和新疆；2014 年中央补助广西收入规模达到 2058 亿元，分别比内蒙古、西藏、宁夏和新疆多 22 亿元、997 亿元、1397 亿元和 23 亿元，相当于与内蒙古、新疆持平，其中补助内蒙古的规模有 17 年超过广西，补助新疆的规模有 10 年超过广西（不包括新疆生产建设兵团支出的中央补助）。1994—2014 年，中央补助广西收入年均增长 19%，分别比内蒙古、西藏、宁夏和新疆低 0.6%、1.8%、3% 和 2.4%，与各省平均水平持平。1994—2014 年，五个自治区中广西的人口基数最大，中央补助广西的收入规模却增长最慢，是非常不合理的。1994 年，广西常住人口占五个自治区的 49.1%，同期中央补助广西收入规模占五个自治区的比重为 31.7%，两个重要指标不匹配的差异程度为 17.4%，2014 年常住人口占五个自治区的比重为 45.1%，同期中央补助广西收入规模占五个自治区的比重没有保持原有水平，下降到 26.2%，本来已经不匹配的补助水平不升反降，扩大了差异水平，严重制约广西财政资金的支撑和保障水平。具体情况见表 14。

表 14　　1994—2014 年中央财政补助自治区收入情况　　单位：亿元，%

年份	地方合计	内蒙古	广西	西藏	宁夏	新疆
1994 年	1670	57	63	24	12	42
1995 年	1843	58	62	33	14	58
1996 年	2039	69	66	35	17	67

续表

年份	地方合计	内蒙古	广西	西藏	宁夏	新疆
1997 年	2438	77	72	35	20	68
1998 年	2689	92	78	41	27	81
1999 年	3443	113	91	48	31	95
2000 年	3961	152	111	55	40	112
2001 年	5331	220	173	99	66	168
2002 年	6768	281	233	131	89	245
2003 年	7376	308	240	138	76	240
2004 年	8900	367	269	124	86	265
2005 年	10268	405	328	173	112	339
2006 年	12119	469	387	185	132	459
2007 年	14770	590	567	255	162	509
2008 年	20597	804	779	356	230	698
2009 年	28440	1076	1001	440	320	958
2010 年	32988	1211	1236	514	402	1194
2011 年	40187	1633	1598	703	486	1564
2012 年	45869	1877	1799	819	608	1811
2013 年	50303	1962	1875	919	623	1937
2014 年	53232	2036	2058	1061	661	2035
年均水平	18.9	19.6	19.0	20.8	22.0	21.4

注：数据来源于《2011 年广西财政统计摘要》和各地统计公报。

2. 中央补助广西的结构分析。中央补助地方的财力性转移支付收入的情况，包括税收返还和一般性转移支付收入。2014 年中央补助广西财力性转移支付规模达到 1224 亿元，为五个自治区最高，分别比内蒙古、西藏、宁夏和新疆多 208 亿元、643 亿元、861 亿元和 121 亿元，占五个自治区的比重从 2007 年的 25.9% 上升为 28.6%，从财力补助规模看，为广西财政支出提供必要的来源。具体情况见表 15。

表 15　2007—2014 年中央补助地方——财力性转移支付收入　单位：亿元

年份	内蒙古	广西	西藏	宁夏	新疆
2007 年	337	327	171	104	320
2008 年	386	404	223	136	397

续表

年份	内蒙古	广　西	西　藏	宁　夏	新　疆
2009 年	472	505	262	165	503
2010 年	558	600	307	192	596
2011 年	729	831	408	255	785
2012 年	849	981	467	293	891
2013 年	938	1090	531	330	979
2014 年	1016	1224	581	363	1103

注：数据来源于各地决算公开资料，不同于一般性转移支付的口径。

但是，财力性补助的转移支付也存在结构问题。如收入中民族地区（革命老区）转移支付收入，五个自治区的民族补助占财力性补助比占不到 8 %，此项补助过低必然影响到民族事务的公共产品的提供，不利于民族地区的和谐发展。2007—2014 年，中央补助广西的民族地区转移支付收入占五个自治区的比重却从 26. 9% 下降到 24. 2% 。具体情况见表 16。

表 16　2007—2014 年中央补助——民族地区转移支付补助收入　单位：亿元

年份	内蒙古	广　西	西　藏	宁　夏	新　疆
2007 年	28	24	7	8	23
2008 年	43	41	11	15	43
2009 年	43	41	11	15	43
2010 年	51	47	15	17	49
2011 年	64	50	18	19	49
2012 年	68	58	21	21	54
2013 年	103	74	31	24	76
2014 年	104	83	34	27	95

注：数据来源于各地决算公开资料。

中央补助广西的专项转移支付收入存在偏少的问题。2007 年中央补助广西专项转移支付收入规模 202 亿元，比内蒙古少 51 亿元，比新疆多 13 亿元，远高于西藏和宁夏；2014 年中央补助广西专项转移支付规模达到 569 亿元，分别比内蒙古、新疆少 170 亿元、254 亿元，与西藏、宁夏的差距缩小，占五个自治区的比重从 2007 年的 24. 2% 下降为 20. 5% ，严重影响广西的财政支出水平，制约地方社会事业和经济的发展。一方面反映出广西在争取中央支持或中央重要部门的支持，特别是一些非确定性项目支出上议价能力不够，另一方面反映了中央对广西发展的重视程度和支持程度明显不足。具体情况见表 17。

表 17　　2007—2014 年中央补助地方——专项转移支付收入　　单位：亿元

年份	内蒙古	广 西	西 藏	宁 夏	新 疆
2007 年	253	202	109	82	189
2008 年	327	291	126	95	245
2009 年	433	353	195	134	351
2010 年	474	422	208	146	454
2011 年	710	618	286	195	638
2012 年	769	658	308	222	749
2013 年	712	584	337	203	793
2014 年	739	569	415	234	823

注：数据来源于各地决算公开资料。

3. 人均中央补助收入远远低于其他民族地区。用人均中央补助收入系数来衡量不同民族地区的人均中央补助水平。从 2001—2014 年，广西人均中央补助地方收入在全国水平上下波动，2010 年以前低于全国平均水平，并没有享受到作为一个民族地区高补助的待遇。其他四个民族地区人均中央补助地方收入均高于全国线，内蒙古、宁夏和新疆的人均中央补助地方收入水平均是全国水平的 2 倍以上，西藏是 8 倍以上。具体情况见下图 5。

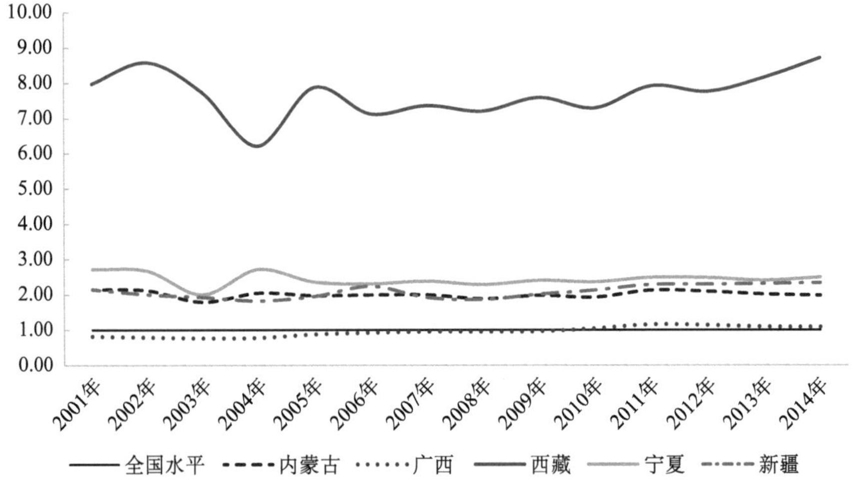

图 5　五个自治区中央补助地方人均收入系数

结论：广西作为集“老、少、边、山、穷”于一体的自治区，长期作为国家反越自卫还击战的最前沿和主阵地，为全国稳定和边疆安全作出无可替代的贡献。但是，经济社会发展水平相对滞后，在较长一段时间财政支出仍必须以中央补助收入为主要来源，而中央补助广西财政转移支付收入偏少，特别是民族地区转移支付、专项转移支付和人均转移支付的问题突出，成为了制约广西财政支出快速增长的主要因素。

（四）财政支出与地方人口变动的关系

1. 五个自治区的人口总量对比分析。人是最重要生产要素，是社会政治、经济和文化发展的出发点和归宿点，人口的增长为经济发展输入劳动资本，也必然带来财政支出的增长。据统计，1994 年广西常住人口 4493 万人，占五个自治区的 49.1%，2014 年为 4754 万人，下降到 45.1%，1994—2014 年，广西常住人口年均增长仅 0.3%，分别比内蒙古、西藏、宁夏和新疆低 0.2%、1.1%、1.1% 和 1.4%，也比全国平均（0.7%）和西部平均水平（0.4%）低。广西常住人口年均增长水平过低，必然严重制约当地经济发展，影响财政收入的创造，制约财政支出规模有效扩充，进而制约广西基本服务均等化保障水平，容易形成不良的循环。五个自治区常住人口情况见表 18。

表 18　　1994—2014 年五个自治区年末常住人口变动表　　单位：万人,%

年份	各省合计	内蒙古	广西	西藏	宁夏	新疆
1994 年	119850	2260	4493	236	504	1632
1995 年	121121	2284	4543	240	513	1661
1996 年	122389	2307	4589	244	521	1689
1997 年	123626	2326	4633	248	530	1718
1998 年	124810	2345	4675	252	538	1747
1999 年	125909	2362	4713	256	543	1774
2000 年	129533	2376	4489	262	562	1925
2001 年	127627	2377	4788	263	563	1876
2002 年	128453	2379	4822	267	572	1905
2003 年	129227	2380	4857	270	580	1934
2004 年	129988	2384	4889	274	588	1963

续表

年份	各省合计	内蒙古	广西	西藏	宁夏	新疆
2005 年	130756	2386	4660	277	596	2010
2006 年	131448	2397	4719	281	604	2050
2007 年	132129	2405	4768	284	610	2095
2008 年	132802	2414	4816	287	618	2131
2009 年	133474	2422	4856	290	625	2159
2010 年	133277	2471	4603	300	630	2181
2011 年	134042	2482	4645	303	639	2209
2012 年	134789	2490	4682	308	647	2233
2013 年	135518	2498	4719	312	654	2264
2014 年	136782	2505	4754	312	662	2299
年均增长	0.7	0.5	0.3	1.4	1.4	1.7

注：数据摘自《2011 年广西财政统计摘要》和决算公开资料。

2. 五个自治区基本的人口政策对比。中华人民共和国成立以来，国家曾经鼓励生育，后来实行了计划生育，鼓励一个家庭生一胎，要求民族自治地区也要实行计划生育。据资料反映五个自治区的计划生育政策重点是不同的。① 一是政策依据不同，直接依据是当时的《中华人民共和国计划生育法》制定自治区计生条例的有宁夏、新疆、广西，内蒙古依据《中华人民共和国民族区域自治法》和《中华人民共和国计划生育法》制定计生条例，西藏比内蒙古增加依据《中华人民共和国宪法》和相关法律法规。二是生育管控政策不一样。较松动的有：内蒙古规定蒙古族公民可以生二胎，农业人口可以生三胎；西藏是对藏民提倡不要生三胎，汉族公民与藏族公民通婚可按藏民政策对待；新疆对少数民族公民可生二胎，少数民族农牧民可生三胎，汉少通婚的按少数民族规定办理。从紧管理的有：宁夏提倡生一胎，农民最多生二胎；广西的计生条例完全照搬国家的规定，而且 2002 年修订计生条例是保留了 20 世纪 80 年代国家计生政策的规定“一千万人口以下少数民族的”公民符合条件并经批准的可以生二胎。目前，国内还有满族、回族公民已经超过 1000 万人，是否还受这些规定限制？可

① 文章在 2014 年发表，当年国家的计划生育政策法规尚未作重大调整，但目前国家为适应新形势的需要，在这方面政策已有重大变化。文中仍沿用当时的表述，不作改动。

见，广西的人口政策有欠长远性考虑，严重限制了人口合理正常增长，形式上减少财政支出总需求，一方面实质性制约了经济社会的正常发展和财政收入正常增长的人力保障，另一方面容易造成人口结构性失衡，给当地长远发展造成难以估量的损失。

3. 人口流动逆差过大，大幅度减弱广西劳动力市场的竞争。据不完全统计，2014 年广西户籍人口约 5250 万人，比同期常住人口多 500 万人，相当于人口基数加上外来务工人口减去外出务工人口，净减少 500 万人，相当于宁夏常住人口数量，比西藏常住人口近 200 万人。意味着广西为外省培养培训了大批的有效劳动力，同时，这些劳动力为外省创造了地区生产总值和财政收入，加大了这些省份的财政支出，但是，由于当前国内的户籍制度与社会福利，特别是务工人员的养老保险，留守老人和儿童医疗、教育开支均还需要广西负担，一定程度上造成了权责利不相适应，发达省份拿了好处，而落后地区负责买单，进一步加强地区发展差异的“马太效应”。

结论：缺乏远见的人口政策、过低的人口增长率及常住人口流动逆差过大的问题，是制约广西经济加速发展和财政收入加快增长，进而制约财政支出加快增长又一重要原因。

四、几点政策建议

2015 年全国两会期间，习近平总书记参加广西代表团审议时，指出广西到 2020 年要实现与全国同步全面建成小康社会、基本建成西南中南地区开放发展新战略支点、构建面向东盟的国际大通道、形成 21 世纪海上丝绸之路与丝绸之路经济带有机衔接的重要门户，同时还特别强调要把脱贫攻坚抓紧抓准抓到位，要求广西坚持精准扶贫，倒排工期，算好明细账，绝不让一个少数民族、一个地区掉队。这是国家最高领导人对广西发展的科学定位和基本要求，是广西今后一个较长时期的工作方向和奋斗目标，广西各级党委政府应当围绕这个中心开展工作。我们认为，总书记讲“决不让一个少数民族、一个地区掉队”，既包括不让人口少的民族掉队，更不让人口多的少数民族掉队，不让民族问题较多的地区掉队，更不让民族团结的地区掉队。广西民风淳朴、民族文化温和，政治和经济影响力也较弱，历来没有与中央部委“讨价还价”的传统。然而，随着国家开放发展和深耕亚太地区的需要，中央需要一个政治稳定、民族团结、经济快速发展的广西作为联结东西、经略东盟的重要门户，而广西的跨越大发展更多需要依靠中央自上而下地调整有关政策，才能发挥两个积极性结合，共同实现中央深远意图。

（一）中央需要调整发展广西的财政总方针和总政策

做好财政工作至少应当包括三个层面：一是国家最高决策层，宏观把握财政的方向和扩张的限度，确定财政总方针和总政策，具有政治意义；二是政策研究设计层，处理好“财”与“政”的关系，制定财政法令，理顺财税体制；三是管理操作实施层，推进各项与财政相关的具体工作。从研究的角度出发，2008 年胡锦涛同志（时任国家主席）也曾经对广西的发展做了定位，赋予广西西南大通道、面向东盟的桥头堡等增长新一极的殷切期望。当前，新的国家最高领导人对东西结合、沿边临海的广西赋予新定位，既有传承，又赋新意见，具有更深远的政治意图。广西要完成这个历史使命，必须有相配的财政支出做支撑，按 2014 年全国人均财政支出水平和广西常住人口换算，2014 年广西财政支出规模可以达到 5250 亿元，在全国各省中排第六位，少于河南省，多于浙江省，从加大支出强度视角看，广西人均财政支出水平达到全国平均水平，对广西的发展是一个具有历史意义的大跨越。建议中央的规划部门，包括财政部在内的各部委，根据把广西建成“一带一路”相互衔接重要门户的国家战略，结合广西后发展欠发达的区情和促进民族自治现代化建设的需求，重新确定发展广西的财政总方针和总政策，将广西与普通省份明确区别开，参照其他自治区享受的优惠政策，进一步理顺中央与广西的事权，对具有国家战略意义的发展构架上升为中央事权，进一步理顺中央促进壮族与汉族等各民族团结互助机制建设，维护好、发展好中央对广西各民族人民关怀之情，进一步帮助广西发展经济建设，提高广西民族自治治理能力现代化建设水平，大幅度缩小广西基本服务均等化与城镇化建设与全国平均水平的差距，大幅度削减中央与广西共同事权中的配套比例，真正实施“多给少取”的民族财政总方针。降低各省享受税收返还比例，实施横向转移支付制度，并对就业人口流入地区和资源消费地区实行定向援助财政政策。增强服务省区、服务基层意识，实行财政支出绩效差别化考核，特别是财政支出进度量化考核，提高民族地区财政安排自主性。

（二）进一步提升广西与全球经济、与东盟各国对话的层级，提高广西开放开发的层次

从以上分析来看，当前广西的发展既与广西本地经济增长相关，更重要的是，稳定、团结、和谐、生态环保的广西对国家构建东盟各国经济一体化，促进南海地区和平稳定，深耕亚太地区，服务“一带一路”，提升中国在世界政治和经济地位有着远大的政治意义。一是参照中央给新疆维吾尔自治区政策，提升广西自治区党委、政府首脑的政治待遇，提升广西与中央各部委、与东盟各国交往的层级和实施经济政策的话语权。二是实施“广西门户人才战略”，参照中央给西藏、新疆、青海的人才援助政策，全方位多维度地从中央、发达地区调动优势人力资源，特别是从理论政策研究、科技创新和财税金融管理创新等重要方面调集人才，为国家打造广西重要门户这一国家战略目标提供并培养优势人力资源。

（三）中央重新调整支持广西发展的具体财经政策

中央财政的原则是多做“雪中送炭”，少做“锦上添花”，是各民族的福祉。一是调整财力性转移支付政策。中央（主要是财政部）应将人口因素和民族人口因素列为转移支付最重要计算因素，调整提高民族地区转移支付占中央转移支付的比例，有效时调各地区（包括广西在内）的人口省份的财政保障水平，有力缩小地区间基本公共服务均等化的差别，努力实现各民族公民共享改革开放发展的成果。二是调整中央专项转移支付政策。中央部委（主要是发改委、交通运输部、农业农村部、水利部和国家扶贫办等）拿出10%以上重大项目落户广西，有效提高中央对广西专项转移支付政策。如将国家重点学科教育项目放到广西、把贫困人口数量作为中央财政专项扶贫资金分配的重要因素、支持广西“市市通高铁、县县通高速”交通设施建设、支持广西创新并建设更多中国—东盟国家产业园区和东盟国家与中国合作建设区（即“两国双园”国际园区合作新模式）、支持经国务院正式批复的《左右江革命老区振兴规划（2015—2025年）》政策落地、支持广西构建东盟国际区域经济特区，全面推进广西地方银行率先“走出去”实施人民币东盟国际战略。

（四）支持广西实施财政自治，对广西实施差别化管理

民族财政问题研究专家李保仁同志指出，民族财政自治权指，民族自治地方在中央的统一领导下，根据党和国家的方针政策及国家财政的总任务，对属于由本地区分配的国民收入进行自主地、因地制宜地分配和再分配。因为民族地区间发展更不平衡，财政经济情况千差万别，允许民族地区依照《民族区域自治法》对实际情况进行变通处理，制定适合本地的财政政策是符合中央精神和依法治国的理念的。在财政支出来源方面，国家在《深化财税体制改革》（国发〔2014〕45 号）文件中，规定税收优惠政策必须经过专门税收法律允许，调整为《关于清理税收优惠政策》（国发〔2014〕62 号）文件的“税收优惠要由专门税收法律和《民族区域自治法》规定”，表明中央、国务院对民族财政自治权的重视。在财政支出资金管理方面，支持自治区整合中央没有具体建设项目的专项补助资金，可以整合使用中央多年结转的专项资金。

（五）广西应全面主动与中央各部委建立战略合作关系

1994—2014 年，广西的财政支出，中央占大头，历史数据证明，广西必须将争取中央支持视同发展地方经济同等重要。广西作为后发展欠发达地区，人均投入与全国差距较大，人均财力和人均转移支付与其他省区相比存在较大差距。加上由于历史原因（中越战争等）广西发展的基础薄弱，不可能短时间提高经济发展水平并提供充足的财政收入，所以争取中央支持成为广西的现实最优选择。一是正确定位广西发展问题。要与习近平总书记对广西的定位衔接好，全面看待广西的政治文明建设和经济文明建设，党委和政府要积极与中央各部委建设战略合作关系。二是积极研究民族地区执行党和国家政策的自主权和财政自治权，学透用活用足中央政策和国家法律（包括《中华人民共和国民族区域自治法》）赋予的权力，主动研究广西重大问题和财税政策的相互影响等前瞻性问题，提出民族自治管理的合理化建议，争取中央的理解和中央财政更大的支持。三是在财力性转移支付方面，继续加强向财政部的汇报沟通，力争提高“人口”要素的分配比重，以有效提高广西公共服务保障能力。四是各业务部门要加大向中央各部（委）的汇报争取力度。争取中央对广西专项转移支

付有较大改观，更好地落实中央意图，构筑西南生态屏障和经济发展增长新一极。

（六）广西要不断优化支出结构，支持地方经济加速发展

从几个自治区的情况看，由于地方经济增长份额占全国的比重较小，中央对自治区的财政支出重在确保自治区政治和社会稳定、各民族团结和谐，所以在广西“保民生”和“稳增长”同等重要。然而，发展仍是解决所有问题的关键。一是充分发挥财政资金杠杆作用，优化支出结构，创新支持方式，大力推广 PPP 模式，最大限度地激发社会资本投资的积极性，支持地方经济加快发展，加快形成面向国内国际的开放合作新格局。二是实施“精准扶贫”和“科技扶贫”战略，有效提升人口质量、降低贫困人口数量，实现基本公共服务均等化，促进区域内的民族团结。三是要继续加大对基础设施的财政支出，提高交通运输支出占比，支持推进交通、能源、水利等重大项目建设，支持加快西江黄金水道建设，加快完成“市市通高铁、县县通高速”，加速发展广西的航空和航海事业，着力提升广西基础建设支撑经济发展的水平，真正建成联通西南中南、面向东盟的大通道和重要门户。四是加大教育和科技创新的投入，支持国家甚至国外科技创新型大学和国家重点科技建设项目落户广西，或与广西开展战略发展共建。

【简评】广西后发展欠发达的区情和中央转移支付不足以弥补历史欠账的影响，表现为广西财政支出总体水平较低，特别是人均支出明显偏低的问题尤为突出，与其他省区相比存在较大差距的问题也引起了中央首长们的关注。研究报告选择分税制实施以来五个自治区的财经数据进行对比分析，重点分析了财政支出与经济增长、财政收入和人口变动的关系，从宏观层面寻找问题原因，并从国家深耕亚太的战略高度提出中央应当调整支持广西发展的财政总方针、总政策，提升广西开放开发的层次，支持广西民族自治治理能力现代化建设，实施灵活有效的财经发展政策和人口人才政策，加快广西经济社会发展。研究报告分析指出，广西的加快发展既是当地的需要、更是全国一盘棋的先手棋，及时回应了当时中央的关注，也为广西加快发展提出了建设性建议和意见。课题研究成果作为《调研报告》在广西财政系统印发。

“十三五”广西财政收支述评及“十四五”展望①

王璟谛 等

进入“十三五”以来，广西财政收入平稳增长，财政支出规模持续扩大，财政各项改革不断深化，在广西与全国同步全面建成小康社会伟大征程中发挥着基础性和支撑性作用。但是，我们应当清醒地看到广西财政收支运行仍然存在收入结构不优、财政自给率较低、土地依赖程度较高等问题。考虑到“十三五”尚未收官，2020 年财政收支数据采用年初省级人大审议通过的预算目标预估，通过对广西财政收支“十二五”与“十三五”的纵向对比、与其他少数民族省区的横向对比，分析广西财政收支总量、增速、结构等基本情况和存在的问题，在此基础上展望广西“十四五”财政收支走势，并提出相应的对策建议。

一、“十三五”广西财政收支运行基本情况

当前，财政预算包括一般公共预算、政府性基金预算、国有资本经营预算、社会保险基金预算四本预算。其中，一般公共预算占据基础核心地位，《中华人民共和国预算法》规定四本预算的衔接方式是后三本预算与一般公共预算相衔接，通过加大一般公共预算的统筹力度，充分发挥预算统筹兼顾支持经济社会事业发展的作用。因此，本文主要聚焦一般

① 本文为广西财政高层次人才课题优秀成果，刊录在广西财政科学研究报告（2020 年）第（17）期，获自治区领导的肯定性批示，课题组组长：王璟谛，课题组成员：温溦、闫彬彬、梁文卓、辛悦玲。文末作了简评，协助读者进一步加深了解广西财政长足发展需要关注的重要方面。

公共预算收支进行分析。“十三五”期间，广西一般公共预算收支基本情况如下：

（一）一般公共预算收入

1. 收入总量。“十三五”期间，广西一般公共预算收入预计共完成8522亿元（2020年一般公共预算收入数据根据2019年财政决算数据和2020年初自治区人大审议通过的年初预算计划进行预估，下同），是“十二五”收入总量的1.34倍，增收2153亿元。“十三五”期间广西预计年均收入1704亿元，比“十二五”年均收入高出431亿元（详见图1、表1）。

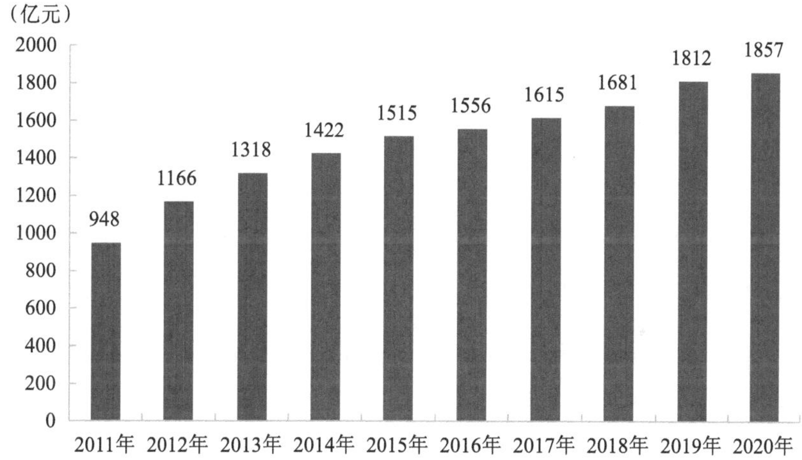

图1　2011—2020年广西一般公共预算收入完成情况

数据来源：2011—2019年广西财政决算报表，广西2020年初人大预算报告。

表1　“十三五”与“十二五”广西一般公共预算收入完成情况对比 单位：亿元

“十三五”完成情况	年度	2016年	2017年	2018年	2019年	2020年	“十三五”年均
	完成数	1556	1615	1681	1812	1857	1704
“十二五”完成情况	年度	2011年	2012年	2013年	2014年	2015年	“十二五”年均
	完成数	948	1166	1318	1422	1515	1274

数据来源：2011—2019年广西财政决算报表，广西2020年初人大预算报告。

2. 收入增速。“十二五”后三年，广西财政收入增速连续出现下滑，并从2014年起开始低于地区生产总值增速。“十三五”初期，财政收入增速延续了下滑态势，2016 年财政收入增速仅为 2.7%，是分税制改革以来的最低点。之后，财政收入增速开始企稳回升，连续三年提高，并在 2019 年重新超过地区生产总值增速。但受大规模减税降费政策等的影响，2020 年预计增速又回落到 2.5%，比地区生产总值年初预期增长的 6% 低 3.5 个百分点，再创新低。“十三五”期间，广西财政收入预计平均增速为 4.2%，较“十二五”平均水平低 10.2 个百分点（详见图 2）。

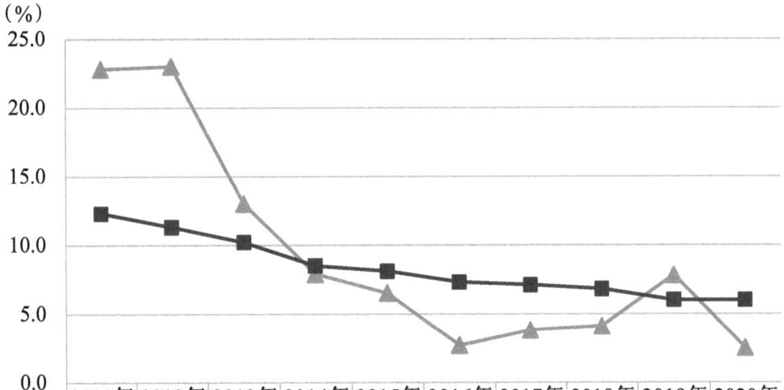

	2011年	2012年	2013年	2014年	2015年	2016年	2017年	2018年	2019年	2020年
一般公共预算收入增速	22.8	23.0	13.0	7.9	6.5	2.7	3.8	4.1	7.8	2.5
GDP增速	12.3	11.3	10.2	8.5	8.1	7.3	7.1	6.8	6	6

图 2　2011—2020 年广西一般公共预算收入和地区生产总值增长情况

数据来源：2011—2019 年广西财政决算报表，广西 2020 年初人大预算报告和政府工作报告。

3. 收入结构。

（1）税收结构。2015 年底，在广西税收中占据前五位的税种分别是增值税（含营业税）、耕地占用税、企业所得税、契税、城市维护建设税，合计占财政收入的 55.5%。进入“十三五”以来，税收结构出现小幅调整：一是受 2018 年和 2019 年增值税两次大范围调整税率等系列改革政策影响，增值税占比从 2015 年的 30.5% 回落至 2019 年的 27.5%，减少了 3 个百分点，但仍稳居首位。二是耕地保护机制不断完善，导致耕地占用税占比从 8.5% 回落至 2.1%，退出前五名。三是房地产开发投资持续升温，土地增值税占比从 3.8% 提高至 5.1%，排名有所上升。2019 年底，广西占比排名前五的税种变成了增值税、企业所得税、土地增值税、契税、城市维护建设税，合计占财政收入的 51.2%（详见图 3）。

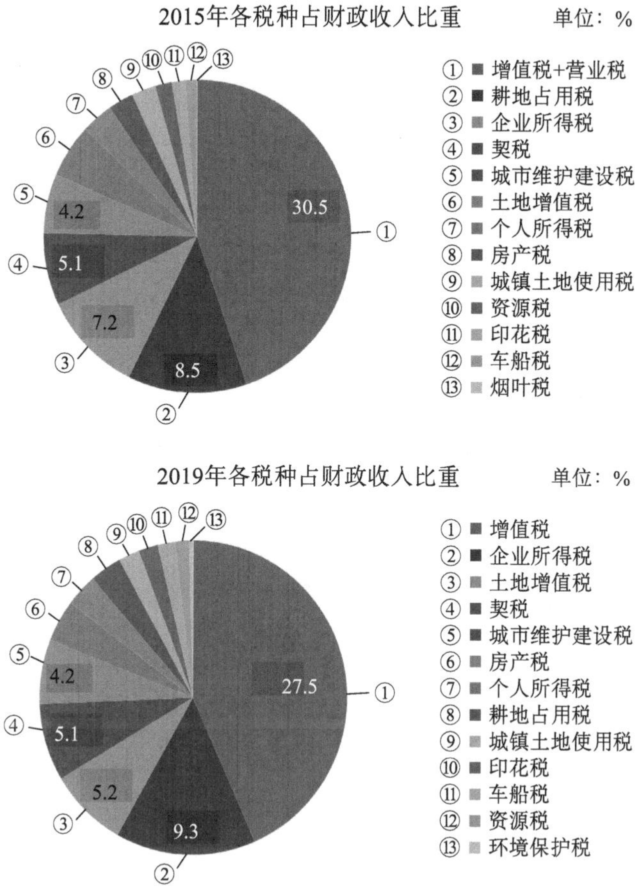

图 3　2015 年和 2019 年广西税收结构情况

数据来源：2015 年和 2019 年广西财政决算报表。

（2）非税收入结构。2015 年底，广西非税收入排名前三的项目分别是专项收入、行政事业性收费收入、国有资源（资产）有偿使用收入，合计占财政收入的 21.2%。“十三五”以来，非税收入结构变化明显：一是国有资源（资产）有偿使用收入占比从 6.4% 大幅提高到 15.7%，主要是加大对长期低效运转、闲置以及超标准配置的行政事业单位国有资产的盘活处置力度，积极盘活处置土地、矿产资源，加快收储开发土地、开垦耕地，加快增减挂、旱改水指标交易和资金回笼。二是为优化营商环境、减轻企业负担出台的一系列降费政策效应明显，行政事业性收费收入占比从 6.5% 回落至 5.1%。2019 年底，非税收入排名前三的项目顺序调整为国有资源（资产）有偿使用收入、专项收入、行政事业性收费收入，合计占财政收入的28%（详见图4）。

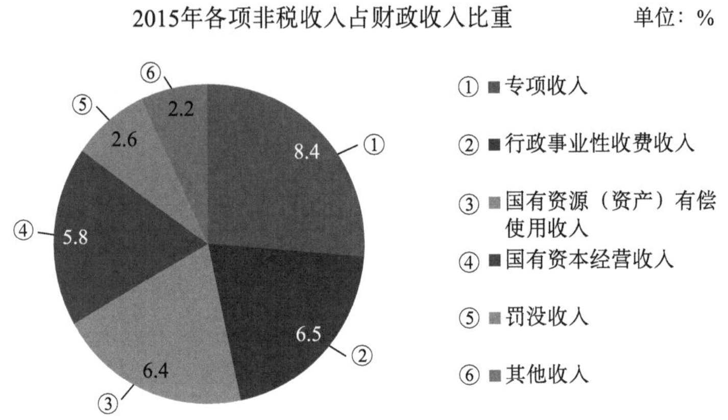

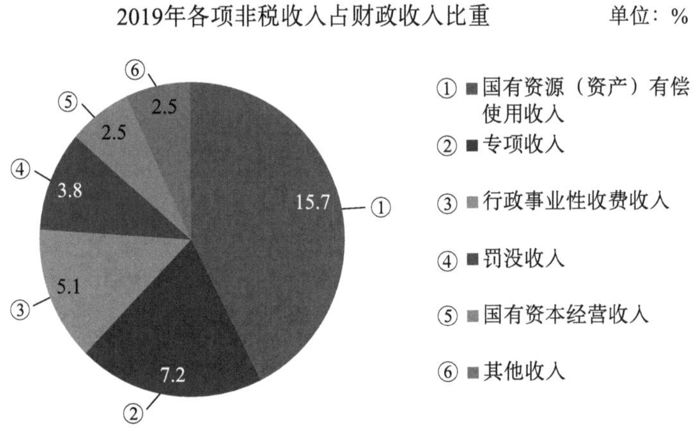

图4　2015年和2019年广西非税收入结构情况

数据来源：2015年和2019年广西财政决算报表。

4. 主要收入指标全国排名。横向对比来看，广西的一般公共预算收入规模在全国31个省份中处于中下游水平，且近十年来的排位基本稳定在第22位、第23位，与排名稳定在20位左右的云南、紧追不放的贵州相比，收入总量并不占优。收入增速排位整体也处于中等偏下水平，尽管近年来由于非税结构性增收带动收入增长较快，但依靠非税收入继续带动增长的可持续性不强。与此同时，广西作为集“老少边山穷库”为一体的后发展欠发达地区，自我“造血”能力低下，人均一般公共预算收入水平长期排名全国倒数前三，2019 年人均一般公共预算收入仅为 3653 元/人，低于云南（2019 年第 26 位、4268 元/人），更不及快速提升的贵州（从 2011 年的第 27 位提高到 2019 年的第 22 位、4878 元/人）（详见表 2）。

表 2　广西一般公共预算收入主要指标全国排名情况　单位：名

年度	项目		
	一般公共预算收入规模排名	一般公共预算收入增速排名	人均一般公共预算收入排名
2011 年	23	28	28
2012 年	22	6	29
2013 年	22	17	29
2014 年	22	23	29
2015 年	22	24	29
2016 年	23	19	29
2017 年	22	21	29
2018 年	23	25	29
2019 年	22	4	29

数据来源：Wind 数据库，人均一般公共预算收入 = 一般公共预算收入/常住人口。

（二）一般公共预算支出

1. 支出总量。“十三五”期间，广西一般公共预算支出预计共完成 26714 亿元（2020 年一般公共预算支出数据根据 2019 年财政决算数据和 2020 年初自治区人大审议通过的年初预算计划进行预估，下同），是“十二五”的支出总量的 1.64 倍，增支 10430 亿元。“十三五”期间广西预计年均支出 5343 亿元，比“十二五”年均支出高出 2086 亿元（详见图 5、表 3）。

2. 支出增速。相比于“十二五”的“V”形走势，“十三五”期间广西财政支出增速呈震荡下行态势，2020 年预计支出增速仅为 6%，是分税制改革后第二低的增速（最低是 2003 年增长 5.7%）。即便财政支出增速整体走低，但仍然持续高于地区生产总值增速，为支撑广西经济社会发展作出了重要的贡献。“十三五”期间，广西财政支出预计平均增速为 8.8%，较“十二五”平均水平低 6.4 个百分点（详见图 6）。

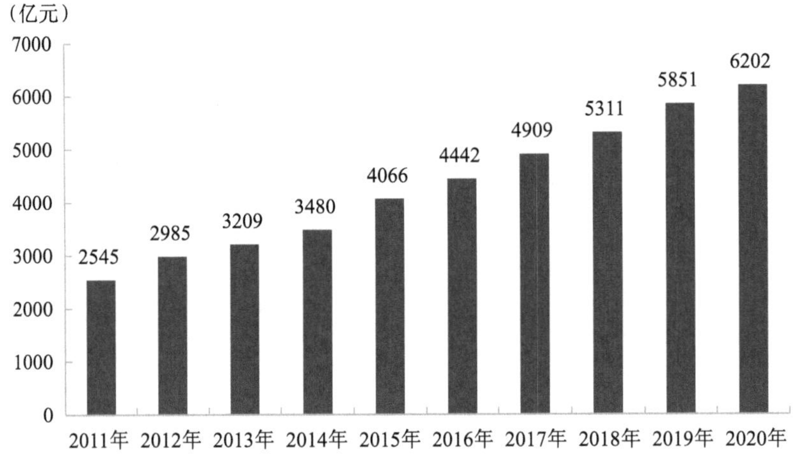

图 5　2011—2020 年广西一般公共预算支出完成情况

数据来源：2011—2019 年广西财政决算报表，广西 2020 年初人大预算报告。

表 3　“十三五”与“十二五”广西一般公共预算支出完成情况对比　单位：亿元

“十三五”完成情况	年度	2016 年	2017 年	2018 年	2019 年	2020 年	“十三五”年均
	完成数	4442	4909	5311	5851	6202	5343
“十二五”完成情况	年度	2011 年	2012 年	2013 年	2014 年	2015 年	“十二五”年均
	完成数	2545	2985	3209	3480	4066	3257

数据来源：2011—2019 年广西财政决算报表，广西 2020 年初人大预算报告。

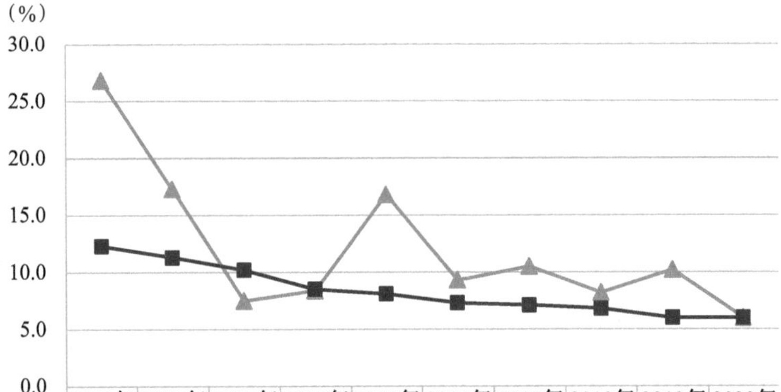

	2011年	2012年	2013年	2014年	2015年	2016年	2017年	2018年	2019年	2020年
一般公共预算支出增速	26.8	17.3	7.5	8.4	16.8	9.3	10.5	8.2	10.2	6.0
GDP增速	12.3	11.3	10.2	8.5	8.1	7.3	7.1	6.8	6.0	6.0

图 6　2011—2020 年广西一般公共预算支出和地区生产总值增长情况

数据来源：2011—2019 年广西财政决算报表，广西 2020 年初人大预算报告和政府工作报告。

3. 支出结构。从支出占比排名靠前的科目来看，“十三五”期间，广西财政资金的重点投向有所调整：一是城乡社区支出占比从 2015 年底的 7. 8% 提高到 2019 年底的 14. 3%，排名从第 6 位前移至第 2 位，体现了对城乡基础设施领域的投资不断加大，从侧面反映了广西城镇化的加速推进。二是社会保障和就业支出的占比从 2015 年底的 11. 3% 提高到 14%，反映出对最低生活保障、就业补助、养老保险基金等重点民生事项的补助力度持续加大。三是教育和农林水方面的投入保持相对稳定，教育支出占比从 2015 年底的 19. 4% 回落至 2019 年底的 17. 3%，仍稳居首位；农林水支出占比从 2015 年底的 12. 2% 提高至 2019 年底的 12. 8%，与广西加大扶贫支出相关。四是卫生健康支出（原医疗卫生与计划生育支出）占比从 10. 2% 回落到 9. 7%（详见图 7）。

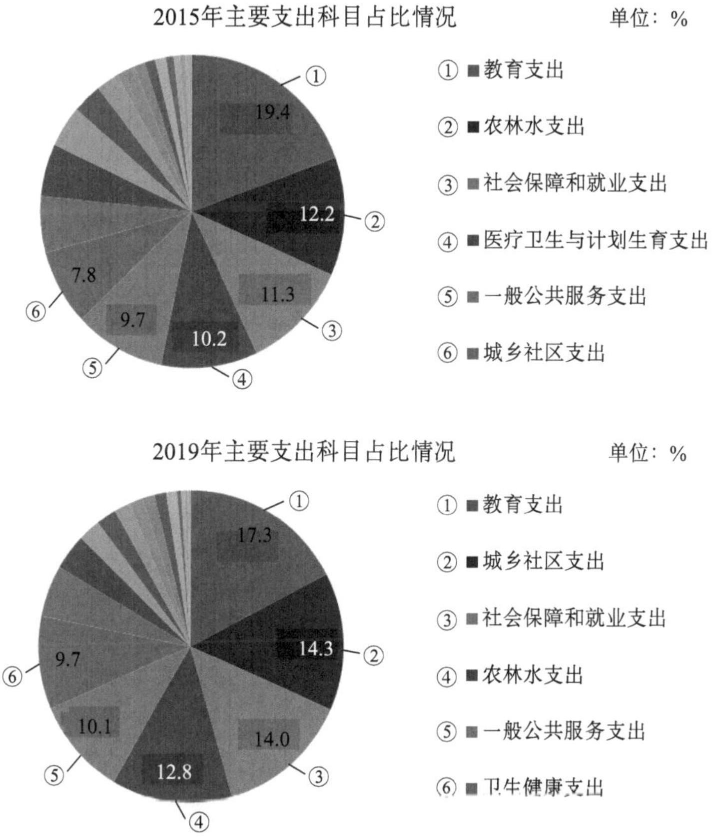

图 7　2015 年和 2019 年广西主要支出科目情况

数据来源：2015 年和 2019 年广西财政决算报表。

4. 主要支出指标全国排名。从总量来看，2011—2019 年，广西一般公共预算支出规模在全国的排名从第 19 位提高到第 16 位，近五年来的支出增速基本位居全国前十，资金投入力度不断加大，但与支出规模稳定在第 13 位的云南相比仍有一定差距，2019 年还被当年支出增速排名第 1 位的贵州在总量上赶超。从人均水平来看，广西人均一般公共预算支出从 2011 年的 5480 元/人提高到 2019 年的 11792 元/人，实现了翻番，但横向对比之下广西的人均支出水平仍然较低，长期排名全国倒数前五，与飞速提升的贵州（从 2011 年第 19 位提高到 2019 年第 11 位、16419 元/人）、稳中有进的云南（从 2011 年第 21 位提高到 2019 年第 18 位、13936 元/人）相比，明显落于下风（详见表 4）。

表 4　　广西一般公共预算支出主要指标全国排名情况　　单位：名

年度	项目		
	一般公共预算支出规模排名	一般公共预算支出增速排名	人均一般公共预算支出排名
2011 年	19	16	27
2012 年	20	14	27
2013 年	19	27	29
2014 年	19	10	29
2015 年	18	8	27
2016 年	17	9	27
2017 年	15	8	26
2018 年	16	18	27
2019 年	16	10	26

数据来源：Wind 数据库，人均一般公共预算支出 = 一般公共预算支出/常住人口。

二、“十三五”广西财政收支运行总体成效

（一）财政管理理念深化拓展

“十二五”时期，广西提出以“五个财政”的发展理念统领财政改革与发展，聚焦打造促进经济发展提速增效的“发展财政”、促进基本公共

服务均等化的“民生财政”、促进财政事业可持续发展的“和谐财政”、促进财政管理水平全面提高的“绩效财政”、促进权力运行更加规范的“透明财政”，为实现广西“十二五”规划各项目标任务提供了有力的支持。①。2016 年以来，新一届广西财政厅党组在深刻认识总结财政改革发展规律的基础上，结合国际国内新的发展形势，提出了建设实力型、调控型、保障型、职能型、绩效型、服务型财政的“六强”型财政理财思路，为“十三五”时期广西财政发展提供了新指引②。一是开源增收强实力，构建速稳质优的收入体系；二是保稳促转强调控，构建精准调控的政策体系；三是惠民补短强保障，构建结构优化的支出体系；四是改革创新强职能，构建稳妥有序的制度体系；五是依法监管强绩效，构建全程动态的监督体系；六是从严务实强服务，构建清廉高效的组织体系。“六强”型财政是对“五个财政”的延伸和拓展，是基于新形势新变化新问题的财政管理理念创新，既是在继承中创新，又是在实践中发展，与党的十九大对新时代财政工作提出的新要求相适应，为“十三五”期间广西财政事业保持平稳快速发展奠定了良好的基础。

（二）预算安排科学性精准性有所提升

“十三五”期间，广西收支预算目标设置较“十二五”有所优化，科学性和精准度有所提高。一方面，“十三五”收支预算目标与规划目标的吻合度较高。“十二五”期间，各年收入预算目标的年均值仅为 10.7%，远低于 17% 的规划目标；支出预算目标的年均值为 16.5%，低于 18% 的规划目标。“十三五”时期，各年收入预算目标的年均值为 2.9%，略低于 4% 的规划目标；支出预算目标的年均值为 8.3%，略高于 8% 的规划目标。另一方面，从预算编制与决算的偏离情况来看，“十三五”收支预决算偏离度小于“十二五”。近两个五年规划内，除 2014 年因经济向新常态过渡、2016 年因“营改增”试点导致当年收入决算增速略低于预算目标，2015 年收入预决算基本相符外，其余年份的收入决算增速均高于年初预算目标，其中：“十三五”仅有 1 年偏离超过 3 个百分点，而“十二五”有 3

---

① 黄伟京：《坚定信心 攻坚克难 开拓前进 奋力加快我区财政发展赶超跨越步伐——在 2012 年广西财政工作会议上的讲话》，《经济研究参考》，2012 年。

② 关礼：《建设“六强”型财政 为经济社会发展服务》，《中国财政》，2017 年。

年偏离超过3个百分点；“十二五”期间支出预算目标设置偏高，多数年份的支出决算增速未达预算目标，同时偏离都超过了5个百分点，而“十三五”支出决算增速与预算目标的偏离程度较小，都控制在4个百分点以内，预算目标编制更符合实际（详见表5）。

表5　　广西一般公共预算收支增速预决算偏离情况　　单位:%

年度	项目					
	收入增速预算（规划）目标	收入增速决算数	收入预决算偏离	支出增速预算（规划）目标	支出增速决算数	支出预决算偏离
“十二五”	17	14.4	—	18	15.2	—
2011年	13	22.8	9.8	21.5	26.8	5.3
2012年	15	23	8	24.1	17.3	-6.8
2013年	10	13	3	16.6	7.5	-9.1
2014年	9	7.9	-1.1	13.6	8.4	-5.2
2015年	6.5	6.5	0	7.5	16.8	9.3
“十三五”	4	4.6	—	8	9.5	—
2016年	3	2.7	-0.3	10.4	9.3	-1.1
2017年	2.5	3.8	1.3	10.2	10.5	0.3
2018年	3.5	4.1	0.6	8	8.2	0.2
2019年	3	7.8	4.8	7	10.2	3.2
2020年	2.5	—	—	6	—	—

数据来源：广西2011—2019年初人大预算报告和财政决算报表，广西财政发展“十二五”规划和“十三五”规划。预决算偏离=决算数-预算目标。“十三五”收支增速决算数为前四年年均值。

（三）财政收支运行成效显著

1. 财政收支规模跃上新台阶。从纵向来看，“十三五”期间，广西财政收支规模稳步扩大。全区财政收入从2016年的1556亿元，增加到2020年的1857亿元（预计），年均增长率达4.2%，达到了广西财政“十三五”规划中设定的“一般公共预算收入年均增长4%左右”目标；按照广西组织财政收入（含上划中央收入）统计口径，2020年广西组织财政收入将突破3000亿元大关。广西全区一般公共预算支出从2016年的4442亿元，增加到2020年的6202亿元（预计），首次迈上6000亿元新台阶，年均增长率达 8.8%，实现了广西财政“十三五”规划中“全区一般公共预算支出年均增长 8% 左右”的目标（详见图 8）。

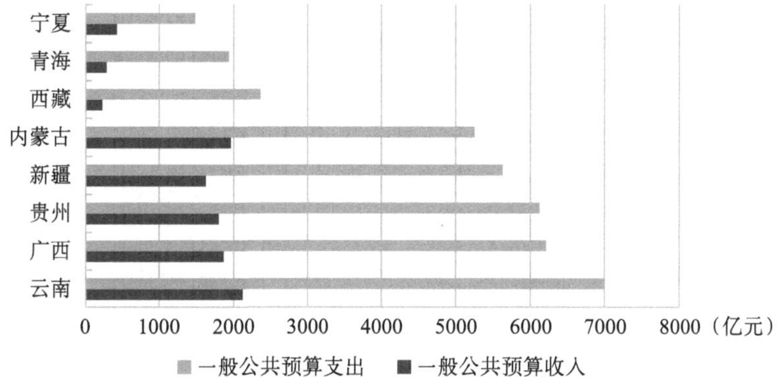

图 8　2020 年民族地区财政收支预计完成情况

数据来源：相关省区 2019 年财政决算报表和 2020 年初人大预算报告。

从横向来看，广西财政收支规模在民族地区中排名靠前。2020 年底，广西预计财政收入总量排在云南、内蒙古之后，在民族地区中位居第 3 名，收入排名比 2016 年前移一位，超过了贵州；一般公共预算支出总量位居第 2 名，仅次于云南，支出排名同样超过贵州，比 2016 年前移一位。

2. 支持三大攻坚战成效显著，脱贫攻坚工作走在全国前列。一是支持打赢防范重大风险攻坚战。广西不断健全政府债务管理制度体系，先后制定了加强政府性债务管理防范化解政府性债务风险的意见、政府性债务风险应急处置预案、防范化解政府隐性债务风险实施意见、隐性债务问责实施细则等制度。“十三五”以来，累计发行置换债券 3607.68 亿元、再融资债券 887.80 亿元，实现存量政府债务全部如期置换，有效缓解到期政府债券偿债压力。二是支持打赢精准脱贫攻坚战。广西建立了财政扶贫投入稳定增长机制，“十三五”以来，全区筹措各级各类财政扶贫资金超过 4200 亿元（包括行业扶贫资金），其中仅中央和自治区本级财政专项扶贫资金就达到 556 亿元，实现财政专项扶贫资金投入连续四年大幅增长。加大涉农资金统筹整合力度，试点范围全面覆盖 54 个贫困县，2016—2020 年累计整合涉农资金超过 740 亿元，统筹用于农村基础设施建设和扶贫产业发展。三是支持打赢污染防治攻坚战。按照财政部 2020 年最新的污染防治攻坚战统计口径统计，“十三五”以来（截至 2020 年 10 月），全区生态环境保护治理资金共支出2228.03亿元，大力支持打赢蓝天、碧水、净土保卫战，实现九洲江、南流江、漓江等重点流域水质明显好转，水、气、土壤、耕地、海岛及海域和农村人居环境等生态环境指标不断提高，青山绿水得到有效保护，生态功能全面增强，生态环境质量继续保持全国前列。

3. 服务重大战略稳步前进。一是支持工业高质量发展。“十三五”以来，围绕“强龙头、补链条、聚集群”的要求，广西财政共筹措资金197.77亿元，全力支持“双百双新”重大产业、千企技改项目，深入落实“中国制造2025”，积极支持智能制造和信息服务业，全面推进糖、铝、机械、冶金等传统优势产业“二次创业”，集中力量发展新一代信息技术、新能源汽车、大健康等战略性新兴产业，助力工业高质量发展。二是支持创新驱动发展。2016年以来广西财政共投入241.19亿元支持科技创新。其中设立创新驱动专项发展资金，投入48亿元支持重大科学研究和创新平台等。深化科技领域改革，整合设立自治区本级科技计划资金，支持实施五大科技计划。出台促进全社会加大研发经费投入的实施意见，助推构建起多元化研发投入支持体系。推进自治区本级财政科研经费“放管服”改革，赋予科研机构和人员更大自主权。落实科技企业的减税政策。三是支持区域协调发展。按照“高铁市市通、高速县县通、民航片片通、内河条条通”的建设目标，共筹措资金1404.23亿元支持交通优先发展。专项出台优惠措施、加大政府债券倾斜，大力支持南宁市实施强首府战略。累计安排约60亿元北部经济区重大产业发展专项资金，统筹资金约65.90亿元，支持西部陆海新通道重大基础设施、“双百双新”产业项目配套建设、重大项目前期工作以及北部湾经济区重大人才投入等，全面打造北部湾经济区升级版。累计安排7亿元，支持加快振兴左右江革命老区。安排15.11亿元，支持大力发展珠江—西江经济带。四是支持对外开放合作。全力做好中国—东盟博览会和中国—东盟商务与投资峰会经费保障。大力发展沿边金融、跨境金融，对跨境人民币业务创新、完善金融组织体系、发展多层次资本市场等予以奖补支持，支持广西沿边金融综合改革试验区建设以及深化与东盟金融合作。争取更多国际资源助推区域（国际）合作、西部陆海新通道建设，2015—2020年6月底广西国际金融组织贷款项目签约额约为17.6亿美元，外国政府贷款项目签约额约为3.97亿美元。

2016年以来，统筹30.43亿元，支持培育外向型产业发展集群。

4. 保障民生力度稳步加大。筹措4802.14亿元，支持教育事业发展。筹措979亿元，确保各地企业离退休人员及机关事业单位退休人员养老金按时足额发放。“十三五”期间全区公共财政预算文化旅游体育与传媒支出累计预计达397.89亿元，建立健全财政文化投入稳定增长机制。加大“三农”投入力度，全区一般公共预算农林水支出达2200亿元。筹措自治区本级乡村振兴补助资金200亿元，支持乡村振兴的产业发展基础设施公共服务能力提升三年行动计划。支持村集体经济发展。筹措1050亿元，支持全民基本医保体系建设。完善城乡居民大病保险制度。筹措城镇保障性安居工程资金336亿元，支持城镇中低收入家庭住房租赁补贴发放、棚户区改造、城镇老旧小区改造和公共租赁住房及其配套基础设施建设。

（四）财政体制机制不断完善

1. 财政管理体制改革多点突破。出台了自治区以下财政事权和支出责任划分改革工作方案。制定基本公共服务、医疗卫生、交通运输、科技、教育领域自治区以下财政事权和支出责任划分改革实施方案。出台全面推开“营改增”试点后自治区与市县增值税收入划分过渡方案，明确环境保护税自治区与市县分享比例，调整完善增值税留抵退税自治区与市县分担比例。自治区对县财政体制不断完善，出台了《改革完善自治区对县财政体制促进县域经济发展的实施意见》《深入推进经济发达镇财政管理体制改革的指导意见》以及撤县（市）设区过渡期财政管理体制政策等指导性文件。

2. 预算管理改革向纵深推进。加大政府预算统筹力度，国有资本经营预算调入一般公共预算统筹使用比例提高到30%，政府性基金预算结转资金规模超过该项基金当年收入30%的部分调入一般公共预算，各预算间实现有效衔接。推进预算支出标准体系建设，累计制定并梳理107项自治区本级预算支出标准。自治区本级、各市县均建立预决算公开统一平台，公开的范围逐步扩大，公开内容持续细化，公开方式不断优化。中期财政规划编制工作顺利开展。在全国率先推行预算单位政府采购意向公开试点工作。自治区本级专项资金从2015年的120项压减到2020年的41项。2019年首次向自治区人大专题报告全区行政事业性国有资产管理情况。稳步推进自治区本级党政机关和事业单位经营性国有资产集中统一监管。

3. 税收制度改革增点扩面。营业税改征增值税试点全面推开，实现“营改增”全覆盖。落实中央深化增值税改革，降低增值税税率。资源税费改革顺利推进，进一步理顺资源税费关系。环境保护税、耕地占用税、资源税地方立法改革顺利完成。全面落实各项减税降费政策，出台进一步减轻企业税费负担一揽子优惠政策、小微企业普惠性税收优惠政策和促进企业复工复产税费优惠政策，广西地方设立的行政事业性收费由2016年的45项减至27项。制定个人所得税优惠政策，试点实施境外旅客购物离境退税政策。

4. 财政支持方式灵活多样。全面构建政府购买服务制度体系，政府购买服务目录由500项增加到707项，增幅达41.4%，覆盖更多公共服务内容。PPP模式深入推进，全区141个PPP项目顺利落地，总投资1839亿元，其中南宁那考河流域综合治理等16个项目获评国家示范项目，得到习近平总书记的充分肯定。加快政策性融资担保体系建设，形成以广西融资担保集团为“龙头”、广西农业信贷担保公司、各市小微担保公司为主体的政策性融资担保体系。创新政府股权投资基金运营机制，设立13支科创投资基金、区域特色产业投资基金，3支大型产业投资基金，已实现投贷规模300亿元。出台政策推广“政采贷”融资模式，推行政府采购合同融资。地方国有金融资本管理不断加强，各级财政部门依法依规履行国有金融资本出资人管理职责。

三、“十三五”广西财政收支运行面临的困难和短板

（一）财政自给程度较低，高度依赖中央补助资金

财政自给率（一般公共预算收入/一般公共预算支出）是反映地方财政自给自足能力的重要指标。2015—2019年，广西的财政自给率从37.3%逐年回落至31%，呈持续下降态势，主要是新常态下经济增速和财政收入增速放缓，而基本公共服务均等化、城镇化、“三保”、债务还本付息等各类刚性支出快速扩张，地方收入缓慢增长与快速扩张的支出需求不相匹配，只能依靠中央补助收入、政府性基金调入等手段弥补巨大的收支缺

口。“十三五”期间，中央对广西的返还性收入、转移支付等各项补助资金占全区一般公共预算支出的比重始终超过五成，全区财政收支平衡高度依赖中央补助资金，一旦转移支付等中央补助资金出现波动，将对广西的财政运行造成较大影响。从近三年来看，中央对广西的补助资金增速稳定在8%—9%区间，保持相对平稳，但与“十二五”期间13.6%的平均增速相比已明显回落，向中央争取转移支付尤其是专项转移支付的力度有待进一步加大。与此同时，县域财政自给水平更加不容乐观，2019年底，全区111个县（市、区）中，财政自给率低于20%的县（市、区）逾五成，有60个县（市、区）超过八成的支出依靠上级补助支撑，自给程度最低的大新县财政自给率仅为4.1%（详见表6）。

表6　2015—2019年广西获得中央补助资金增长及占支出比重情况　单位：%

年度	项目					
	财政自给率	中央补助资金合计增速	其中1：返还性收入增速	其中2：一般性转移支付增速	其中3：专项转移支付增速	中央补助资金占一般公共预算支出的比重
2015年	37.3	13.5	1.0	9.1	26.1	54.3
2016年	35.0	10.1	33.9	13.5	-1.3	54.7
2017年	32.9	8.7	14.4	9.9	4.5	53.8
2018年	31.7	8.3	0.0	9.6	8.0	53.9
2019年	31.0	8.1	0.0	42.0	-67	52.9

数据来源：2015—2019年广西财政决算报表。2016年中央返还性收入增长较快主要是实施“营改增”后基数调整的影响。2019年一般性转移支付增长较快、专项转移支付下降较多，主要是有部分转移支付从专项转移支付调整为一般性转移支付，口径发生变化。

（二）财政收入质量下滑，自治区本级收入调控能力不足

从纵向来看，2015—2019年，广西税收收入占一般公共预算的比重逐年下降，2019年底税收占比不足2/3，较2015年底回落4.8个百分点，增值税、所得税等主体税种税收占比持续回落，土地和房地产相关的中小税种税收占比不断提高。从横向来看，民族地区税收占比本身就偏低，普遍低于地方各省平均水平6—8个百分点，而广西在民族地区中又处于中下游水平，且下滑幅度较大，2015年税收占比在民族地区中排第4位，2019年下降到第7位，比排名末位的宁夏仅高出0.1个百分点。从县域来看，

2019年底，全区纳入县域经济考核范围的111个县（市、区）中，有46个县（市、区）的税收占比低于60%，有12个县（市、区）的税收占比低于40%，最低的柳城县税收占比仅为24.8%（详见表7）。

表7　　2015—2019年民族地区税收占比情况　　单位：%

地区	年度				
	2015年	2016年	2017年	2018年	2019年
各省平均	75.5	74.2	75.1	77.6	76.2
民族八省区平均	68.6	67.1	68.7	71.1	68.3
广西	68.1	66.6	65.5	66.7	63.3
内蒙古	67.2	66.2	75.6	75.4	74.8
贵州	74.9	71.8	73.1	73.3	68.1
西藏	67.1	63.5	66.0	67.7	71.0
宁夏	68.6	63.6	64.7	68.3	63.2
新疆	64.8	66.9	64.4	68.7	64.4
云南	66.9	64.8	65.4	71.4	70.0
青海	77.0	74.0	74.7	75.3	70.4

数据来源：2015—2019年相关省区财政决算报表，国家统计局网站。

2020年以来，受国内外经济形势和新冠疫情冲击的叠加影响，经济下行压力明显，加上减税降费政策力度继续加大，直接减少了税收收入，但涵养税源带动增收的成效难以在短期内显现，对税收的影响巨大。2020年全区税收收入急剧下滑，从年初以来一直负增长且降幅收窄缓慢，尤其是占“大头”的制造业减收严重，主要是疫情造成供需低迷、产业链供应链不畅，造成的税收缺口难以弥补，尽管后期复工复产态势良好，但实际效果从生产端传导至税收端需要时间，进一步降低了税收占比。

从省本级层面来看，广西壮族自治区本级收入实力较弱，主要体现在两个方面：一是自治区本级收入占比偏低。2019年，自治区本级一般公共预算收入占全区收入的比重为21%，比2015年低1.5个百分点，比当年民族地区平均水平低2.3个百分点，在民族地区中处于中下游水平，对全区收入的影响相应偏小。二是自治区本级调控能力偏弱。根据收入体制划分，省级收入中的税收收入主要来源于市县上划，省本级只有少量的非税收入有调控空间，因此省本级税收分成比例越低，省本级对收入的调控能力就越弱。2019 年，自治区本级税收占比为 69.2%，比当年民族地区平均水平高 7.3 个百分点，在民族地区中排第 1 位，但自治区本级收入占比却低于民族省区平均水平，远低于中央占全国收入的比重，主要与税收分成体制和省本级非税收入划分制度相关（详见表 8）。

表 8　　2015—2019 年广西壮族自治区本级收入情况　　单位:%

项目	地区	2015 年	2016 年	2017 年	2018 年	2019 年
省本级收入占全省收入比重	民族八省区平均	20.3	17.9	21.1	21.8	23.3
	广西	22.5	20.5	21.2	20.7	21.0
	在民族地区中的排名	4	3	4	4	5
省本级税收占比	民族八省区平均	59.8	62.7	60.3	66.9	61.9
	广西	77.2	75.8	66.8	73.5	69.2
	在民族地区中的排名	1	1	4	1	1

数据来源：2015—2019 年相关省区财政决算报表。

（三）土地财政不可持续，亟须培育新的财源增长点

土地出让收入历来是地方政府收入的主要来源之一，广西作为后发展欠发达的地区，经济发展较为落后，缺少强力的支撑产业，产业创税能力较弱。为保障财力供给，短期内只能通过大量出让土地快速增加收入，对土地财政依赖度较高。

1. 对土地收入的依赖程度在高水平上延续提高。从税收来看，广西的税收占一般公共预算收入的整体比重在不断回落，而与房地产和土地相关的房产税、土地增值税、契税三者合计占一般公共预算收入的比重从 2015 年底的 10.7% 提高到 2019 年底的 13.1%，与税收整体占比回落的走势截然相反。从非税来看，“十三五”伊始，广西土地出让收入的规模仅为一般公共预算收入的 1/3，2019 年底迅速扩大到接近一般公共预算收入的九成，与国有土地使用权出让相关的政府性基金预算调入资金占一般公共预算支出的比重也在逐年提高，从 2015 年的 0.7% 提高到 2019 年的 11%（详见表 9）。

表 9　2015—2019 年广西土地出让收入及调入情况　单位：亿元，%

年度	项目					
	一般公共预算收入	国有土地使用权出让收入	国有土地使用权出让收入/一般公共预算收入	一般公共预算支出	与土地出让相关的调入资金	与土地出让相关的调入资金/一般公共预算支出
2015 年	1515	507	33.4	4066	29	0.7
2016 年	1556	625	40.2	4442	74	1.7
2017 年	1615	780	48.3	4909	137	2.8
2018 年	1681	1218	72.4	5311	334	6.3
2019 年	1812	1570	86.6	5851	646	11.0

数据来源：2015—2019 年广西财政决算报表。

2. 土地财政不可持续的几点原因。过度依赖土地财政，存在以下弊端：一是过于依赖短平快的资金获取方式，而缺少在产业方面谋求长远发展的动力；二是土地供给端高企的价格最终会传导至房价，与当前中央稳定房价、遏制房价过快增长的政策导向不相符；三是土地出让并非长效机制，当土地收入逐渐枯竭后，将会对“三保”、地方债还本付息等造成巨大影响，可能由此引发财政风险甚至经济社会系统性风险。从长远来看，继续依靠土地拉动收入的做法不可持续，大力发展产业经济，健全财政经济良性循环机制才是解决问题的根本方法。

（四）支出的总量与结构性问题并存

受历史因素影响，广西发展基础比较薄弱，人均财力水平低，导致财政资金保障水平和范围都极其有限。尽管广西财政支出近五年来保持较快增长，但在总量和结构上仍存在较大不足。

1. 总量及人均水平偏低，无法有效保障基本公共服务的供给。广西支出总量保持全国中游水平，但人均一般公共预算支出长期处于全国倒数前五，在民族地区中排倒数第一，即便与人均水平相仿的云南、贵州相比，提升的速度也明显偏慢，差距越拉越大，导致教育、医疗卫生、基础设施等基本公共服务领域的总体保障水平较低（详见表 4）。

2. 支出功能结构与经济发展需求不相适。一是民生支出占比相对偏高。2017—2019 年，广西投向民生领域的支出占一般公共预算支出的比重连续三年超过八成。2019 年广西民生支出占比为 80.2%，在民族省区中排第 4 位，地区生产总值增速排第 7 位；而地区生产总值增速排第 1 位的贵州民生支出占比为 77.5%，在民族省区中排第 6 位。广西各级财政收支矛盾突出，“吃饭财政”特征明显，有相当一部分民生资金是用于维持日常运转和工资发放。目前，广西的民生支出占比过高，有一部分原因是各地出台了过高承诺的支出政策，保障水平可能超越了广西的发展阶段，挤占了地方建设资金，需要进一步统筹好民生保障与经济发展的关系。二是八项支出占比较高。自八项支出增速从 2015 年起纳入地区生产总值核算体系以来，各省八项支出保持较快增长，新增支出不断向八项支出倾斜，八项支出占财政支出的比重持续提高。2019 年底（八项支出增速纳入地区生产总值核算的最后一年），广西八项支出占全区支出的比重高达 73.6%，接近东部地区的平均水平，明显高于其他民族省区。由于每年的支出增量规模有限，八项支出的快速扩张对经济建设资金的挤出效应明显，与经济发展的需求不相适应（详见图 9）。

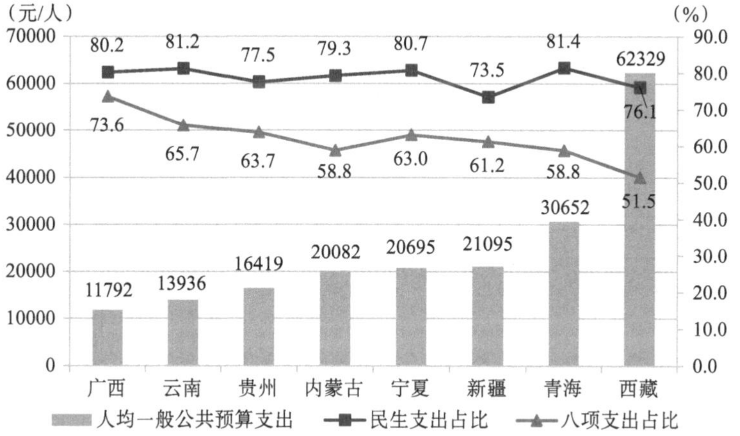

图 9　2019 年民族省区人均支出和功能结构①情况

数据来源：Wind 数据库，2019 年相关省区财政决算报表。人均一般公共预算支出 = 一般公共预算支出/常住人口。

①说明：民生支出是指教育支出、科学技术支出、文化旅游体育与传媒支出、社会保障和就业支出、卫生健康支出、节能环保支出、城乡社区支出、农林水支出、交通运输支出、商业服务业等支出、自然资源海洋气象等支出、住房保障支出、粮油物资储备支出等 13 项涉及民生领域的支出之和。八项支出是指与国内生产总值核算相关的一般公共服务支出、公共安全支出、教育支出、科学技术支出、社会保障和就业支出、卫生健康支出、节能环保支出、城乡社区支出等八个类级支出科目的支出之和。

3. 支出体制安排比例失衡。2019年民族省区中，广西的省级支出占比最低，仅为15.9%，低于平均水平4.5个百分点，反映出自治区本级事权及支出责任的弱化，与自治区本级集中力量办大事的管理体制的要求及保障基本公共服务均等化的需要不适应不协调；地市级、乡镇级支出占比偏高，在民族地区中分别排第3位、第1位，高于平均水平5.2个、2.3个百分点，尤其是行政体制中间级次的地市级支出占比过高，不利于财政运行效率的提高；县级占比略低，比平均水平低2.9个百分点，排第5位（详见表10）。

表10　　2019年民族地区支出分级占比情况　　单位：%

地区	级次			
	省级	地市级	县级	乡镇级
民族地区平均	20.4	18.8	55.9	4.9
广西	15.9	24.0	53.0	7.2
内蒙古	16.7	24.4	54.3	4.6
贵州	23.9	13.7	56.3	6.1
西藏	24.8	24.8	46.1	4.4
宁夏	24.1	23.2	48.8	3.9
新疆	20.9	17.7	61.4	0.0
云南	18.5	13.4	60.9	7.2
青海	31.0	16.3	51.1	1.5

数据来源：Wind数据库，2019年相关省区财政决算报表。

（五）局域性财政运行风险不容忽视

1. 基层“三保”问题凸显。广西经济社会发展底子薄、基础弱，财政支出主要依赖中央转移支付，近几年全区财政自给率不到1/3。尤其是县域财力明显不足，2017—2019年，县级税收占比从60.1%逐年下滑至54.7%，财政支出对上级转移支付的依赖性更大，超过半数的县（市、区）财政自给率低于20%。根据监控分析，自治区本级、设区市本级“三保”政策落实有力、资金优先次序突出，“三保”保障有效，当前广西“三保”问题主要集中在县级，含部分城区，个别地方问题突出。2020年，广西111个县（市、区）“三保”等刚性支出财力覆盖倍数仅为1.05，其中有 42 个覆盖倍数小于 1，7 个小于 0.8。中央直达资金政策在较大程度上缓解了基层“三保”支出压力，但受减税降费等因素影响，部分市县的财政收支矛盾依然突出，维持“三保”工作压力仍然较大。

2. 个别地方政府债务仍存在较大风险隐患。截至 2019 年底，广西法定限额内债务余额 6328 亿元，未突破财政部核定限额（6866 亿元），总体风险可控。但是，也存在一些风险隐患：比如，少数地区由于政府债券规模与财力不匹配，尤其是专项债务规模与政府性基金收支规模不匹配，导致债务率偏高。部分地区财政收入大幅下降，政府债券还本付息压力加大，部分市县存在无法按时还本付息或支付发行费等情况，需要靠自治区本级代垫偿还，被列入风险提示的地区增多。一些市县策划储备建设项目能力不强，申报的专项债券项目规模偏小、缺乏整体规划，无法发挥债券资金集中力量办大事的作用。

四、“十四五”广西财政收支运行走势分析

（一）机遇与挑战并存

1. 有利条件。从国际来看，2020 年以来，全球产业布局调整加速，全球产业链加快重构。基于产业安全和分散风险的考虑，以区域中心国家为核心的小循环将取代全球经济大循环，东亚地区将形成以东盟为核心的新发展格局，在此背景下，RCEP 协定的签署将区域经济一体化推上了新台阶。新经济加速冲击老业态，以移动互联网、大数据、人工智能、5G 通信、云计算、生命科学为代表的新一轮科技革命和产业变革深入推进，远程办公、在线教育、数字文化等线上经济加速发展，新技术、新产业、新模式不断涌现，新领域新业态层出不穷①。从国内来看，“十四五”是“两个一百年”奋斗目标的历史交汇期，是我国转变发展方式、优化经济结构、转换增长动力的攻关期，也是大有可为的重要战略机遇期。在此期间，现代产业体系将加快发展，产业基础高级化、产业链现代化水平将明

① 赵泽宽：《把握比较优势和重要机遇推动云南经济社会高质量跨越式发展》，《中国发展观察》，2020 年。

显提高，经济结构更加优化；“双循环”新发展格局加速构建，国内市场更加强大，增长潜力充分发挥；区域协调发展和新型城镇化深入推进，乡村振兴全面实施。经济发展将取得新成效，在质量效益明显提升的基础上实现经济持续健康发展，为财政平稳运行创造了基本条件。《中华人民共和国预算法》的修订完善，《中华人民共和国预算法实施条例》的出台，标志着财政立法进程的加快，为财政管理提供了良好的法治环境。党的十九届五中全会对财税金融体制作出新的更科学的安排，中央和地方政府事权与支出责任划分、预算管理制度、地方税等现代财政制度关键领域的改革不断深入推进，都为财政经济的平稳运行、稳定增长奠定了良好基础。从广西来看，西部陆海新通道建设上升为国家战略，有利于充分发挥广西“三大定位”以及连接“一带一路”的纽带作用，“南向、北联、东融、西合”全方位开放格局加快构建，深化陆海双向开放，为打造沿边产业、跨境产业，畅通陆海、边海协作注入了新的动能。推进中国（广西）自由贸易试验区建设，有利于广西主动对标先进，解放思想、大胆创新，加快向海发展和沿边、跨境合作，构建跨境、沿边产业链，带动外向型产业集聚发展，引领面向东盟高水平开放合作，助力广西打造改革开放新高地、迈上高质量发展新征程。粤港澳大湾区上升为国家战略，推动广西经济社会全面对接融入粤港澳大湾区建设，有利于以更高站位、更宽视野、更新观念深化改革创新，为加快推动工业东融、全产业链承接产业转移、抢占经济新增长点带来历史性契机。珠江—西江经济带上升为国家战略，有助于加速北部湾经济区与粤港澳大湾区联动发展，将广西建设成为承接国内产业转移东盟国家的中转基地。尤其是 RCEP 协定的签署，为广西的改革开放和经济腾飞提供了良好的机遇。

2. 不利因素。从国际来看，“十四五”时期，世界面临百年未有之大变局，宏观经济的不稳定性不确定性明显增加，特别是 2020 年以来，国际产业链供应链平衡被打破，不稳定不确定因素显著增多，一些国家保护主义和单边主义盛行，国际贸易和投资严重萎缩，尤其是美国将中国定位为竞争关系，中美经济贸易关系长期紧张。外需下降导致经济循环受阻，经济下行压力加大，经济回升基础不够牢固。从国内来看，产业层次仍然较低，传统支柱产业链供应链的稳定性和竞争力不高，关键零部件和原材料对外依存度高，企业自主创新能力弱，品牌和市场占有率低，多核增长点尚未显现。同时，制约我国经济长期发展的重点领域关键环节改革任务仍然艰巨，缺乏维系长期增长的高端技术和运营人才等人力资源、交通和通信基础设施资源以及高效率的制度要素资源，要素供给与投资和技术进步方向仍有一定差距，创新能力不适应高质量发展要求。从广西来看，“十四五”时期，广西仍处于工业化中期和城镇化中段，后发展欠发达这个最大区情没有改变，近年来与全国的差距逐渐拉大，地区生产总值占全国的比重和人均地区生产总值占全国的比重出现了下降。“十四五”时期既要完成工业化城镇化提速追赶任务，又要和全国一道踏上现代化建设新征程，面临的挑战十分艰巨。从财政来看，受国际贸易和投资等因素影响，区内外经济循环重塑、新旧动能转换等内部因素影响，以及减税降费等政策的短期影响，财政收入将继续呈中低速增长趋势，个位数的增幅已成为新常态。中央转移支付增长虽然近年来保持相对平稳，但与“十二五”相比已明显回落，财政运行出现减收增支现象凸显、财政收支矛盾进一步加剧。

（二）“十四五”广西财政收支总体形势预判

基于国际国内经济社会发展环境将会发生深刻变化的总体预判，“十四五”时期的财政政策应当更加积极有为、提质增效。初步判断，在现行的收入划分机制和收入口径下，受经济发展形势、生产技术水平、产业结构、财税政策等因素影响，预计“十四五”时期广西一般公共预算收入年均增长区间为2%—5%，增速较“十三五”时期进一步趋缓，收入结构将有所优化。综合考虑收入增长、转移支付规模、重点领域发展需要、发挥财政逆周期调节作用等因素影响，预计“十四五”时期广西一般公共预算支出年均增长区间为5%—9%，继续保持较高支出强度，加大力度支持做好“六稳”工作、落实“六保”任务将成为各级财政部门的中长期任务。

五、“十四五”广西财政运行的几点建议

（一）注重创新，加快现代财政制度体系建设

1. 优化财政体制安排。一是优化收入分成体制。适当提高自治区本级

的分成比例，将自治区本级管理的重点企业税收全部纳入自治区本级收入，增强自治区本级收入汲取能力和事权责任。支出分级体制方面，除根据事权划分的经济性、信息对称性和激励相容原则外，引入重要性原则，将部分重要的和跨区域的事权和支出责任上收自治区本级。实现财政收支的部分上收和事权适度集中相协调，提高自治区本级调控能力平衡能力，为全区科学布局加快发展提供财力和机制支撑。继续研究调整和优化“省管县”财政体制，有效推动加快县域经济发展与保障困难县相统筹。

二是进一步改革和完善自治区对下财政管理体制。理顺自治区以下各级政府间收入划分关系，完善对下转移支付制度，健全县级基本财力保障动态调整机制，逐步提高县级基本财力保障水平和县级财力均衡度。均衡自治区以下地区间财力，促进基本公共服务均等化。着重在财政体制安排上减少地级市财政收支占比、减少财政运行中间摩擦的无用功，继续增加县级财政收支占比，稳步推进经济发达镇财政管理体制改革，增添县域经济发展动力。

2. 系统建立广西特色的激励相容财政奖励机制。坚持以人民为中心，加大对当地“人”和“人才”发展上的投入，系统建立激励人才回流、人才培育和人才发展的奖励机制，对广大人群的首创精神的激励和创造成果的奖励，全面系统地加大当地人才培养，构建在校在职和引进留用等不同层次的奖励办法，激发全民创新创业激情。加大对与中央高校、国际国内名校合作办学的支持力度，切实解决人才培养发展难题。加大对下转移支付与市县绩效考核挂钩力度，因地制宜，根据广西各地发展特色和实际，实行细化分类的差别化考核，引导市县加强资金和项目管理，提高资金使用效益。完善县级财政管理绩效综合评价体系，健全县级财政管理长效机制，引导督促县级规范管理，提升财政管理能力和水平。

3. 创新广西财政金融融合发展机制。金融是经济发展的“血脉”，新时代广西的发展，需要全面推进财政金融融合发展，有效发挥财政资金乘数效应。优化财政贴息政策，更大限度撬动金融投入。增强贴息资金保障，集中有限财力支持地方特色重点产业和临时遇到困难的行业企业。完善风险补偿机制，保障金融投入可持续。建议建立风险补偿基金池，对银行业机构向无贷款记录的小微企业客户发放首笔贷款的，财政部门按年度贷款发放额的一定比例对放款银行业机构给予奖励，通过财政鼓励资金不断解决小微企业融资难问题。扩大政府性融资担保覆盖面，由财政资金联合国企资金注资扶持、引入金融资本、社会资本建成区域性龙头担保公司。

4. 制定具有广西特点的支出标准体系。坚持统筹支出规范化与灵活性相结合。结合广西实际，围绕项目支出预算管理的规范化、标准化、透明化，不断提高共性项目预算编制的标准化程度，完善差旅费、会议费、培训费、课题费、评审费等多领域的共性项目支出标准。对专用项目进行归类梳理，按分类分层原则，探索建立专用项目支出标准体系，特别是结合广西实际支出情况，建立完善水文运行管理、地质灾害防治、高温补贴等具有广西特色的支出标准。最终形成财政标准和部门内部标准相补充、通用定额标准和专用定额标准相结合的项目支出标准体系，严格控制保留特殊项目“一事一议”的处理机制。

5. 全面实施预算绩效管理理念。全面构建“花钱必问效、无效必问责”的预算管理机制，将绩效管理融入预算管理全过程，持续巩固预算绩效管理范围，强化绩效运行跟踪监控，坚决调整和削减低效无效支出，加大预算绩效评价结果与预算安排挂钩力度，切实提高财政资金使用效益。进一步研究并完善绩效考核评价机制和指标体系，力争在民生领域和重大项目上取得实质性突破。制定出台更大力度压减一般性支出政策，对部门非刚性、非重点支出和公用经费进行更大幅度压减，节约的资金全部优先保障“六稳”“六保”等重点支出。

6. 突破“零基”预算实施瓶颈。坚决打破固化预算分配格局。突破“基数 + 增长”的预算编制模式，根据地方“十四五”规划和党委政府重点工作的安排，重新确定部门预算总体规模、具体分配和支出结构，切实提高财政资金配置效率和统筹保障能力。着重在优化项目资金安排顺序上做文章，可以优先在部分行业、部分单位和部分项目方面试点先行。建立预算安排的正面和负面清单，完善预算筛选规则，优先保障有充分立项依据、具体支出内容、详细资金计划、成熟实施方案的预算项目，对不具备实施条件、超承受能力、当年难以形成实际支出、审计发现问题过多的项目不予安排预算。同时，硬化预算执行约束，严格限定预算追加约束范围和审批程序，确需追加预算的，实行“一支笔”审批制，尽可能提高财政预算安排的权威性，增强预算的执行力和规范性。

7. 重构预算管理机制与业务流程。通过与全国同步建成预算管理信息一体化的契机，系统优化全区各地财政预算编制和执行监控、决算管理等全流程业务规范，全面提升全区自治区本级、市、县、乡四级财政管理标准化、规范化水平，重构重塑广西财政科学、高效、精准的部门形象。同时，进一步完善财政直达资金管理机制，加强过渡时期重点财政资金的监管能力和全面管控水平，及时监控动态纠正基层财政部门或政府部门不规范的财政行为，有效保障中央政策和自治区党委政府意图落实到位。

（二）坚持原则，不做超越广西发展阶段的收支安排

1. 科学合理确定收支预期。制定处于合理期间的收支目标，与经济发展实际相匹配。经济决定财政，财政收支目标的制定必须以经济发展的客观实际为基础，坚持实事求是、量力而行、尽力而为、积极稳妥。党的十八大以来，连续的积极财政政策与其他宏观政策协同配合，有力促进了经济社会持续健康发展，我国经济实力不断增强，人民生活显著改善，全面建成小康社会目标即将实现，经济发展取得了良好成效。但目前还存在一些短板，城乡区域、生态环保、科技教育、社会保障等方面的薄弱环节仍然存在；我国正处在转变发展方式、优化经济结构、转换增长动力的攻关期，“三期”叠加影响持续深化；外部环境进一步趋紧，保护主义、单边主义持续蔓延，全球动荡源和风险点显著增多，经济下行压力加大。面对错综复杂的国内外形势，应当基于广西经济社会发展实际客观、理性、科学地制定财政收支目标，既不能过分脱离实际，又要深挖内在潜力；既要关注短期目标分步前进，又要强化对中长期发展的思考；既要有清晰明确的目标任务，又要制定切实可行的落实方案。

2. 坚持量的合理增长和质的稳步提升相结合。从发展阶段来看，我国经济已由高速增长转向高质量发展，财政收支目标的制定也要与经济发展相适，坚持质量并重。一是财政收支要保持平稳增长。建立财政收支运行监测分析的长效机制，动态监测预判收支走势，科学合理制定目标，及时发现苗头性、倾向性问题并提出解决方案，防止财政收支增幅大起大落。坚持问题导向和目标导向，强化过程管理，保持收支预算执行的均衡性，并与广西经济社会运行的规律性相适应，以财政收支的平稳运行，来保障地方经济社会平稳发展。二是优化改善收入结构。财政部门要主动加强与

税务部门协调，采取各种措施，强化源头管控，推进信息共享，加强支柱产业、关键企业、重点税源监控，落实协税护税的机制，建立健全激励约束机制，充分调动各方面征管积极性，做到应收尽收、应免尽免，既不能收“过头税”，也不能人为地缓税或“虚收空转”，尽全力提高税收占比，增强收入的可持续性。继续加大预算稳定调节基金、政府性基金预算和国有资本经营预算调入一般公共预算统筹使用力度，增加资金有效供给。三是进一步优化支出结构。统筹协调好民生兜底保障与加快经济高质量发展的关系。持续压减低效无效支出，及时收回无法按原计划支出的资金，调整用于其他具备条件的支出。改变“撒胡椒面”的投入方式，集中财力办大事，最大程度发挥资金使用的规模效应。

（三）积极有为，统筹好财政收支与经济发展的关系

1. 积极增加地方可用财力。一是继续积极争取中央支持。积极将中央扶持民族地区发展的政策意图有效地转化为可落地可实施的具体重大项目，并积极争取中央转移支付资金支持，改变广西获得中央专项转移支付明显偏少的被动局面，重点是将相关政策条款细化为可落地可操作的项目和资金。尤其要注重争取中央专项转移支付，将广西在中央深耕东盟、推动RCEP 协定落地中发挥的积极作用和区位优势转化为可实施可操作的项目，密切关注国家积极财政政策预调微调，特别要督促医疗卫生、应急保障、科技研发、工业信息、大数据、交通、水利等重点领域的业务主管部门吃透中央各项补助资金的分配办法、投向重点和改革方向，做好项目前期工作，积极争取国家政策、资金、项目支持。二是积极强化优质税源培育。落实高质量发展理念，不断提高税收收入占比，强化自身财源建设。统筹各类专项资金积极支持发展壮大实体经济，把资金投向重点企业、重大项目、重要园区，支持重点企业做大做强，加快重大项目建设投产，发挥重要园区带动作用，助力经济平稳增长，夯实财政增收基础。牢牢把握新动向新机遇，加大对新业态新经济的培育力度，给足政策支持一批发展前景可期、创新能力强、专业程度高的中小企业，支持这类潜力中小企业做强做大。

2. 巩固拓展减税降费成效。继续强化阶段性政策与制度性安排相结合，放水养鱼，助力市场主体纾困发展，为企业生产经营提供更宽松的环境，调动和发挥市场主体的积极性。加强与税务部门的沟通联系，凝聚强

大合力，采取更扎实的举措、更完善的服务，不折不扣继续落实好 2019 年出台的增值税税率下调政策和 2020 年出台的阶段性减免政策，特别是广西结合本地实际出台的 16 项地方减半征收的政策，加大政策宣传力度，细化政策落实的程序和环节，解决好“最后一公里”的问题。加强与企业的对接服务，跟踪做好减税降费政策效果监测和分析研判，针对政策落实的难点堵点和偏差，及时完善相关政策措施，建立定期梳理统计、改进完善、增补退出机制，切实提高政策的系统性、针对性和有效性，提升企业获得感。

3. 大力推动产业结构调整。聚焦“强龙头、补链条、聚集群”，紧盯制造业发展这一突破口，以培育发展壮大龙头企业为主线，以工业生产要素整合提升为重点，打造一批具有国际竞争力的先进制造业集群，提升产业基础能力和产业链现代化水平，实现全区制造业总量扩大和结构优化升级，加速新旧动能转换，推动工业高质量发展。加强培育绿色化工新材料、电子信息、机械装备制造、汽车、金属新材料、精品碳酸钙、高端家具家居材料、生物医药、轻工纺织九大产业集群，推动产业集聚发展。强化重大项目的主引擎、助推器作用，深化“双百双新”和“千企技改”两大平台建设，推动重大项目如期开工、按时投产、加快续建。加大研发投入，提升自主创新能力，同时加快引进国内外先进技术，加大对传统产业技术改造升级支持力度，推动企业形成新的核心竞争力。加快实施“三企入桂”精准招商，积极承接粤港澳大湾区东部沿海发达地区的产业转移，加快推进载体产业园区建设，着力引进一批带动性强、具有核心竞争力的重要企业。加快发展现代服务业，推动科技、软件信息、金融、商务等生产服务业与先进制造业、现代特色农业深度融合，提升现代物流、现代商贸、电子商务等流通服务业水平，大力发展旅游休闲、健康养老、教育培训、家政服务等消费服务业。加快发展现代特色农业、高附加值农业，充分发挥广西农业大省优势，在粮食综合产能显著增强、确保粮食稳产保供的基础上，促进优势特色产业进一步集中，打造蔗糖、蚕桑、中药材、油茶等一批千百亿元产业集群，讲好广西农产品品牌故事，注重发展农产品精深加工，推动一二三产业融合发展。

4. 用好用足政府债券资金。财政部门要配合相关主管部门做好特别国债和专项债券项目储备工作，推动形成“储备一批、发行一批、建设一批、接续一批”的良性机制，争取中央分配广西更多的政府债券额度。加快已发行债券资金使用进度，督促资金使用单位和市县加快形成实际支出，提高债券资金使用效益，切实发挥债券资金促进经济稳增长作用。用好用足专项债券作为项目资本金的政策，积极发挥专项债券融资成本低、作用机制直接、政策见效快等优势，更好发挥撬动作用，扩大有效投资，形成对经济的有效拉动。指导各地做好专项债券项目配套融资工作，通过投贷联动、资本撬动，吸引和带动社会投资，拉动经济稳增长。

（四）坚守底线，确保“三保”落实“六保”防范风险

1. 切实加强基层“三保”。分级分档分类施策强化中高风险地区“三保”监督保障工作，根据财力保障“三保”水平、库款保障水平、债务风险、暂付款情况等指标对“三保”情况划分高风险地区、中风险地区和低风险地区，针对风险等级程度，有针对性地制定“三保”情况预审、重点名单关注、设立工资专户、落实应急处置机制、精准调度资金等精准有效的应对措施。县级政府是落实“三保”特别是保工资工作的第一责任人，要通过压减非必须、非紧急的支出等措施，优先保障“三保”支出。设区市要主动承担保障城区和市管县发放工资的兜底责任，确保城区和市管县保工资不出现问题。合理把控对下专项转移支付，增强专项资金的统筹盘活力度，重点加大对市县一般性转移支付力度，并向“三保”存在困难的地区倾斜。科学合理调度资金，对已设立财政工资专户的地区专项安排工资性资金调度，对库款管理不规范的市县实行精准调度；督促库款保障水平长期偏低县区加强管理，督促市级财政部门及时足额对市管县和城区调度转移支付资金，合理安排支出顺序。

2. 全力落实“六保”任务。坚持稳中求进工作总基调，稳住经济基本盘，兜住民生底线，统筹做好经济社会发展各项工作。落实好保居民就业，实施就业优先政策，全面强化稳就业举措，加大投入支持援企稳岗，对不裁员或少裁员的中小微企业加大失业保险稳岗返还力度，发放农民工就业困难补贴、防疫补贴、创业园房租补贴，千方百计增强企业稳定和创造就业岗位能力。落实好保基本民生，强化困难群体基本生活保障，适当提高城乡低保、抚恤补助等保障标准，阶段性加大社会救助和保障标准与物价上涨挂钩联动机制，加大资金投入实施为民办实事工程。落实好保市场主体，统筹资金帮扶中小微企业渡过难关、加快发展，推进减税降费，降

低融资成本和房屋租金，提高中小企业生产和发展能力。落实好保粮食能源安全，以粮食种植面积为测算依据直接向种粮农民发放补贴，确保粮食市场保供稳价，支持煤电油气安全稳定供应。落实好保产业链供应链稳定，促进产业链协同复工复产达产，支持“双百双新”重大产业项目、新能源汽车等战略性新兴产业发展，保持稳定性和竞争力。落实好保基层运转，坚持财力下沉，加大对基层资金调度的倾斜力度，保障基层公共服务。

3. 防范风险，保障财政运行健康平稳可持续。有效防控地方政府隐性债务风险，坚决守住不发生债务风险的底线。健全常态化监测机制，按时足额做好还本付息工作，及时发现和处置风险。坚持市场化法治化原则，督促指导各地做实做细并严格执行化债方案，统计确认隐性债务累计化解金额及剩余应化解金额，提前谋划未来一个时期的化解工作，通过多渠道筹集资金偿还、将有收益隐性债务转化为经营性债务、暂停或中止实施非必要的项目、撤销或中止执行协议等方式，综合稳妥化解存量隐性债务，逐步降低隐性债务风险等级。加快地方政府融资平台公司转型，组织梳理平台公司运营现状，按照中央和自治区有关政策规定分类推进转型。平台公司要逐步有序开展市场化、实体化、法治化转型，实现自主经营、自负盈亏、自担风险、自我发展的转型目标，逐步剥离政府融资职能。严禁违法违规融资担保行为，禁止以政府投资基金、政府和社会资本合作（PPP）、政府购买服务等名义变相举债，健全问责机制，从严整治举债乱象，坚决查处各类违法违规举债行为，坚决遏制隐性债务增量，做到终身问责、倒查责任。

【简评】进入“十三五”以来，广西财政经济运行总体平稳，财政收入有序增长，财政支出规模持续扩大，财政管理改革不断深化，在广西与全国同步建成小康社会伟大征程中发挥着基础性和支撑性作用，值得充分肯定。然而，这个阶段广西欠发达后发展的区情没有变，面临全国全面减税降费政策性压力没有减，同时各省税收洼地四起执法不一，严重地削弱了广西沿边沿海沿江的比较优势，加上新冠疫情冲击，广西财政经济发展仍面临诸多困难和挑战。文章分时期分年度分级次对广西财政收支进行了纵向对比，并与其他少数民族省区横向对比，指出广西当前存在收支结构不优、财政自给率低、土地财政依赖度高和人均收支水平过低等体制性、结构性、累积性和机制性突出问题。

文章在分析广西“十三五”财政运行情况和预判“十四五”财政收支走势基础上，提出了几个方面的意见和建议：加快现代财政制度体系建设，有效提高财政资源配置效率，推进提高自治区本级财政调控能力为重点的财政体制改革，实现保重点发展与促均衡公平相统一，并建立具有广西特色的财政支出管理体系，提升财政管理的标准化科学化和财政资金的绩效性，发挥财政“四两拨千斤”的乘数放大效应，全面撬动金融资本和社会资金促进地方发展；正视发展阶段，尊重发展规律，不作超越广西发展阶段的收支安排，做到对冲逆周期、调优顺周期和平衡跨周期，预算安排财政收支增长目标应处于合理稳健的增长区间，与地方经济发展合理区间相衔接。同时，收入要重质量，支出保持高于全国平均水平的适度强度，收支结构应不断优化；统筹好财政与经济发展的关系，力促生财、聚财、理财和管财相统一，做到提高增加可用财力与支持地方实体经济和社会事业发展相协调，通过积极向中央争取解决广西发展的历史累积性问题，并通过持续巩固落实减税降费、引导推动产业结构调整、提高债券资金使用效益等方式培植优质税源，夯实地方发展基础；同时，完善市县党政主官政绩考核指标体系，建立化解财政运行风险的考评机制，加强基层“三保”尤其是“保工资”力度，全力落实“六保”任务，突出有效防控地方政府隐性债务风险、有序化解财政暂付款挤兑正常预算保障问题的考核，实现财政预算跨期平衡和中长期发展目标，确保今后一个时期财政运行健康平稳可持续，为广西经济社会高质量发展提供财力保障和制度支撑。

文章总结了广西财政经济发展基本规律和成功经验，并指出广西财政经济发展还存在体制性、结构性、累积性和机制性问题，提出加快现代财政税收体制改革，增强自治区本级宏观调控能力，以及尊重规律，保持财政收支增长区间与经济发展合理区间相适应、相衔接等工作建议，相关成果收录到财政厅的文件当中，诸多重要观点与2022年中央出台的《关于进一步推进省以下财政体制改革的指导意见》一致。课题研究成果得到了地方领导和财政专家的肯定：“报告很好”“如何进一步做好‘十四五’财政工作？5月中旬，我们专题研究，请在报告的基础上，提出更具体、可操作的意见”“请相关处、课题组抓紧完成广西财政‘十四五’规划编制起草工作，届时提交常务副主席召开的会议讨论”。对有价值的观点研究吸纳进广西财政“十四五”规划当中。

第三篇

民族省区财政比较分析

民族省区财政支出相关问题研究

王璟谛

一、民族省区公共财政支出的宏观分析

据统计，2016 年全国、地方各省、西部地区和民族八省区公共财政收入（简称财政收入，下同）分别达到 159605 亿元、87239 亿元，19281 亿元和 9824 亿元，年均增长分别为 13.9%、12.6%、14.1% 和 14.6%；2016 年全国、地方各省、西部地区和民族自治地方公共财政支出（简称财政支出，下同）分别达到 187755 亿元、160351 亿元、46340 亿元和 26783 亿元，1978—2016 年年均增长分别为 14.4%、15.9 %、15.8% 和 15.7%，民族八省区支出年均增长慢于各省平均和西部地区平均水平①。总体上看，全国的财政支出增速快于收入，民族自治地方财政收入增长快于全国平均及地方各省平均，财政支出增长快于全国平均，但慢于地方各省平均和西部地区平均。

从 1978—2016 年民族省区财政支出的全国占比与其他重要指标全国占比对比情况看，民族省区的财政支出占全国支出比重的趋势线长期偏离民族省区的常住人口占全国人口比重趋势线且长期处在下方，直到 2011 年后才基本持平。可以看出 1978—2010 年民族省区的人口供养水平或支出保障水平明显低于全国平均水平，如换成户籍人口因素，民族八省区的总体支

① 本文以民族八省区财政支出与收入及经济增长的计量关系分析为主。数据来源：本文无特别说明外，均根据 2016 年《中国财政统计年鉴》和各地财政决算报表和执行报告整理。文末作了简评，协助读者进一步加深了解保障民族省区财政支出的特殊意义。

出水平则更低。如与民族省区区划面积占全国国土面积约 60% 来换算，则是约 10% 的支出长期投放在约占国土 60% 的民族省区，而 90% 的支出长期投放在另外 40% 的其他省市，在财政支出乘数效应的影响，这两个区域的经济社会发展必然产生重大差异。从 1978—1993 年民族省区财政收入的全国占比趋势线看，呈逐年上升态势，与同期支出占比变动有一定的协同性，1994 年后受分税制改革影响，收入占比回落较大，相应的支出受到了影响。民族省区的 GDP 全国占比有波动，但变动不大，与支出占比变动存在时滞影响，不完全协同。总体看民族省区财政支出强度不足形成了历史累积问题。具体情况见图 1。

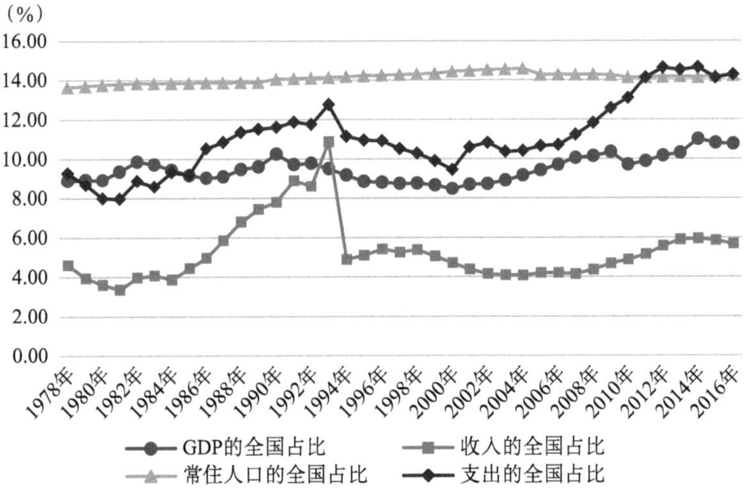

图 1　1978—2016 年民族自治地方支出占比情况分析

二、民族省区财政支出的乘数效应测算

财政支出乘数是财政支出的一种宏观效应，当财政收支增加时，社会对商品和劳务需求增加，从而因此一系列的再支出，最终对产出的影响通过循环累积而超出支出本身。基本模型如下：

基于凯恩斯消费函数，最终消费 C_t 包括两部分，自发消费 C_{0t} 和由可支配收入 Y_{Dt} 引致的消费，可支配收入是边际消费倾向 c_t 的函数。而可支配收入 Y_{Dt} 由总收入扣除税收 T_t，加上转移支付 TR_t，税收 T_t 是 Y_t 的函数，

设税率为 t，则 $T_t = tY_t$。从而消费函数表示如下

$$C_t = C_{0t} + c_t Y_{Dt}$$

$$Y_{Dt} = Y_t - T_t + TR_t$$

则：

$$C_t = C_{0t} + c_t(Y_t - T_t + TR_t) = C_{0t} + c_t TR_t + c_t(1-t)Y_t = A_{0t} + c_t(1-t)Y_t$$

根据四部门国民收入恒等式，

$$Y_t = C_t + I_t + G_t + NX_t = A_{0t} + c_t(1-t)Y_t + I_t + G_t + NX_t$$

从而：

$$Y_t = \frac{A_{0t} + I_t + G_t + NX_t}{1 - c_t(1-t)}$$

则得财政支出乘数即为：

$$\Delta Y_t = \frac{\Delta G_t}{1 - c_t(1-t)}$$

计算财政支出乘数，将消费方程中的参数 $c_t(1-t)$ 作为整体进行估计即可。

广义概念上，我国涉及财政支出共有四本预算，一般公共预算支出是其中的主体，符合财政支出一般性的概念，而其他三本预算则具有专款专用、以收定支等特性，暂不此处研究。

考虑到我国经济发展过程中市场化程度不断加深，经济结构不断发生变化，财政支出政策不断调整，由低收入国家转向中等收入国家过程中，经济变量的相互作用关系也可能不断变化，消费者边际消费倾向也不断发生改变。为刻画变量间关系的变化特征，本文构造状态空间时变参数模型，模型基本设定如下。

观测方程：$Y_t = X_t' \beta_t + u_t \quad t = 1, 2, \cdots, T$　　(1)

状态方程：$\beta_t = \alpha + \varphi \beta_{t-1} + \varepsilon_t$　　(2)

其中，Y_t 为被解释变量，此处为国民经济核算中最终消费量；X_t 为解释变量，此处为截距项和 GDP；β_t 为状态潜变量，此处为消费税方程中边际消费倾向和税率的组合 $c_t(1-t)$，其演进过程设定为（2）式 AR（1）过程；β_t、α、φ 为待估参数；u_t 和 ε_t 分别为观测方程和状态方程的扰动项。状态空间模型参数初值根据 OLS 回归结果以及经验设定，模型中各状态向量和的超参数通过卡尔曼滤波算法（Kalman filter）的递推公式估计。

在数据选择上，采用1993—2017年数据，主要考虑我国1993年开始全面实行市场经济，并启动中央地方分税制改革。数据来源于国家统计局年度统计数据库，将内蒙古、宁夏、贵州、西藏、新疆、广西、云南、青海八省区GDP和最终消费数据分别加总而得，单位均为亿元。

平稳性检验是建立模型的前提条件，经过ADF检验，GDP和最终消费数据均是2阶段平稳，结果如表1所示：

表1　　ADF检验结果（Augmented Dickey – Fuller test statistic）

变量		t – Statistic	Prob.
GDP	水平值	0.0319	0.9524
	一阶差分	–1.5823	0.4752
	二阶差分	–5.5940	0.0002
最终消费	水平值	1.0680	0.9959
	一阶差分	0.0526	0.9544
	二阶差分	–4.1905	0.0042

由于GDP和最终消费数据均是2阶段差分平稳，为避免伪回归，需要进一步进行协整检验，以判断两者是否长期均衡稳定关系。协整检验采用t检验和最大特征值检验，其结果如表2所示：

表2　　协整检验结果

统计量	协整数量	特征值	t统计量	5%临界值	Prob.**
t检验	None*	0.5613	18.9510	15.4947	0.0145
	At most 1	0.0000	0.0001	3.8415	0.9935
最大特征值检验	None*	0.5613	18.9509	14.2646	0.0084
	At most 1	0.0000	0.0001	3.8415	0.9935

根据检验，GDP和最终消费数据存在协整关系，可以进行回归分析，模型估计结果如下：

观测方程：$C_t = 156.99 + \beta_t GDP_t + u_t \quad t = 1, 2, \cdots, T$

状态方程：$\beta_t = 0.05 + 0.92\beta_{t-1} + \varepsilon_t$

β_t 为时变参加，即为消费函数中边际消费倾向和税率的组合 $c_t(1-t)$，表示扣除税收以后的消费倾向，其时间动态过程见图2：

图 2　扣除税收后的边际消费倾向

根据图 2，1993 年以来，民族省区扣除税收后的边际消费倾向经历了先上升后下降的过程。1993—2000 年前后，呈上升趋势，2001—2011 年不断下降，2012 年开始又稳步上升。

根据上述 $c_t(1-t)$ 的数值，利用公式 $1/[1-c_t(1-t)]$ 计算财政支出的乘数效应，得到财政支出乘数随时间变化的动态路径，详见图 3：

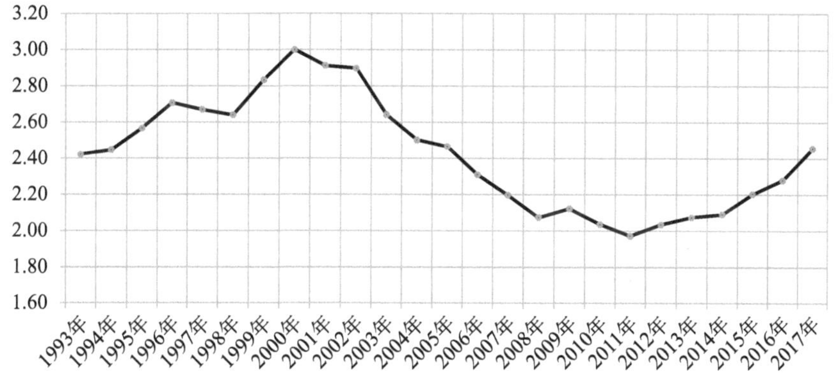

图 3　财政支出的乘数效应

1993 年以来财政支出的乘数效应随时间变化特征明显，与扣除税收后的边际消费倾向走势类似。财政支出乘数的变动范围在 1.97—3.0 之间，说明每增加财政支出 1 个单位，可以带动经济增长 1.97—3 个单位。

乘数效应的变化主要分为 3 个阶段：1993—2000 年，2001—2010 年，2011—2017 年。其中：

第一阶段1993—2000年，对应于中国全面开始市场化改革的初始阶段，此时国内总体资金紧缺，财政支出对经济增长促进较好，支出乘数较大，且总体呈上升趋势。1994年前后经济经历“软着陆”，1998年前后亚洲金融危机，引起出口不振，内需低迷，此时财政支出乘数较经济常态略微下降，但对经济拉动作用仍分别达2.5倍和2.7倍。得益于经济“软着陆”，财政支出对经济拉动作用不断增强，乘数不断上升。

第二阶段2001—2010年，对应于中国经济高速增长的黄金10年，此时中国经历了20世纪90年代中后期经济衰退阶段后，开始了由经济复苏到经济高涨的阶段。2001年国家开始西部大开发战略，投资不断加强，基础建设力度空前加大，财政投入在实行对经济倍增撬动的同时，杠杆作用有所回落，乘数效应由3.0下滑至1.97。特别是国际金融危机推出强刺激计划，引起产能过剩，降低了财政支出的效率。

第三阶段2011—2017年，中国经济经历了四万亿元强刺激之后，产能过剩，负面作用凸显，国家政策上逐步退出过剩产能，注重经济提质增效，提出“三去一降一补”政策，提升微观主体经济活力。财政支出更加注重精准发力，对经济撬动作用不断增强，支出乘数从1.97回升至2.45，财政支出效率不断提升。

总体来看，动态财政支出乘数较好刻画了民族省区财政支出对产出的促进作用。我国财政支出对经济增长的带动效果明显，同时在制定支出政策时，应更加关注宏观经济环境和经济增长阶段，有针对地发力，提高财政支出效率。

三、民族省区财政收入与支出关系的实证分析

财政收支是财政管理一枚硬币的两面。一般来说，财政收入是财政支出的源泉，而财政支出带动地方经济发展，为收入提升创造更好的条件。但对于民族省区而言，经济发展相对滞后，对中央转移支付依赖度较高，财政自给率即财政收入在支出中比例偏低。但长期看，地方财政收入是民族自治地方“自主造血”功能建立发展的主要体现，两者能够良性互动，对于民族省区财政继续健康发展十分重要。

按照《预算法》规定，地方各级预算量入为出，收支平衡，一般不列

赤字。与其他地方预算结构不同，民族八省区的财政自给率（财政收入/财政支出）均在50%以下，主要依赖税收返还和转移支付。民族省区支出刚性较强，“三基”支出比重高，税收返还和转移支付收入主要根据中央确定，且很大比例有特定用途或特定方向用途，难以形成自由支配的财力，因此，财政支出压力往往传导形成财政收入压力，民族省区往往对财政收入的需求也十分迫切。此外，财政收入和支出政策都是政府调节经济运行的重要手段，而经济运行的结果往往以财政收入增长形式表现出来。例如，扩展性的财政政策如增加支出和减少税收，均有助于刺激经济增长，扩大了税基，最终影响到收入的增长。大部分民族省区都具有强政府弱市场的特征，为此，需要对财政收入和财政支出之间经济学意义上的联系进行研究。

（一）数据处理

1. 数据来源。选取1978—2017年内蒙古、宁夏、贵州、西藏、新疆、广西、云南、青海八省区财政收入和支出年度数据，将八省区数据分别加总，得到民族省区财政收入和财政支出数据。数据来源于国家统计局年度统计数据库，单位均为亿元。

2. 平稳性检验。由于数据序列存在较强的序列相关性，且由于1978年以来历次政策调整等因素，数据存在明显的异方差性，因此使用PP检验确定数据平稳性。根据检验结果，财政收入和财政支出数据均为2阶平稳过程（见表3）。

表3　　单位根检验结果（PP检验）

变量		Adj. t - Stat	Prob.
财政收入	水平值	2. 2985	0. 9999
	一阶差分	-1. 7300	0. 4085
	二阶差分	-5. 3156	0. 0001
财政支出	水平值	1. 8305	1. 0000
	一阶差分	-0. 7828	0. 8126
	二阶差分	-6. 6982	0. 0000

3. 协整检验。为避免伪回归，对民族省区财政收入和财政支出两列非平稳数据作协整检验，根据结果，可以认为两者存在长期均衡稳定关系，

可以进行建模（见表4）。

表4　　协整检验结果

统计量	协整数量	特征值	t统计量	5%临界值	Prob.
t检验	None*	0.5520	31.1813	15.4947	0.0001
	At most 1	0.0175	0.6701	3.8415	0.4130
最大特征值检验	None*	0.5520	30.5112	14.2646	0.0001
	At most 1	0.0175	0.6701	3.8415	0.4130

（二）建立模型

1. 格兰杰因果关系检验。格兰杰因果关系检验（Granger Causality Test）检验不同变量在时间先后上是否存在统计学的关系，从而判断是否存在格兰杰因果关系。格兰杰因果关系仅指时间先后关系，并非事实上的因果关系，但仍有助于全面认识不同变量之间关系。

检验民族省区财政收入和财政支出的格兰杰因果关系，即是确定前期的财政收入/支出数据对当期财政支出/收入有无显著影响，若有显著影响，则前者是后者的格兰杰原因，反之则前者不是后者的格兰杰原因。以FISCAL_REVENUES表示财政收入，FISCAL_EXPENDITURE表示财政支出，结果如表5所示：

表5　　民族省区财政收入与财政支出的格兰杰因果关系检验

原假设：	Obs	F-Statistic	Prob.
财政收入不是财政支出的格兰杰原因	38	0.2373	0.7901
财政支出不是财政收入的格兰杰原因	38	6.4789	0.0042

根据结果，财政收入不是财政支出的格兰杰原因，财政支出在1%的显著水平上是财政收入的格兰杰原因。其含义即当期财政收入的增加并不显著引致后期财政支出增加，而当期财政支出的增加能够引致后期财政收入增加。检验结果具有较强的经济含义：由于民族省区财政收入基础薄弱，主要依赖中央补助收入，财政收入增加对支出的影响较小，不足支撑后期财政支出扩张。而财政支出的增加则将对地方经济提振作用明显，通过乘数效应，促进经济增长，从而保障了财政收入增长。

2. VAR 模型、脉冲响应函数和方差分解。为了解财政收入和财政支出之间相互作用路径和强度，建立 VAR 模型，并分析脉冲响应函数曲线。根据 Akaike AIC 和 Schwarz SC 信息准则，选取使信息准则数值最小的滞后阶数为 2 阶，建立 VAR（2）模型。以 X_t 表示财政收入，Y_t 表示财政支出，结果如下：

$$X_t = 64.73 + 1.51X_{t-1} - 1.06X_{t-2} + 0.21Y_{t-1} - 0.03Y_{t-2}$$

$$(8.87)\ (-4.63)\ (2.83)\ (-0.24)$$

$$Y_t = 110.02 + 0.19X_{t-1} - 0.48X_{t-2} + 1.77Y_{t-1} - 0.65Y_{t-2}$$

$$(0.36)\ (-0.68)\ (7.92)\ (-1.93)$$

上式括号中为 t 统计量的值，两个方程的拟合优度均较好（R^2 = 0.998），无论是财政收入还是财政支出，都对自身过去一期的值依赖较强，财政收入方程中，对财政支出变量一阶滞后值显著，而财政支出方程中，对收入变量均不显著。结果类似格兰杰因果检验。

脉冲响应和方差分解是 VAR 模型的重要工具。脉冲响应反映不同来源冲击动态关系、传导机制和作用程度，方差分解则将方差分解为各变量的贡献度，进而衡量各变量在系统中的相对贡献程度。本文中，两者虽然技术诠释角度不同，但总体结果一致，为简化篇幅，仅列示方差分解结果，如图 4 所示。

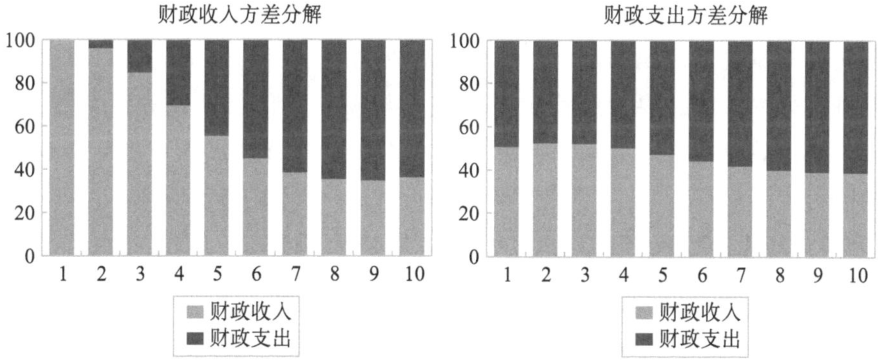

图 4　模型的方差分解

对于财政收入，其预测误差的初始影响主要源于自身，而后逐渐减弱，支出对收入的影响则随着时间推移逐渐加大，并成为主要因素（第 7 期已达 60% 以上）。在财政管理实践中，财政收入受财政体制机制影响较大，具有很强的黏性，除非面临税制改革、不同政府层级收入格局重塑等体制的重大调整，收入一般不会大幅波动。从更长时间维度看，财政支出在促进经济社会发展的同时，也确实培植了财源，对财政收入的增长起到了较大的促进和托底的作用，是分析收入的重要因素。

对于财政支出，其预测误差的初始影响既来源于自身，也受财政收入影响，但自身影响短期内较大。在财政管理实践中，地方在支出预算编制时，大多采取“基数+增长”的方式，各支出项目主要参考历年或者上年情况，再作一定程度调整，大部分地区尚未实现真正意义上的零基预算，财政支出规模天然具有延续性。同时，财政收入对财政支出的促进作用也不容忽视。由此，从短期角度分析支出，相近年份支出的延续性是主要考量因素，随着时间推移，这一因素影响力逐渐减小，收入影响逐渐增大，最终超过了支出的影响力。这也是与常识相符的，毕竟，财政收入是支出的最终源泉。

具体到民族省区，财政收入占财政支出的比重（财政自给率）通常不高，财政收入增长的内生动力相对东部地区偏弱，而上级补助资金在财政资金中占比较高。要促进财政收入增长，通过争取上级补助增加财政投入进而增厚财源的方法较为有效。在财政资金安排上，民族地区享有一些优惠政策。近年来，无论是基础财力保障、项目资金配套等均有一定政策倾斜。要促进财政支出增长，一方面要抓好减税降费等收入政策落实，拓宽税基，涵养财源，不断提高财力水平，为保障支出打下坚实基础；另一方面，要持续稳定财政支出规模，优化公共服务供给能力，提升支出效率，并大力争取上级补助，不断提高财政服务经济社会发展的能力。

四、财政支出对经济增长影响的计量分析

（一）公共财政支出规模对经济增长影响的计量分析

为了研究民族自治地方财政支出与 GDP 相互影响关系，我们收集了 1994—2016 年内蒙古、广西、贵州、云南、西藏、青海、宁夏、新疆八个民族省区 GDP 和财政支出的数据，通过测算财政支出与 GDP 关系，比较

财政支出在促进各省经济增长中发挥的作用，数据来源于《中国统计年鉴》，单位为亿元。

面板数据模型如下：

$$Y_{it} = \alpha_{it} + X'_{it}\beta + u_{it} \qquad t = 1, 2, \cdots, T$$

其中，Y_{it}为 t 时刻 8 个民族省区 GDP，X_{it}为 t 时刻 8 个民族省区的财政支出。

1. 面板数据单位根检验和协整检验。为避免模型因数据平稳性问题造成伪回归，进行数据平稳性检验即单位根检验。面板数据单位根检验涉及每个界面个体数据的平稳性和考虑了所有截面个体共有单位根或个体单位根的情况。首先对每个截面个体进行单位根检验，结果如表 6 所示。

表 6　　单位根检验（ADF 检验）

指标		GDP			财政支出		
		水平值	一阶差分	二阶差分	水平值	一阶差分	二阶差分
内蒙古	t - Statistic	-0.2155	-1.1933	-5.1952	-0.4573	-3.6505	-3.8915
	Prob.	0.5971	0.2055	0.0000	0.5007	0.0010	0.0006
广西	t - Statistic	4.7149	2.4202	-5.4128	-3.0094	-1.7205	-4.8411
	Prob.	1.0000	0.9935	0.0000	0.0530	0.4077	0.0010
贵州	t - Statistic	0.8674	-0.4240	-5.9872	2.4620	2.1987	-3.2019
	Prob.	0.8899	0.5184	0.0000	0.9999	0.9908	0.0028
云南	t - Statistic	1.7439	0.2836	-3.4872	2.0386	0.2736	-4.2402
	Prob.	0.9765	0.7590	0.0014	0.9871	0.7561	0.0002
西藏	t - Statistic	9.0318	-0.9240	-4.8093	2.7583	3.0957	-2.8469
	Prob.	1.0000	0.3052	0.0001	0.9974	0.9988	0.0067
青海	t - Statistic	-0.2833	-1.2978	-4.6795	0.4715	-1.1330	-6.4015
	Prob.	0.5722	0.1735	0.0001	0.8085	0.2257	0.0000
宁夏	t - Statistic	1.1538	-0.2819	-4.7974	1.4600	-0.3727	-5.4966
	Prob.	0.9304	0.5727	0.0001	0.9594	0.5384	0.0000
新疆	t - Statistic	1.8719	-0.0009	-6.3256	6.8368	-0.8537	-4.6501
	Prob.	0.9818	0.6716	0.0000	1.0000	0.3347	0.0001

再作面板单位根检验，结果如表7所示。

表7 GDP平稳性检验

指标	水平值		一阶差分		二阶差分	
Method	Stat.	Prob.	Stat.	Prob.	Stat.	Prob.
Null：Unit root（assumes common unit root process）						
Levin，Lin & Chu t*	17.9434	1.0000	0.7236	0.7236	-12.2712	0.0000
Null：Unit root（assumes individual unit root process）						
Im，Pesaran and Shin W-stat	14.6664	1.0000	1.9808	0.9762	-12.5812	0.0000
ADF - Fisher Chi-square	16.1057	1.0000	18.6582	0.9708	208.574	0.0000
PP - Fisher Chi-square	0.1673	1.0000	15.8104	0.9926	314.161	0.0000

检验结果表明，内蒙古、广西、贵州、云南、西藏、青海、宁夏、新疆八个民族省区的GDP和财政支出的水平值和一阶均不能拒绝原假设，即是不平稳的，二阶差分均拒绝原假设，则两个变量均为二阶单位根过程。进一步检验面板数据是否存在协整关系，主要用t检验和极大似然检验。经检验，可以认为两者存在协整关系（见表8）。

表8 面板协整检验（t与最大特征值检验）

Hypothesized No. of CE（s）	Fisher Stat. *（from trace test）	Prob.	Fisher Stat. *（from max-eigen test）	Prob.
None	44.53	0.0002	32.33	0.0091
At most 1	40.71	0.0006	40.71	0.1866

2. 面板数据回归模型。面板数据模型分为随机效应模型和固定效应模型，区别在于面板是否存在与解释变量相关的个体特征。首先估计随机效应模型，然后根据Hausman检验，统计量的值为13.72，$P=0.0002<0.05$，拒绝随机效应的原假设，因此应该建立固定效应模型。选取变斜率固定效应模型，估计结果如表9所示。

表 9　　变系数固定效应模型估计结果

变量	财政支出		固定效应	截距	
	系数	t 值		系数	t 值
内蒙古	0.24	51.50	35.20	-225.58	-13.61
广西	0.26	49.47	-106.66		
贵州	0.38	48.16	56.41		
云南	0.37	57.63	-137.93		
西藏	1.40	16.99	116.65		
青海	0.64	18.02	99.18		
宁夏	0.40	14.19	152.16		
新疆	0.43	46.76	-215.01		

固定效应模型拟合优度为 98.9%，各系数均在 1% 水平上显著。比较各省财政支出对 GDP 的影响，从高到低依次为西藏、青海、新疆、宁夏、贵州、云南、内蒙古、广西。排序体现了各省区经济发展的特点。由于财政支出形成的实际支出最终构成了支出法核算的 GDP 一部分，对于西藏、青海，其经济基础薄弱，产出的形成对财政支出依赖极高，而贵州、云南、内蒙古、广西等省份工业基础较好，如贵州的白酒业、云南的烟草业、内蒙古的能源业、广西的机械制造等，其对财政支出依赖度相对较小。

（二）重点支出项目对经济增长影响的计量分析

国内外大部分的学者专家认为财政支出对经济增长有正向拉动的作用。从财政实践看，当前我国的财政支出已经从“吃饭型”渐渐转为“发展型”，民族自治地方也不例外。以广西壮族自治区为例，据部门决算数据反映，2007 年的基本支出和项目支出构成比例为 63.3∶36.7，到 2013 年两者的比重变为 45.3∶54.7，2016 年为 42.1∶57.9，2017 年为 46.1∶54.9，项目支出占部门预算支出稳定在五成以上。其中，自治区本级的支出结构变化更为突出，基本支出和项目支出的比重从 2007 年的 48.1∶51.9，变为 2017 年的 23.4∶76.6，项目支出占部门预算支出的 3/4。项日支出更多反映了经济社会事业的发展，项目建设占比的提升，为民族自治地方经济建设提供强大财力保障。

为了研究民族自治地方财政支出重点支出项目对GDP的促进作用，我们选择了2007—2016年民族省区的一般公共支出（x_1）、教育支出（x_2）、社会保障（x_3）、城乡社区支出（x_4）、农林水事务（x_5）五个重点支出领域的数据，通过计量分析研究各项支出对经济增长（*GDP*）的影响效果。建立模型如下：

$$GDP_{it} = c_i + \beta_1 x_{1it} + \beta_2 x_{2it} + \beta_3 x_{3it} + \beta_4 x_{4it} + \beta_5 x_{5it}$$

（1）平稳性检验与协整检验。平稳性检验是建模的前提。通过LLC、ADF和PP检验，可认为在5%显著性水平下变量平稳。协整检验可检验各变量间是否存在稳定的长期均衡关系，排除单位根带来的随机性趋势。各检验统计量的P值均小于0.01，可认为5类重点之与*GDP*存在协整关系，可以进行面板数据模型建模。

（2）固定效应模型。假设检验中原假设为使用随机效应模型，由于$P=0.0000<0.05$，故拒绝原假设，应选择固定效应模型（见表10）。

表10　　模型选择结果

方法	Chi－Sq. Statistic	Prob.
Cross－section random	51.072191	0.0000

模型结果如下：

$$GDP_{it} = 2057.22 - 4.27x_{1it} + 14.56x_{2it} + 7.66x_{3it} + 11.15x_{4it} - 8.71x_{5it}$$

模型拟合度为0.97，拟合效果较好。该方程表明，一般公共支出与农林水事务支出对*GDP*存在负向影响，影响最大的为农林水事务支出，它平均增长一个单位，会导致*GDP*平均下降8个单位。而城乡社区支出、教育支出、社会保障支出均对*GDP*存在正向影响，其中影响最大的为城乡社区支出。城乡社区支出平均每增加一个单位，*GDP*将平均增长11.15个单位，结果如表11所示。

表11　　模型系数

Variable	Coefficient	Std. error	t－Statistic	Prob.
C	2057.224	421.0752	4.8856	0.0000
χ_1	－4.2684	3.6288	－1.1762	0.2437
χ_2	14.5678	2.7954	5.2114	0.0000

续表

Variable	Coefficient	Std. error	t - Statistic	Prob.
χ_3	7.6630	4.1696	1.8378	0.0705
χ_4	11.1578	3.0661	3.6391	0.0005
χ_5	-8.7057	3.8773	-2.2453	0.0281

固定效应模型截距项反映了代表不同省区个体差异，从而通过比较变量前面系数大小，以比较不同省份财政支出效果差异。从表12结果可以看出，剔除*GDP*因素以后各自治区财政项目支出水平从低到高依次为青海、西藏、宁夏、新疆、贵州、广西、云南、内蒙古，其中青海水平最低，说明了青海财政项目支出促进*GDP*的增长能力相对偏弱，而内蒙古、云南、广西财政支出促进*GDP*增长能力更强。

表12　　　　固定效应结果

固定效应	系数
内蒙古	4063.187
宁夏	-1791.023
青海	-2199.111
西藏	-2132.78
新疆	-825.0109
广西	2751.002
贵州	-327.1397
云南	460.8761

通过重点支出领域对经济增长影响的计量分析，城乡社区支出、教育支出、社会保障支出对*GDP*具有明显促进作用，而一般公共支出与农林水事务支出是负效应，剔除*GDP*因素以后各自治区财政项目支出水平从低到高依次为青海、西藏、宁夏、新疆、贵州、广西、云南、内蒙古，其中青海水平最低，说明了青海财政项目支出对*GDP*的促进能力偏弱。

五、政策建议

宏观分析中，对民族省区财政支出存在投入不足的历史累积问题，同时，该区域的支出乘数效应在2—3之间且当前处于爬升阶段，应当采取适当补偿的原则，对这些区域的财政投入加大力度，放大支出效应，力争在2050年以前将民族省区改革开放以来财政支出不足的问题按常住人口的标准基本补齐，激发当地发展的内生动力，通过刺激当地经济发展培植税源，支撑当地财政支出的投放，形成发展良性循环。

在支出与收入的实证分析中，民族省区支出对支出本身计量影响高于收入对支出的影响，从短期看，中央和发达地区还要加大对民族省区转移支付的投入力度，适当提高民族省区政府债务管理限额，以及应当建立相对规范完善的纵向转移支付制度和横向转移支付制度来保障。

在支出与经济增长的计量分析中，民族省区支出规模对经济增长存在协整关系，均有重大影响，但影响的程度差异较大。按照罗斯托经济增长的发展五阶段理论，西藏、青海和新疆的经济基础薄弱，处于传统的为起飞准备前的阶段，产出的形成对财政支出依赖极高，应当保持财政投入的强度；宁夏、贵州、云南、内蒙古、广西有一定的经济基础，已经处于完成经济起飞阶段，财政支出的乘数效应高，应加大财政投入的强度；在重点支出项目对经济增长影响的计量分析中，更为清晰地反映了应当保障促进经济增长的重点科目支出，以提高支出的强度的同时优化支出的结构，实现提高民族地区的基本公共服务均等化与经济发展相协调。对青海、西藏、宁夏、新疆和贵州的财政支出应当更加注重支出结构调整和优化。

【简评】 读懂民族省区财政问题，既要知道财政问题的普遍性，又要掌握民族省区财政问题的特殊性。自治区的支出范围应当包括边疆稳定和反恐、民族团结、民族文化等政治价值和社会价值取向的管理支出，这些支出居于较为优先的位置，如实行新疆生产建设兵团制度等特殊政治层面和文化层面新增职责和支出项目。这些主要是非经济因素支出目标，其重要性不低于促进经济增长。受资源和生态的制约，以及大部分民族地区地域跨度大的实际，需要稳定边疆居民减少边民流失等，民族地区的财政运行成本一般高于其他省区。可见，少数民族应当加大这些非经济因素事权的支出力度，完善民族地区政府的履职范围和支出责任，从总量和人均水平上做到支出预算精准安排，结合国家主体功能区定位，提高区域内基本公共服务均等化水平，实现民族团结、社会稳定和经济发展多重目标。所以，西藏、新疆和青海的人均支出水平高及与地区生产总值高度关联有其合理性。

国家战略性安排和政策性制约。改革开放以来，国家实行“让一部分地区和一部分人先富起来”的制度安排，财政资金、项目建设、科技人才和其他优先政策自然集聚到东部地区和沿海开放地区，以及东部沿海地区自身特有全球化经济发展的信息优势、沿海口岸优势全球外贸交通的区位优势，形成了要素集聚的中心，历经要素投入—产出经济—收入再分配（税收等）—再要素投入的良性循环，率先发展成可以与国外发达地区媲美的发展模式。同时，在改革开放初期让一部分地区先富起来的治理理念，形成由东到西的梯度发展趋势，受国家财力有限制约，在同时期中必然有一部分地区加大投入、一部分地区减少投入，客观上形成了西部地区尤其是民族省区财政的投入不足的历史性累积和历史欠账。另外，改革开放以来，民族省区受交通基础设施制约，很多优势资源还没有真正开发起来，受国家资源开发政策的影响，要么处于限制开发的主体功能区规划内，要么资源开发的收益分享由中央拿大头，地方没有分享多少收益，反而增添了与人民群众争利益嫌疑，增加财政支出成本，加大基层工作负担，地方的积极性不高。西部大开发中一些不合适的引资政策和超长期的不平等条约，如西电东送虽然增加了水资源所在地的一些增值税，但是没有分享到所得税，而且由于不平等的合同约束，超低价的电力外输，当地群众和企业却无法享受。统一的国内市场经济在民族省区的发展成熟度还需要时日，资源经济还没有发展起来，税收的增收就没有来源，加上中央推行的分税制还存在重要的漏洞或补丁，只是主要税收增量的改革，存量方面严重制约中央宏观调控能力，进而形成转移支付制度不科学不完善，对民族省区的支持力度不足，受多因素制约相关的收入来源就无法支撑庞大的财政支出，而且民族省区地域宽和支出成本大又制约了财政支出的绩效，就没有能力加大交通、教育和社会保险的建设投入，那么“穷乡僻壤”就没有足够力量调动经济发展的内生动力，形成了经济发展慢和财政保障差的恶性循环。

财政是国家治理的基础和重要支柱。通过以上民族省区的财政收支分析，可以初步判断：民族地区无论是常住人口供养的支出保障总体水平，还是民族地区财政支出综合强度指数（人均与地均综合指数）均大面积长时间低于全国平均水平。财政的投入不足，加上历史等原因，必然制约民族地区治理体系和治理能力现代化建设，总体上制约了民族地区的经济社会全面快速地发展。从历史发展角度看，从1978年到现在民族地区的地区生产总值占全国比重长期高于财政支出占全国比重，民族地区的发展长期是积弱积贫，国家对这个区域的发展存在历史欠账，在优先发展东部地区沿海地区的改革取得稳定的成效以后，坚持当年以先富带动后富原则，加大中央财政收支宏观调控力度，持续加大对落后地区包括民族地区发展的支持力度，更大力度地帮助这些地区提高人均支出水平和支出综合强度，发挥财政拉动经济增长作用，全面开展脱贫攻坚等补短板惠民生工作，消除“马太效应”，减弱民族地区发展不充分不平衡的负面影响，全面促进民族地区社会全面发展。

无论是民族地区财政支出综合强度指数大面积长时间低于全国平均水平，还是民族地区常住人口供养的支出保障水平长期显低于全国平均水平，必然制约民族地区治理体系和治理能力现代化建设，进而制约了民族地区的经济社会全面快速地发展，影响到全国全面建成小康社会。同时，由于区位、气候和文化的差异，各民族省区的支出差异比较大，既存在发展不充分的问题，又存在发展极不平衡的矛盾，财政支出对各地的经济增长影响也存在较大差异。民族地区的这些情况既有历史发展原因，又与受地理位置偏离中心和受经济基础落后的限制有关，大部分民族地区仍是典型的老、少、边、穷的集中区，经济社会欠发达后发展，公共财政收入不高，财政自给能力偏低，长期存在支出明显大于收入的问题，虽有自给程度上和分阶段的明显差异，财政运行毫不例外严重依赖中央补助共同的特点，长期需要中央给予大力的支持。按照重要性原则判定，在国家治理现代化视角下看民族地区的公共财政支出重要性高于收入，即民族地区管好支出重于收好税，研究民族财政问题应当优先聚集财政支出问题。这个结论为扭转民族地区强调优先做大蛋糕再分好蛋糕提供理财理念转变的参考。同时，中央应当破除阻碍民族地区发展的制度障碍，不断加大转移支付力度，力争在10年内加大对民族地区全面发展的资金投入和政策扶持，解决中央对这些地方的历史欠账总量，保持民族地区公共财政支出占全国、地方各省和西部地区的比重与其常住人口占比相适应，与其区划面积占全国约60%的比重相协调，可以通过提高其在各口径里支出占比水平，提高支出的强度和优化支出的结构，以提高民族地区的公共服务均等化水平，促进经济发展，进而提高民族地区的财政收入水平，减小收支矛盾，形成良性循环。各个民族省区要发挥区划面积大、沿边优势、后发优势和生态资源丰富的优势，积极发挥财政拉动经济增长的职能作用。对广西、云南、贵州、内蒙古和宁夏等历史财政投入不足的地区主要应是加大中央转移支付，对人均支出标准较高的西藏、新疆、青海等地区要结合区划面积保持一定的增长，最主要是优化支出结构，结合民族区域发展实际协调好重点发展支出和民生支出的比例关系，加大支出创新经济发展和守牢社会保障的底线要相衔接相促进。按照国家治理现代化的要求，率先科学安排财政分权，进一步优化财政收支分级体制安排，促进中心城市加快发展和县域经济稳定发展，实现事权和支出责任的匹配，夯实基层财政经济健康持续发展基础，放大财政支出资金乘数效应，补足脱贫攻坚、基础设施建设的短板，全面补强交通水利等基础设施建设，先行先试乡村振兴战略，全面提升区域内基本公共服务均等化水平，为吸引人才、留住人才和减少边民流失和民族地区人口严重外流提供保障。同时，结合国家主体功能区划分，进一步优化产业结构布局，坚持民族特色与民族现代化相协调，挖掘民族地方优势，坚持发展现代农业，融合一二三产发展，全面实施大数据战略突破经济发展的瓶颈，有条件的地方发展全域生态文化旅游跨界跨行业发展等，形成财政支出对经济增长有效拉动，进而提供更多的税收支撑支出促进地方发展，并形成良性循环。

黔桂财政收支比较及政策启示研究[①]

王璟谛

一、引言

民族地区治理现代化是国家治理体系和治理能力现代化的有机组成部分。财政是地方政府职责的履行和社会治理能力的提升的强大保障，先进的财政理念和制度对促进民族地区发展起着基础性和支柱性作用。地区财政收支结构包括财政收入结构（赵健，2008；刘明慧、党立斌，2014）和财政支出结构（贾俊雪、郭庆旺，2010）两个方面，是地方政府对该区域经济社会施政重点以及发展定位方向的主要体现（李耀华等，2018）。地方财政收支水平反映地方政府直接掌握和支配的财力规模，其高低主要取决于社会经济发展水平、收支结构影响（李耀华等，2018）、财政制度设计（Petchey J. D. & Levtchenkova S.，2007）等因素。由于自然资源禀赋、贫困人口分布、历史发展进程、发展定位设计以及制度安排等原因，西部民族省区之间社会经济发展程度存在差异。为适应我国进入中国特色社会主义新时代而引致整个社会主要矛盾的根本转变，西部民族省区将着力提升财政收支效率，缩减地区之间地方财政收支差异，促进公共服务均等化并实现地区间经济社会发展差距的逐渐缩小（Corsetti G. & Ma & Kowiak B.，2006），进而有效缓解地方财政非平衡中地方财政自身不平衡和地方财政横向不平衡存在的交互影响（李建军等，2012）。受传统财政分权管

① 本文载于《广西民族研究》2019 年第 4 期。文末著有简评，协助读者简要了解黔桂发展差异及贵州值得学习的经验，以及广西未来发展需关注的重要方面。

理体制影响，西部民族省区地方财政存在自身不平衡，财政收入分权与地方支出分权之间存在一定缺口。虽然西部民族省区都拥有国家对民族地区扶持和照顾的发展政策，并采用中央政府对地方政府的转移支付政策有效缩减区域间可支配收入差距；但地方财政横向不平衡发展难题仍待破解，特别是地方财政支出的不平衡发展程度仍然较高。贵州省（省份简称为黔，以下简称“贵州”）和广西壮族自治区（省份简称为桂，以下简称“广西”）处于我国西南腹地，广西是民族自治区，贵州是少数民族较多省份，两者同属于民族八省区，同享民族地区政策。贵州区划面积为广西的74%，常住人口为广西的73.5%，两省省界相接，山水相连，习俗相近，大部分地方同属“老、少、边、山、穷”地区，地形地貌同为“八山一水一分田”，自然禀赋和社会状况有着众多相同或相近之处。广西的历史基础优于贵州，经济社会发展水平也长期处于领先地位，然而近年来，两者差距逐渐缩小，贵州财政经济对广西不断追赶，逐渐接近或超过广西。地区生产总值方面，1994—2016 年贵州相当于广西的比重由 42.2% 上升至 64.3%；财政收入方面，比重由 50% 上升至 100.3%；财政支出方面，比重由 62% 上升至 95.9%。贵州以更少的区划面积、地区生产总值和人口实现与广西相近的财政收支规模，为促进地方经济社会发展提供有力保障，为我国民族地区经济社会发展提供重要经验。对比广西和贵州两个民族地区的情况，研究和学习先进经验，取长补短，精准发力，可为加快建设壮美广西、共圆复兴梦想提供决策参考，对于推进我国民族省区财政改革也具有借鉴意义。

二、广西和贵州两民族省区财政收支的对比分析

（一）广西和贵州两民族省区财政收入对比

财政收入是财政支出的直接来源，是发挥财政支出拉动经济增长、提高就业和创造税收良性循环的基础。一般公共财政收入是地方政府能自由安排的财力，主要由当地经济发展及经济的税收贡献度决定，与地方财政汲取能力大小直接相关。自 1994 年国家实施分税制改革以来，广西和贵州地方财政收入总量迅速扩大，均呈现出“稳定上升——加速提升——基本

稳定”的格局，虽然广西有着贵州 2 倍的体量，但贵州增速明显快于广西，逐渐缩小与广西规模差距，并达到与广西相当的水平。两民族省区的收入规模及增幅的对比简明情况如图 1 所示。

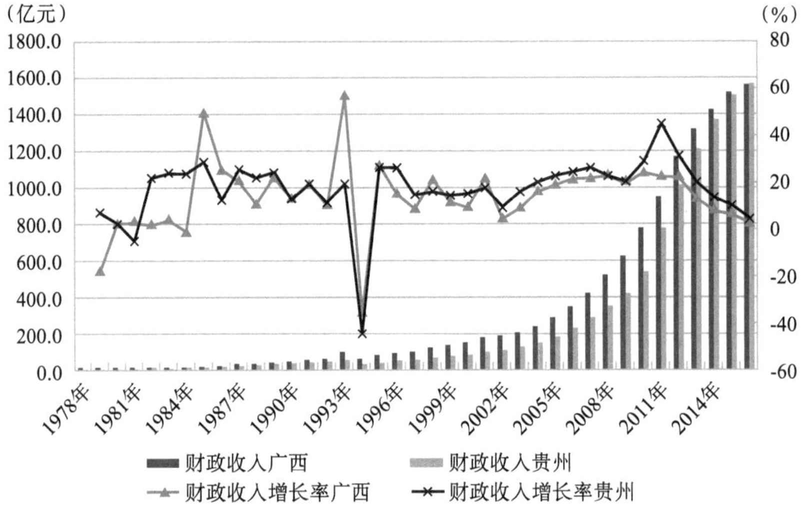

图 1　1978—2016 年广西和贵州两民族省区的收入规模及增幅

数据来源：广西、贵州统计局官网公布的年度数据整理。

1994—2016 年的 22 年间，广西地方财政收入由 62 亿元增加至 1556 亿元，增长了 25 倍，年均增速 15. 8%；贵州地方财政收入由 31 亿元增加至 1561 亿元，增长了 50 倍，年均增速 19. 5%。广西地方财政收入总体高于贵州，但贵州增速优势明显，分税制改革以来的 22 年中，贵州仅有 5 年增速落后于广西。2002 年是两民族省区财政收入增长的分水岭。2002 年以前广西两省财政收入年均增长基本相当，2002 年以后贵州的增长明显加快。2002—2016 年的 15 年间，贵州仅有两年财政收入增速略低于广西。从人均财政收入水平看，在 2011 年以前的大部分年份广西高于贵州，从 2011 年起则均低于贵州的人均平均水平，且差距逐年拉大。

财政收入体量增长几个重要节点上，贵州表现突出。广西和贵州公共财政收入规模首次突破 100 亿元大关的时间分别为 1998 年和 2001 年，贵州落后 3 年时间，到 2012 年两民族省区同步突破 1000 亿元大关，分别为 1166 亿元和 1014 亿元，相关于即从百亿大关跨越千亿大关，贵州比广西少花 3 年时间，并于 2016 年的收入规模首度超过广西，实现历史性跨越。

贵州以更小的区划面积、更少的地区生产总值和更少常住人口创造更多的财政收入，实现财政收支相对的良性互动，可以清楚反映目前贵州财政收入增长潜力更大，财政收入发展形势好于广西。

财政收入结构与质量方面，两省区均存在非税收入占比过高造成收入质量不高的问题，但贵州总体优于广西。长期以来，民族省区收入结构不合理、税收增长相对较慢、收入预算管理的约束等因素影响，在预算刚性约束下，非税收入成为弥补收入缺口的重要手段，长期存在非税收入占一般收入比重过高的问题。然而非税收入不同于税收，基本有指定的用途，进而影响到财政支出的统筹安排，影响收入和支出有效衔接，制约财政调控经济增长的功能发挥，且利用非税收入弥补财政收入不足，客观上会导致经济顺周期调节的问题。1998—2016 年，广西和贵州的非税收入占地方财政收入的比重均非常高（均在 20% 以上，均高于全国同期平均水平 10—15 个百分点）。两民族省区非税占比相对较高，财政收入结构不科学的问题均比较突出。与贵州相比，广西的非税占比过高的问题则更为突出，2004 年来连续 12 年超过 30%，连续 20 年高于同期全国各省平均水平 10%。

（二）广西和贵州两民族省区财政支出对比

近十多年以来，我国财政改革的主要方向由收入制度调整转向支出管理和支出政策的不断完善。就国家治理现代化来说，财政具有刺激经济增长或稳定经济发展、促进就业、抑制通货膨胀等宏观经济职能，就地方区域治理来看，财政对于地方稳定经济增长、提高就业发挥重要作用，并为提高地区基本服务均等化、推进民生事业提供有力保障，可见这些职能的实现主要指财政支出，两省区财政支出的比较情况主要体现在：

一是两省财政支出规模增速较快。2016 年，广西和贵州省区财政支出规模分别为 4442 亿元和 4262 亿元，分别相当于两地 1994 年的 125 亿元和 77 亿元的 36 倍和 55 倍。2008 年两民族省区支出规模同时跃上千亿元大关，分别为 1297 亿元和 1049 亿元，此后两省区支出规模增长明显加快，平均每 3 年突破一个千亿元大关。

二是贵州支出年均增长水平高于广西，且支出的增长幅度相对均衡。由于广西地域更广、人口更多等因素，广西财政支出规模总体高于贵州（仅 2014 年贵州略高），但贵州保持更快增速，2014 年起贵州支出水平赶上并超过广西。分税制改革至西部大开发政策实施前后，贵州财政支出总体增速小幅领先，2004 年是两省区支出水平差异的分水岭，从 2004 年起贵州支出增幅大部分年份超越广西且差距呈逐年拉大的趋势。广西经济发展、区划面积和常住人口远超贵州，但财政支出规模落后于贵州，支出强度明显不足。

此外，广西财政支出增幅起伏更为剧烈，离散程度明显更高，贵州财政支出增幅起伏相对平缓，具有更加均衡的特点，更加利于经济的平稳发展。图 2 可以简明地反映两个省区的支出规模及增幅的对比情况。

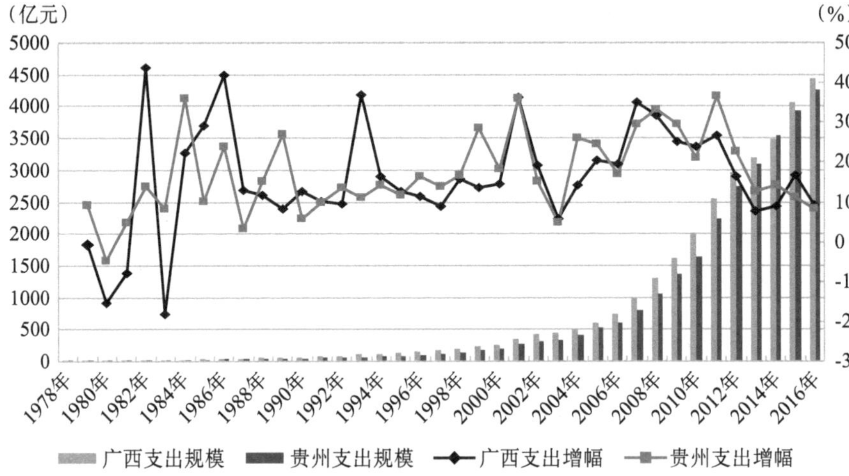

图 2　广西和贵州两民族省区的支出规模及增幅

数据来源：广西、贵州统计局官网公布的年度数据整理。

三是两省财政自给率偏低且呈下降态势，但贵州财政自给率较广西有一定改善（见图 3）。全国八个民族省区的财政自给能力都不高，严重依赖中央补助，广西和贵州也是如此。广西财政自给率总体高于贵州，但两省区均呈下降趋势。分阶段看，1994 年起贵州财政自给率一直低于 50%，2001 年起降低至 40% 以下并继续降低，2009 年达到历史低点 30.6%，2010 年起有所回升，逐渐接近 40%；1994—2001 年广西财政自给率基本处于 50%—60% 的区间，2002—2007 年处于 40%—50% 的区间，2008 年以后 40% 左右摆动，近两年广西财政自给率被贵州赶上并反超。

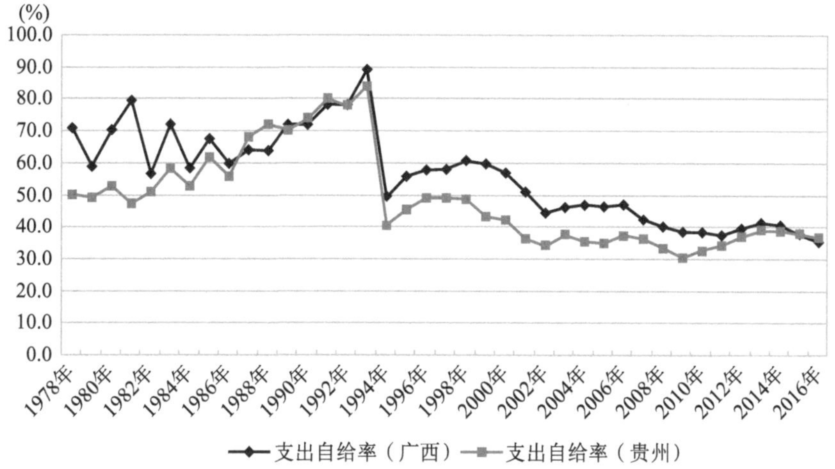

图3　1978—2016年广西和贵州财政支出自给率对比

数据来源：广西、贵州统计局官网公布的年度数据整理。

四是2004年起广西人均支出水平一直低于贵州，且差距不断加大。人均财政支出水平是各地提供公共品的重要指标，是基本公共服务均等化的最重要保证，人均财政支出标准偏低将影响地方经济的健康持续发展。两民族省区人均支出长期低于全国平均水平。1978—2016年广西和贵州人均财政支出年均增长分别为14.1%和15.8%，贵州高了1.7个百分点。其中第一阶段年均人均财政支出增幅，广西为10.1%，贵州为10%，广西仅快于贵州0.1个百分点；第二阶段和第三阶段贵州人均财政支出水平分别高于广西2.3个百分点和2.4个百分点。1994年、2002年和2016年人均财政支出水平贵州相当于广西的水平分别为80.0%、94.9%和130.6%。2004年以前，大部分年份广西的人均支出水平高于贵州，2004年起则贵州的人均支出水平一直高于广西，且差距越来越远。广西人均财政支出低于全国平均水平，而且是截至2016年全国唯一未突破万元的自治区。

三、中央对广西和贵州两省区的转移支付政策存在较大差异

从我国财政实践看，民族地区的财政支出来源除一般公共预算收入和地方债务收入外，还包括中央补助地方收入。中央补助地方收入是落实中央战略意图、保障地方行政运行和提供基本公共服务均等化的主要资金来源。1994年到2016年，中央对广西和贵州补助收入累计分别为17533亿

元和17456亿元，相差仅77亿元。特别是分税制改革以来的23年中，贵州中央补助收入有8年超过广西（详见表1）。其中，返还性收入是中央分税制改革遵循交多返多的原则，鼓励发展经济和肯定税收努力程度，维护纵向公平的制度，从2007—2016年中央对两省区的税收返还情况看，广西总体保持着一定的优势，反映出分税制税收返还政策结果及广西经济发展的情况；一般性转移支付收入是中央均衡地区间财政收入能力差距维护横向公平的制度，采用因素法和标准支出法计算，从2007—2016年中央对两省区的一般性转移支付情况看，广西虽保持着高出6%的优势，但远低于常住人口（高出36%）和区划面积（高出35%）的比例；专项转移支付收入更多体现中央调控意图和投资偏好的制度，未采用前2种规范的计算方法，导致非制度因素较大；从2007—2016年中央对两省区的专项转移支付情况看，广西已经不具备明显优势，2014年得到的转移支付收入仅相当于贵州的64.4%。总体上看，2007—2012年，中央给广西与贵州的中央资金补助（以上三项合计）对比均1.04倍以上，但若扣除税收返还则低1.00倍，2013年起则一直低于1.00，若扣除税收返还则更低。从人均中央补助收入分析看，从1997年起贵州的一直超过广西，并呈拉大差距的趋势。从转移支付政策看，与中央均衡地方财力助推地方经济发展缩小差距，培育两增长极的目标存在一定的背离。充足的中央补助收入为贵州加大基本公共服务和重大项目建设注入强大动力，也反映出贵州在争取中央资金支持领域更有成效，将中央支持地方发展的文件精神转化成中央发展战略、发展项目和投资发展资金方面更加务实。

表1　广西与贵州财政收支与转移性收入对比　单位：倍

年份	一般预算收入	一般预算支出	中央转移支付补助合计	其中		
				返还性收入	财力性转移支付收入	专项转移支付收入
2007年	1.469	1.240	1.100	1.497	1.061	1.034
2008年	1.490	1.231	1.089	1.471	1.045	1.059
2009年	1.491	1.182	1.081	1.577	1.059	0.988
2010年	1.446	1.231	1.102	1.582	1.078	1.029
2011年	1.226	1.132	1.043	1.540	1.034	0.980

续表

年份	一般预算收入	一般预算支出	中央转移支付补助合计	其中		
				返还性收入	财力性转移支付收入	专项转移支付收入
2012 年	1.150	1.083	1.062	1.516	1.054	1.007
2013 年	1.092	1.041	0.991	1.507	1.043	0.838
2014 年	1.041	0.982	0.908	1.510	1.057	0.644
2015 年	1.008	1.032	0.940	1.529	1.044	0.742
2016 年	0.997	1.042	0.941	1.191	1.060	0.723

注：栏中数据为广西与贵州相关项的比值，以贵州的数据为分母，即广西/贵州。凡比值低于1.36（常住人口比）的指标均低于人均水平。

广西与贵州同属“老、少、边、山、穷”于一体的省区，贫困人口规模均排全国前列，经济社会后发展欠发达仍将持续较长时期，在较长一段时间财政支出仍必须以中央补助收入为主要来源。由于广西是区划面积、户籍人口、常住人口、少数民族人口和贫困人口均多贵州1.25倍以上，人均耕地面积仅相当于贵州78.4%，多出沿边沿海需承担稳边固边等代理中央事权和支出责任，客观上广西财政支出应当相对要明显高一些，由于历史原因和当前政策的不完善造成中央补助广西的人均财政转移支付收入偏低，自身经济发展水平及经济发展的财政收入贡献度还不高，制约广西财政支出水平提高，进而限制经济发展快速发展，不利于两省区平衡地区间基本公共服务均等化和民族地区治理现代化的实现。

四、广西和贵州两民族省区财政经济发展比较分析

（一）广西和贵州两民族省区经济发展存在差别

经济增长是财政收入的源泉，财政收入转化为财政支出后，又会促进经济发展。因此，经济发展质量与财政收支情况密不可分。

广西地区生产总值规模上比贵州一直保持着压倒性优势，但贵州在后期发展速度上较快，展现了后发优势（见图4）。广西1994年实现了地区

生产总值跃上千亿元大关，比贵州（2001 年实现）早 7 年；而地区生产总值跃上万亿元大关的情况，广西在 2011 年实现，早贵州 4 年。西部大开发是两省区经济发展重要节点，1994—2002 年广西、贵州的地区生产总值名义增长率分别为 14.2% 和 14.6%，两省基本持平；2002—2016 年分别为 16% 和 18.2%，贵州明显高于广西，且明显高于全国平均 14.7% 的水平。1994—2016 年贵州地区生产总值规模相当于广西的比例从 42.2% 升至 64.3%，比例上升明显。

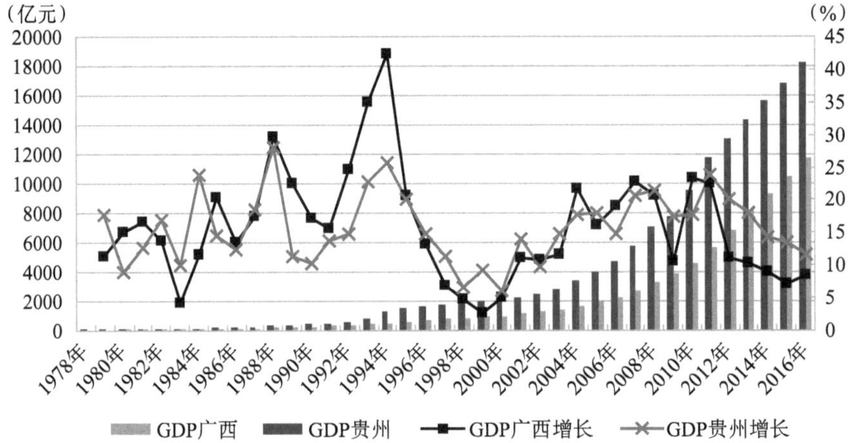

图 4　1979—2016 年广西和贵州两民族省区地区生产总值规模及名义增长率

数据来源：广西、贵州统计局官网公布的年度数据整理。

两省区人均地区生产总值的走势与地区生产总值总量基本一致，其差距越来越小。1994 年贵州人均地区生产总值规模相当于广西的 54.9%，2002 年升至 61.9%，2016 年则为 87.5%。而从人均地区生产总值增长情况看，贵州是从 2002 年后才快于广西。1994—2002 年广西贵族两民族省区的人均地区生产总值名义增长率分别为 13% 和 12.9%，两民族省区差异不大，且均低于全国 15.4% 的平均水平；2002—2016 年分别为 15.9% 和 18.7%，均高于全国 14% 的平均水平，贵州的人均地区生产总值增速明显加快。

从历史数据看，广西固定资产投资、社会消费零售总额、年末贷款余额总额的规模在大部分年份明显高于贵州，进出口总额长期低于贵州并被贵州拉开差距。从这些经济指标增速看，广西均低于贵州。人均指标方面，2002 年以前除人均进出口贵州优于广西外，其他财经指标广西均优于贵州；2002 年以后，贵州进出口和年末贷款余额人均水平先后超过广西，人均地区生产总值和城镇居民可支配收入水平接近广西。俗话说，要致富先修路。贵州的交通基础设施增长和运输能力大幅度提升，“云上”合力实体运力对贵州经济发展发挥较大的支撑作用。据统计，2016 年年末贵州铁路里程 3269. 70 公里，比上年末增加 459. 70 公里，其中高速铁路通车里程 834. 80 公里，增加 274. 80 公里。同期末，公路通车里程 19. 15 万公里是广西的 1. 6 倍，其中高速公路通车里程 5434. 41 公里，是广西的 1. 18 倍，等外公路通车里程 5. 94 万公里，是广西的 5. 1 倍。总体来看，近年来贵州的进出口呈现良性发展态势，强有力地加大交通等基础设施建设，为贵州地区生产总值的快速增长提供良好支撑。

（二）广西和贵州两省区经济发展对财政收入影响分析

贵州以广西六成的地区生产总值创造与广西相当的财政收入，并呈现出较高的收入质量，与经济结构和产业结构的优化、重点税源企业发展等经济因素密不可分。

1. 相对于广西，贵州对财政收入贡献度高的产业发展良好。从三次产业的税收贡献度看，第三产业最高、第二产业次之，第一产业税收由于取消农业四税趋于零。从产业结构看，1994 年广西三次产业增加值占地区生产总值的比重分别为 26. 9%、37. 8%、31. 8%，贵州为 35%、37. 1%、27. 9%，此时贵州以农业为主导。

2002 年，广西三次产业增加值占地区生产总值的比重分别为 23. 9%、33. 6%、42. 6%，贵州为 22. 6%、38. 8%、38. 6%。2016 年，广西三次产业增加值占地区生产总值的比重分别为 15. 3%、45%、39. 6%，贵州为 15. 7%、39. 5%、44. 7%，同期全国平均为 8. 6%、39. 8%、51. 6%。从产业结构调整情况看，虽然广西先于贵州实现产业结构升级转型，但贵州转型升级的速度优于广西，特别是贵州三次产业增加值从 2007 年起一直保持 40% 以上，“一二三”产业结构平稳升级转型，相对广西的产业结构更为优化，单位地区生产总值财政收入贡献度更高的第三产业比重高于广西 5. 1 个百分点，为组织税收提供稳定的来源（见图 5、图 6）。

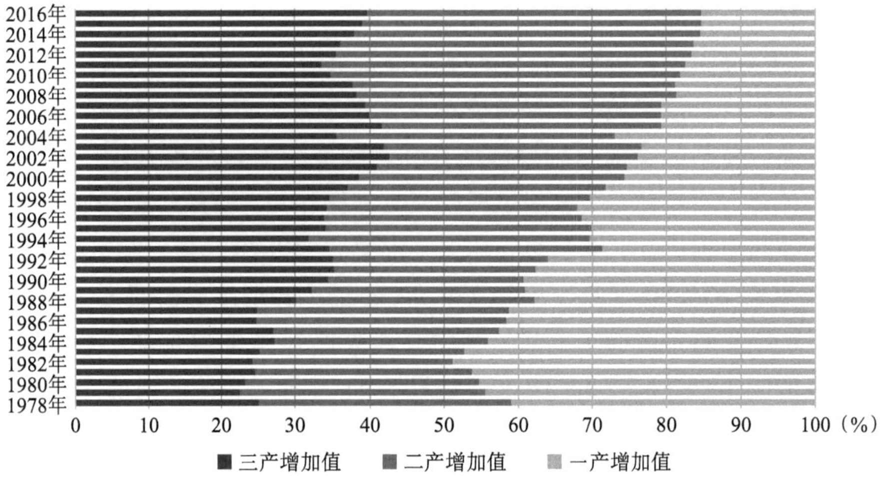

图 5 1978—2016 年广西一二三产业占比结构

数据来源：广西统计局官网公布的年度数据整理。

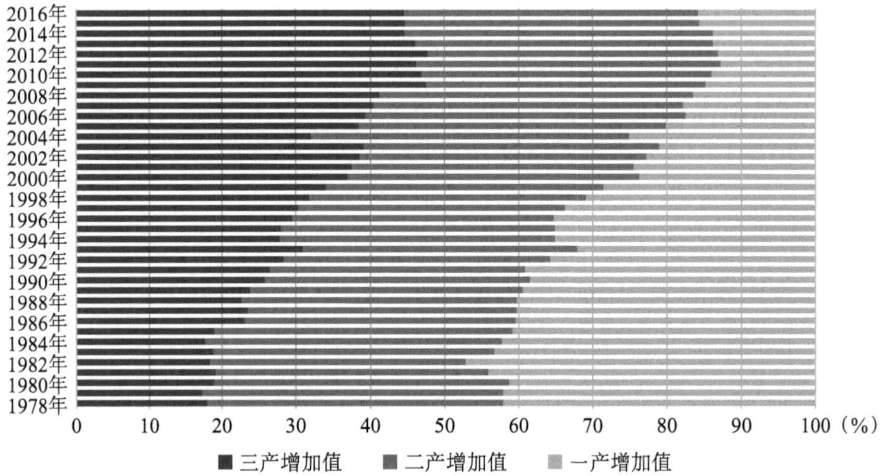

图 6 1978—2016 年贵州一二三产业占比结构

数据来源：贵州统计局官网公布的年度数据整理。

2. 贵州拥有较强的支柱产业，培植重点税源较为成功。贵州二次产业中白酒烟草、煤炭业和电力三大税负较高的重点税源行业发展迅速，2011—2016 年的 5 年间，三大行业增加值即从 1061 亿元提高到 2194 亿元，实现翻倍增长。贵州重点培植的以“贵州茅台”为龙头的白酒行业，已于 2015 年超过煤炭开采和洗选业成为贵州的第一行业。电子信息产业增长较快，以大数据为引领的电子信息产业发展迅速，2016 年全省计算机、通信和其他电子设备制造业增加值 93.38 亿元，是 2011 年的 8.9 倍，近 5 年年均增长 46.7%。贵州网络强省战略得当，大数据引领的电子信息产业加快现代农业、制造业、金融业和旅游业等产业融合发展，拉伸产业的价值链，促使旅游业等服务业呈“井喷”式增长，有效地提高单位地区生产总值的税收贡献，为地方地区生产总值仍远小于广西的情况下实现地方财政收入超过广西提供坚实保障，逐步实现财政支出→财政收入→财政支出的良性循环（见图 7）。

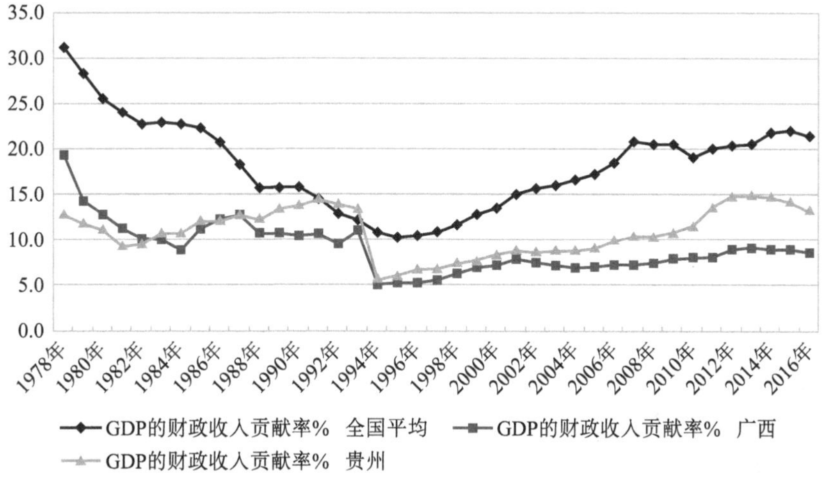

图 7　1978—2016 年广西和贵州两民族省区财政收入占地区生产总值比重分析

数据来源：广西、贵州统计局官网公布的年度数据整理。

3. 贵州的中心城市引领带动作用发挥较好。根据非均衡发展理论，中心城市是区域发展的增长极，它通过和区域的互动作用，实现各种要素与资源的最优配置，带动城市—区域共同体的发展。贵阳和南宁分别是贵州和广西的省会中心城市，在作用发挥效果的层面，贵阳优于南宁。贵阳市从 1996 年起连续 20 年地区生产总值占全省总量均在 23% 以上，平均比同期南宁市地区生产总值占广西的比重高出 6 个百分点以上，充分发挥引领带动全省发展的作用。近年来贵阳市围绕以大数据引领经济转型升级，推动绿色低碳循环发展，推进大数据与实体经济融合发展，推动形成传统产业加快转型、新兴产业迅速成长，现代制造业和现代服务业蓬勃发展的产业格局。从2012年到2016年，贵阳市生产总值从1700.3亿元增至3157.7亿元，经济增速连续4年位居全国省会城市第一，2016年增加值总量比南宁（3073亿元）多出85亿元，多项主要指标增速在全国省会城市中连续排名第一。

省会中心城市的经济增长有力带动财政收入的提高。1994年，贵阳市地区生产总值占贵州比重为18.9%，比南宁市占广西的比重高2.8个百分点，相应的，贵阳市财政收入占比为20.7%，比南宁市高3.4个百分点。2002年，贵阳地方生产总值占比为27.1%，比南宁市高10.1个百分点，贵阳市财政收入占比上升至30.5%，比南宁市高13.8个百分点。2016年，贵阳市地区生产总值占比为26.9%，比南宁市高10.1个百分点，贵阳市财政收入占比为23.5%，比南宁市高3.4个百分点。贵阳地区生产总值和财政收入的城市占全省比重远高于南宁，体现贵阳中心城市功能建设的非均衡发展较为成功，对全省经济和财政发展发挥显著带动作用。

（三）广西和贵州两民族省区财政支出对地区生产总值影响分析

广西与贵州相近规模的财政支出，作用于贵州1.5倍的地区生产总值，体现了较高的支出效率；但贵州财政支出对经济支持也有明显优势，近年来贵州连续7年地区生产总值增速在全国排前3名。

财政支出是经济发展“稳定器”，对经济增长具有重要作用。财政支出按经济性质分购买性支出和转移性支出，其中购买性支出直接对市场经济起作用，通过购买市场的商品和服务形成支出，直接影响到社会生产（劳务提供）、就业和社会总需求与总供给的平衡，并对收入分配产生间接影响。按照功能科目分类来看，一般公共预算支出中的一般公共服务、教育、卫生、社保等共8项功能科目的支出，简称“民生八项支出”直接影响到非营利性服务业增加值的核算，进而影响到第三产业增加值和地区生产总值核算。农林水和交通支出也是购买性支出的范畴，对经济增长起到正向拉动作用。

财政支出体现为乘数效应。根据《我国财政支出对经济增长的乘数效应分析》，我国财政政策长期乘数约为4.99，短期乘数约为2.13。根据同样方法进行计算，广西和贵州财政支出长期乘数分别为4.0和2.5，体现出广西财政支出撬动经济增长的作用较为明显。

从财政支出占地区生产总值比重看，1978—2016 年全国、广西和贵州财政支出占地区生产总值比重总体呈先降后升的“U”形发展态势，但贵州从 1985 年起开始明显高于全国平均和广西，广西则一直接近全国平均水平，两省区人均财政支出占人均地区生产总值的比重也有类似情况，反映广西财政支出对经济增长的贡献度更高，也反映出贵州长期加大财政投入强度以拉动经济发展的政策意图（见图 8）。

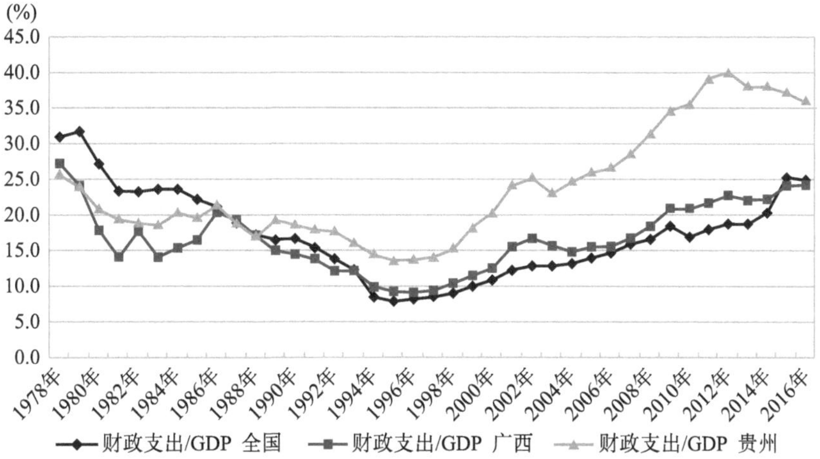

图 8　1978—2016 年全国及广西和贵州两民族省区的财政支出相当于地区生产总值规模分析

数据来源：广西、贵州统计局官网公布的年度数据整理。

自 2002 年国家实施西部大开发以来，贵州加大财政投入力度，财政支出规模相当于地区生产总值的比例一直高于 25%，2010 年以来更高于 35%，对当地经济发展发挥了正向拉动作用，带动贵州经济快速增长。近年来贵州不断加大对交通基础设施建设、信息科学技术产业的投入力度，促使贵州有效突破地理位置和资源禀赋的瓶颈，实现经济社会的持续快速全面发展。

五、广西和贵州两民族省区财政管理理念和资金使用绩效的比较分析

（一）广西和贵州两省区利用财政撬动金融资本力度存在差异

一是贵州“杠杆撬动”，充分利用金融服务经济发展。由于广西的经

济体量明显大于贵州，所以年末贷款余额广西一直高于贵州，但贵州更加注重充分发挥金融助力经济社会发展。2002 年（西部大开发实施以来）开始贵州人均贷款余额达到广西人均水平的 90% 以上，并于 2013 年开始连续 4 年超过广西。二是贵州“负债前行”，注重用好债券这个财政金融结合产品，争取多发债券成效显著，降低了运行成本同时注入市场运行资本金。从债务限额管理方面看，2015 年财政部核定贵州债务限额为 9199 亿元（近万亿元），同期核定广西债务限额为 4805 亿元，刚好超过贵州的一半；2017 年财政部核定贵州债务限额为 9276.5 亿元，债务余额 8607.15 亿元，同期核定广西债务限额为 5312.8 亿元，债务余额 4836.72 亿元，虽然增长较快，但与贵州相比差距巨大。从政府债务利息和债券发行费用方面看，2015 年贵州政府债务利息和债券发行费支出 24.1 亿元，广西为 17.3 亿元，相差 6.8 亿元，2016 年贵州政府债务利息和债券发行费支出 77.6 亿元，广西为 57.5 亿元，相差 20.1 亿元，考虑到付息支出直接和间接撬动金融资本的金融乘数效应和财政支出乘数效应后，对经济发展影响明显。三是贵州“搭借东风”，用好中央脱贫攻坚的政策，获得首个国家批准省级脱贫攻坚投资基金 3000 亿元。贵州顺应中央脱贫攻坚的政治要求，以财政资金 300 亿元撬动金融资本（含社会资本）2700 亿元投资扶贫产业和地方经济发展，为交通基础设施、教育医疗、产业扶贫、易地搬迁等筹集大量资金，保障城乡基础设施的投入，为贵州跨越发展提供全面有力的支撑。四是贵州“敢于创新”创新财政投融资方式，用好财政存款资源和贴息手段，将财政性存款存放到定向扶持中小企业和现代农业发展的金融机构，加大对农业产业化发展和现代农业示范区建设贷款项目并给予一定比例贴息，实现既支持实体经济发展，又促进一二三产业融合发展并取得较好成效。

（二）优化财政分权，强化县域经济发展方面的差异

贵州注重加大县级财政支出占比。一是随着事权的下放和财力的下沉，两省区县级财政支出均呈上升趋势，比重逐年增加，但贵州县乡级支出占比长期超越广西，更有利于县域经济发展。2007—2016 年广西贵州县级财政支出占比明显高于省级和地市级，贵州的县级支出平均高出广西 6 个百分点。二是分地市级支出水平比较，贵州地市级财政支出明显低于广

西，有利于减少中间环节的支出摩擦提高支出效率。三是分省本级支出水平比较，两民族省区均呈下降趋势，但贵州省级财政支出占比总体高于广西，且保持在20%以上，有利于全省范围内的宏观调控，加大省级重大项目的支撑。根据财政分权理论，马斯格雷夫认为财政分权要根据不同地区公众的偏好不同调整财政职能，对省级政府具有调控地区间经济社会稳定均衡发展的职责，应承担收入分配、稳定和发展经济的职能，县级政府更了解当地居民需求和偏好，适合承担更多的资源配置职能，以提供相应的公共产品，尤其是民族地区的基层有较多特殊性，相应地增加县级的事权和支出责任，能够减少“信息不对称”的问题，实现财政支出分权与公共职能匹配的优化。如当前举全党全国之力打赢脱贫攻坚战的主要是县级在“精准脱贫”，也只有县级才能做到精准帮扶。可见，贵州分级财政支出结构具有“小中间大两头”的特点，有利于提高财政支出精准度和绩效性（见图9）。

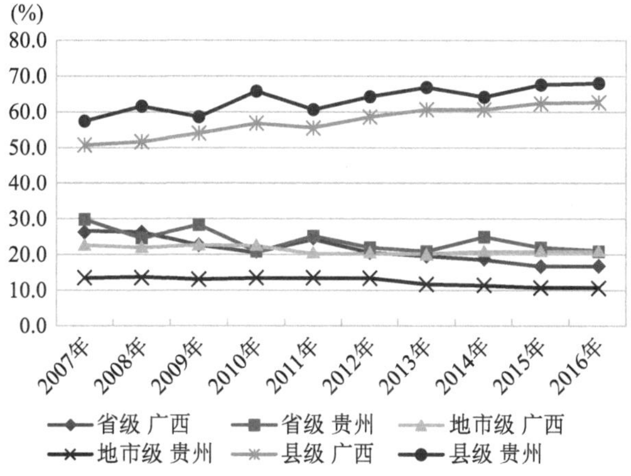

图9 2007—2016年广西和贵州两民族省区的分级财政支出结构分析

数据来源：广西、贵州统计局官网公布的年度数据整理。

与分级财政支出相适应，贵州更加注重县级财政收入留成提高。目前两民族省区的县级财政收入均呈上升趋势，但贵州财政收入安排给县级的占比大比例超过广西，有利于激励县域经济发展。2007—2016年贵州县级财政收入占比最高达到61.6%，明显高于广西县级平均14个百分点，贵州省本级和地市级分别低于广西4个百分点和10个百分点，与其县级财政支出占比相协调，及时为县域经济发展提供财力保障，有利于县级政府主动灵活地组织经济建设和国家扩权强县政策的落实（见图10）。

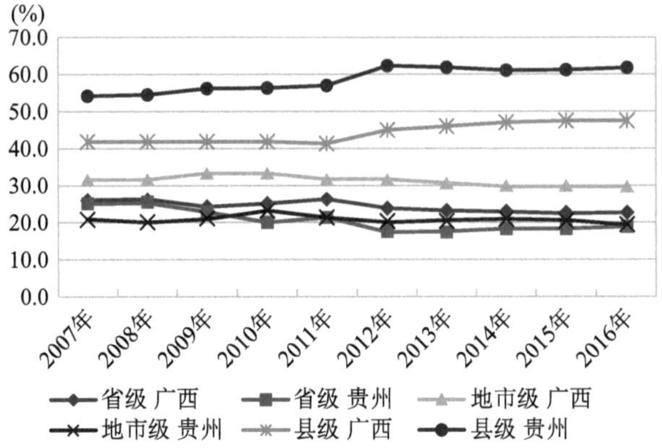

图10 2007—2016年广西和贵州两民族省区的分级财政收入结构分析

数据来源：广西、贵州统计局官网公布的年度数据整理。

六、广西和贵州两民族省区财政经济改革发展的启示或建议

习近平总书记已经给广西发展作出准确科学的定位，赋予广西构建面向东盟的国际海陆大通道、打造西南中南开放发展新的战略支点、形成21世纪海上丝绸之路和丝绸之路经济带有机衔接的重要门户的“三大定位”，对广西发展提出“扎实推动经济社会持续健康发展，扎实推进现代特色农业建设，扎实推进民生建设和脱贫攻坚，扎实推进生态环境保护建设，扎实建设坚强有力的领导班子，推动广西各项事业发展迈上新台阶”明确要求和寄予厚望。尽管目前广西在经济发展体量上相对贵州仍有一定优势，但是贵州与广西作为区划面积、地理位置和生态资源等发展条件相似、特点相近、地域相连和同为欠发达后发展的民族自治地方，脱贫攻坚的任务都很重，均有生态立区的发展理念；但贵州改革传统的财政经济发展理念，积极发挥财政拉动经济增长的职能作用，2017年贵州沿袭以上对比分析的特点，并实现连续7年地区生产总值位列全国前3名，进而提供更多的税收支撑加大财政支出促进地方经济又好又快地发展并形成良性循环，其中有许多值得广西学习和借鉴的地方。

（一）化中央政策为资金投放，实现民族地区的差别化发展

广西学习贵州将政策转化为真金白银的经验，积极将中央扶持民族

地区发展的政策意图转化为可落地可实施的具体重大项目并积极争取中央转移支付资金支持。将中央给予广西的政策，重点是将习近平总书记对广西的发展的要求、国务院出台的《关于进一步促进广西经济社会又好又快发展若干意见》（国发〔2009〕42号）条款细化为可落地可操作的政策，争取中央的理解和中央财政更大的支持，争取将政策转化为支持广西发展项目建设的财政资金投入，以提高广西公共服务保障能力，让少数民族群众对国家改革发展有更大的获得感，实现固疆稳边，为内地稳定发展作贡献；积极主动研究民族地区执行党和国家政策的自主权和财政自治权，学透用活用足中央政策和国家法律（包括《民族区域自治法》）赋予的权力；主动研究广西重大问题和财税政策的相互影响等前瞻性问题，提出在党中央统一领导下实行差别化民族自治管理的合理化建议，努力实现给予广西更大支持与广西为全国发展作更大贡献相统一。

（二）以打赢脱贫攻坚战为契机，实现中央财力补助的较大增长

广西的可用财力有50%以上来自中央的转移收入，在较长一个时期，广西必须将争取中央支持视同发展地方经济同等重要。地方党委政府带领各个业务部门加大向中央各部（委）的汇报争取力度，扭转近年来中央对广西转移支付尤其是专项转移支付持续下降的问题，争取中央专项转移支付有较大改观，发挥财政支出拉动经济发展的作用；力争提高“人口”要素的分配比重，增加少数民族总人口、人均财力等测算因素，尤其是贫困人口的占比，以有效提高中央的财力补助；在中央提高人均转移支付水平的支持下，通过加大财政支出强度来促进地方经济发展。据统计，广西获得中央财力补助不仅低于贵州，也低于大部分民族省区。2017年，广西少数民族人口占民族八省区少数民族人口的24.6%，占全国15.9%，但从总量看，2011—2017年广西享受的民族地区转移支付占民族八省区总额的15.5%—16.9%，占全国总额的比重在13.0%—14.1%，均低于少数民族人口的占比；从人均数上看，2017年广西人均民族地区转移支付（按常住人口）仅为204.42元，仅相当于民族八省区人均值的68.6%，在民族八省区中居倒数第2位。可见，当前在落实中央脱贫攻坚重大战略部署情况下，可以争取中央对广西全域进行支持。

（三）持续推进财政改革，支持重点发展领域

一是改革科学安排财政分权，优化支出结构。实现事权和支出责任的匹配，进一步优化财政收支分级体制安排既促进中心城市加快发展，又稳固县域经济发展为重点夯实基层财政经济健康持续发展基础。二是充分运用好财政撬动金融的杠杆作用拉动经济增长，学习贵州敢为人先的精神，最大限度地管理好债务和基金，放大财政资金乘数效应并有效撬动金融社会资本，打好“信息现代化”和“绿色生态化”两套组合拳。统筹做大做强传统产业和支持新技术新模式新业态，围绕南宁市打造数字经济核心基地，以中心城市、桂林等城市为重点建设特色产业数字化示范区，建设桂东承接发展区和沿海沿边开放发展区为方向，全面实施大数据经济战略突破经济发展瓶颈，引领全产业链融合发展、全域生态文化旅游跨界跨行业发展等；进一步实现产业结构优化布局，做大三产，做强一产二产，融合一二三产，培育重点税源行业和品牌产业，提高财政收入汲取能力，实现财政收支的良性互动。三是借举国脱贫攻坚之势全力补齐域内基础设施建设短板，全面提升区域内基本公共服务均等化水平。全面补强交通水利等基础设施建设，实现“市市通高铁、县县通高速”，完成西江黄金水道建设，为产业发展提供路径保障；进一步加大对义务教育和职业教育方面的支持力度，争取将国家重点学科教育项目、“双一流”学校和学科建设放到广西；提高区域内包括调整艰苦边远地区津贴标准和社会保障水平，吸引人才和留住人才；形成辐射东盟、服务国家战略人才支撑小高地。

（四）加大财政投入，支持好广西对外开放发展

广西是我国唯一与东盟国家陆海相连的省区，充分发挥广西沿海、沿边、沿江的区位优势，是落实好“三大定位”和中央赋予广西国际区域合作、江海联动培育沿海增长新一极重要使命的基本途径，既是广西自身发展的迫切需要，也是中央对外开放“一带一路”重要战略意图，具有重要的政治意义和经济发展意义。做好做深向海、向边发展的文章，以中国—东盟峰会为重点搭建更多面向全球的高端、稳定开放合作的交流平台，创新并建设更多中国—东盟国家产业园区和东盟国家与中国合作建设区（即“两国双园”国际园区合作新模式）、落实落细国务院批复的《左右江革命

老区振兴规划（2015—2025 年）》；因地制宜地在沿边沿海地区构建东盟国际区域经济特区，与广东、海南深度协同发展北部湾城市群，实现对内对外的全面开放合作。

【简评】广西和贵州同处西部地区，自然禀赋和社会发展状况有着众多相近之处。从历史数据看，贵州经济社会大部分指标落后于广西，但近年来贵州省实现了跨越式发展，与广西差距逐渐缩小并呈赶超之势。具体体现在财政领域，两省区一般公共预算收支规模从改革开放初期的 2 倍左右差距缩小到相近水平；两省区状况是西部地区财政状况趋同的典型样本，其形成过程及经验非常值得研究和探索。本文基于 1994—2016 年广西和贵州两民族省区地方财政收支情况的对比分析，探索 2007 年以来两省区财政收支及经济发展重要指标的相关变化和优劣所在，寻找两省区发展的规律性，并总结贵州近年来发展经济的先进经验，如“杠杆撬动”“搭借东风”“敢于创新”等主动适应大势，加强财金联动，放大公共投资效应，为建设壮美广西、共圆复兴梦想提供实践经验及现实启示。文章还关注到广西财政支出主要来自中央的财力补助，未来十年内不会有大的改变。广西的基本公共服务投入水平长期偏低，除自身经济发展不足外，央企收入不分享、中央财力补助不足也是重要原因，并形成了投入的历史累积性缺口。在比较分析的基础上提出了化政为金、同向发力、扩大开放、专班应对等工作建议，具有现实意义。

第四篇

基层财政经济运行分析

促进象州县域经济发展的财政思考[①]

王璟谛　廖思锦　李仕林

“郡县治，天下安”，自古以来县域经济都十分重要。研究象州县域经济的发展，应当站在全区、全国、全球经济发展的大潮中思考问题。但目前在全球经济放缓、国际金融危机蔓延环境下，县域经济发展也面临着严峻的挑战，县域经济相对薄弱成为制约象州经济快速发展的突出因素。如何发挥财政职能作用，促进县域经济发展壮大，增强综合实力，增加农民收入，逐步缩小城乡差距、工农差距，推进工业化、城镇化进程，做到既适应全国全区主体功能区科学发展规划的需要，又充分发展县域经济支持全局发展，成为财政工作的一项重要课题，非常值得我们思考和研究。

一、象州县县域经济社会基本概况

（一）象州县的基本县情

象州县位于广西中部偏南，大瑶山西麓，总面积 1897.74 平方公里，2007 年末人口数 35.51 万人，其中农业人口 31.2 万人，占总人口 87.89%，非农业人口 4.31 万人，占总人口 12.11%；耕地面积 65 万亩，农产品生产以稻谷、甘蔗、桑蚕为主；象州又是全国商品粮基地之一，有桂中“粮仓”的美誉，是传统意义上的农业大县；县境内盛产重晶石矿，

① 本文载于《经济研究参考》2009 年第 23 期。覃群道、甘钧钰同志参与相关课题研究，皆在深入分析县域经济发展与财政运行面临困难，对未来县级财经运行进行预测，当时已经发现存在收入乏力、支出固化的问题。

有“重晶石之乡”的美称。2005 年全县实现生产总值 22.62 亿元（按可比价格计算），其中第一产业 11.41 亿元，第二产业 6.1 亿元（其中工业 5.15 亿元），第三产业 5.13 亿元，三次产业结构比重分别为 50∶27∶23。2007 年全县实现生产总值 36.84 亿元，其中第一产业 15.49 亿元，第二产业 12.74 亿元（其中工业 11.07 亿元），第三产业 8.61 亿元，三次产业结构比重分别为 42∶35∶23。社会消费品零售总额 2005 年为 4.74 亿元，2007 年为 6.59 亿元；城镇居民人均可支配收入 2005 年为 8393 元，2007 年为 11896 元；农民人均纯收入 2005 年为 2539 元，2007 年为 3363 元。从 2005—2007 年象州县主要经济指标数据上看，各项经济指标都有所增长，但增长速度缓慢，产业结构比重依然不合理，各项经济指标完成的总量不足，人均占有量偏低，质量不高。

（二）象州县财政收支情况

全县财政收入完成情况：2005 年 1.5 亿元，同比增长 18%，2006 年 1.82 亿元，同比增长 21.5%，2007 年完成 2.19 亿元，同比增长 20.1%；收入的增长速度逐年明显提高，但与全区发达县（市）相比处于落后状态，甚至低于平均水平。支出完成情况：2005—2007 年分别为 2.32 亿元、3.01 亿元、3.98 亿元，同比增长分别是 27.76%、29.55%、32.51%，财政支出的增长速度与以往年度相比也明显提高，但与全区发达县（市）相比处于明显落后状态。

（三）象州县县域经济社会的长足发展

1. 工业化、城镇化发展取得良好成绩，民营经济为地方财政收入作出重要贡献。近年来，全区民营企业对地方财源建设的贡献不断加大。2007 年全区民营企业上缴税收总额为 170 亿元，占当年全区税收总额的 35%，其中，2003—2006 年全区个体私营经济上缴税收分别为 34.7 亿元、51.4 亿元、63.7 亿元、78.1 亿元，分别占当年全区税收总额的 12.3%、14.8%、16.1% 和 18.2%。象州县情况与全区基本一致。规模以上工业企业由 2006 年的 22 家增至 28 家。全县工业实现总产值 27.3 亿元，同比增长 25.8%；实现增加值 11.25 亿元，同比增长 28.4%；规模以上企业盈亏相抵后利润总额同比增长 15.4%。工业经济增长对地区生产总值的贡献率达到48.8%，工业主导作用日益突出。

2007年全县财政投入城镇建设资金3175万元，实施“亮化、绿化、净化、美化”工程，全面实施城乡清洁工程，全县城镇面貌焕然一新。城镇的发展带动了产业性企业的发展，工业企业不断进入县城和中心镇，农村人口进城安家置业不断增多。全县城镇固定资产投资5.5亿元，同比增长18.8%，城镇化率由2006年的31%提升到32.5%。

2. 重大项目建设的引进与实施。2007年新引进项目97个，较大的项目有投资2亿元的象州温泉度假村、投资1.6亿元的广西象州粤能浆纸业公司等。引进项目计划总投资17.24亿元，到位资金11.02亿元，同比分别增长122.33%和53.78%。实施重大项目11项，计划总投资5.71亿元，完成投资3.75亿元，同比分别增长10.44%和10.29%。

3. 科教文卫事业的发展。2007年投入2318.54万元改善中小学教育教学设施，代表广西顺利通过国家“两基”验收，并荣获全区“两基工作先进县”称号；科技工作不断推进，通过了全国科技进步考核；全民健身运动深入开展，县体校被确立为“全国举重高水平后备人才基地”；全面实施新型农村合作医疗，全县参合率达86.4%；计生服务水平不断提高，荣获自治区人口计生目标管理责任制鼓励奖；食品药品卫生监督管理深入，重大传染病防控措施到位，人民生活安全得到有力保障。

4. 社会保障事业和社会长治久安工作。进一步健全社会保障体系，2007年发放城乡低保、优抚安置、五保、救灾救济、医疗补助等资金1455万元；全面启动农村最低生活保障机制和农村特困户危房改造援助机制，共实施农村最低生活保障14000人，完成农村特困户危房改造52户，完成任务的104%；坚持以人为本，促进就业，年内新增农村劳动力转移就业10852人，城镇新增就业3750人，消除“零就业家庭”183户；实施“万村千乡”市场工程，建设完善166家农家店、农资店，完成任务的166%，让广大农村居民用上放心商品；投资313万元，建设农村人畜饮水安全解困工程16处，完成任务的106%，解决7000多人的饮水问题；投资2597万元，完成通屯等级路和硬化农村公路建设任务的190%，解决7500多人行路难问题；实施第二批11个贫困村“整村推进”扶贫开发，贫困村基础设施、产业开发有了明显改善，农民人均纯收入高于全县平均水平10个百分点；认真落实“两免一补”政策，发放“两免一补”经费731.38万元，实施贫困大学生扶助工程，筹资 82.55 万元，资助 439 名贫困大学生上学；重视并加强国防、双拥工作，连续第七次荣获“全区双拥模范县”称号；“五五”普法教育深入开展；公安机关实现案件破案率、打击率和发案率“两升一降”的目标；平安创建工作成效显著，顺利通过自治区综治和平安建设年度考评验收。

5. 社会主义新农村建设。全县农业结构不断优化，农业基础地位不断加强。粮食生产总体稳中有升，甘蔗、桑园、速丰林面积进一步扩大，木薯面积得到巩固，畜牧水产业稳步上升。农产品加工龙头企业带动作用不断增强，农副产品加工率达 76%，同比提高了 5 个百分点，基本实现农产品收储、加工、销售一体化。农作物耕种收综合机械化水平达 33.71%。农业协会组织进一步壮大，“公司 + 基地 + 协会 + 农户”经营模式不断加强，农业产业化步伐进一步提升。全县通过政府筹资投入农村建设 1.17 亿元，农村基础设施建设得到加强，社会事业发展加快，农民生活水平稳步提高，全县农民人均纯收入 3381 元，同比增长 10.3%。新农村建设试点成效显著，象州镇石贵村通过自治区生态旅游示范村验收。

二、象州发展县域经济存在的困难

发展县域经济的经验重心，就是要加大对工业化、城镇化建设的投入，加大对农业产业化的投入，加大招商引资软环境的建设，充分学习并利用国家政策资源，出台地方优惠和奖励政策，奖励引资者和外来企业投资办厂办实业，提高工业化程度，提高城镇人口比例，带动农业产业的发展，逐步形成以工促农、以城带乡的发展格局。如 2007 年象州县新引进项目 97 个，主要是投资 2 亿元的象州温泉度假村、投资 1.6 亿元的广西象州县粤能浆纸业公司等，引进项目计划总投资 17.24 亿元，外来企业的发展极大地壮大了象州财源建设。

近年来，随着宏观环境的变化和经济发展的转型，县域经济发展面临传统优势弱化、竞争压力增大的挑战。产业结构不合理，经济基础薄弱，结构单一，工业化、城镇化水平低，县乡财政困难，农民增收缓慢，管理型、科技型人才缺乏等困难和问题日益显现，存在县域经济发展总体水平落后与国民经济持续高速增长的矛盾，县域二元经济与国民经济三元经济结构的矛盾，县域作为独立完整的经济体系与缺乏相应的财政实力的矛盾。政策性、制度性、体制性等深层次因素制约着县域经济发展。改革开放以来，象州县经济社会得到长足发展，但随着宏观经济环境的变化和经济发展的转型，同样面临着一系列的困难和问题，主要表现在：

1. 经济结构单一，产业结构不合理，科技含量低，缺乏市场竞争力。象州是传统的农业大县，主要以稻谷、甘蔗、桑蚕生产为主，矿产品有重晶石销售量大一些，第一产业在国民经济中占较大比重，第二、第三产业不发达，制糖业、缫丝业等都是以粗放型的加工为主，加工业技术水平低，科技含量低，而以重晶石矿为主的矿业则以出卖原矿为主，深加工、精加工量小，产业效益相当低，为财政提供收入的总量、质量不高。

2. 工业化、城镇化发展缓慢，水平低。象州县共辖 7 镇 4 乡，随着改革开放不断深入，虽然工业化、城镇化得到发展，但总量不足，全部工业总产值 2005 年为 14.18 亿元，2007 年为 27.03 亿元，规模以上工业企业个数 2005 年为 20 个，2007 年为 26 个，规模以上工业总产值 2005 年为 8.51 亿元，2007 年为 19.04 亿元，规模以上工业增加值 2005 年为 3.05 亿元，2007 年 8.01 亿元。由此可见，象州县工业化总量依然不足，城镇化发展水平同样不高，城镇人口少，县城人口约 3.5 万人，基础设施不够完善，亮化、绿化不够，城区绿化覆盖率偏低，仅 25%，城镇化发展缓慢。

3. 县乡财政困难，财政收入的总量小，增幅较低，质量不高，社会保障能力层次不高，对县域经济发展促进支持力度不大。同时县财政支出规模小，不利于县域经济的规模发展。人均财政收入 2005 年为 428 元，2007 年为 618 元，财政收入占地区生产总值比重 2005 年为 6.63%，2007 年为 5.94%，财政收入的增长满足不了支出增长的需要，2007 年财政收入增长 20.3%，而支出增长达到 32.5%，除了保吃饭和机关正常运转外，国家出台刚性政策支出无法按时兑现，再拿不出更多的资金搞基础建设和扶持企业发展。

4. 农民增收缓慢，“三农”问题没有得到根本性解决。象州县以农业为主，农民收入来源主要靠种植业，以种植稻谷、甘蔗、桑蚕，其次是畜牧业和渔业。由于受全球经济危机的影响，农产品和工业品价格倒挂，差距逐步拉大，农民收入来源的途径不多，质量不高，大量青壮年外出打工，收入也不高，而留守务农的都是一些中老年劳力，劳动生产率不高，

2005—2007年农民人均纯收入年均增长12.84%，但农业生产资料、生活必需品价格涨幅居高不下，农民生活水平、质量呈下降趋势。

5. 农村公益事业建设落后，政府、集体与农民间投入责任不够明确。取消“两工”后，农村公益事业建设主体、投入方式发生了重大变化，但政府、集体与农民之间的投入责任划分不清晰，哪些应由国家投资、哪些应由农民自己解决、哪些应由国家、集体和农民共同分担，实际操作过程中不明确。由于多数村集体经济薄弱、农民收入较低、农村外出劳力增多等原因，目前单纯依靠村集体和农民力量开展村级公益事业建设，难度较大，村级公益事业建设投入总体上呈下滑趋势，满足不了农村经济社会发展的实际需要。

6. 县域内公共服务均等化低，各项社会事业与发达县份相比，总体仍然差距较大。基层保障水平低，城乡公共服务不均衡。当前，县乡财力虽然普遍有所增加，运转经费基本得到保障，但只能维持在一个较低的水平上，提供公共服务的能力薄弱，一些必须由县乡财政承担的社会安全、环境保护、公共卫生等公共产品和公共服务难以得到有效提供，城乡居民不能平等享有基本公共服务，与沿海发达县份相比，总体上存在较大差距。

7. 县乡财政管理体制亟须改革。支出责任与事权划分不清，乡镇财政负担过重。2007年，象州县调整了县乡财政管理体制，不再将收入任务划分到乡镇，乡镇支出由县财政确定一个基数，收入超支出基数部分上划到县，不足基数的县财政予以补助。财政体制调整后，支出责任关系得到了初步明确，但事权关系和相应的支出责任仍比较模糊，越位、缺位、错位并存，如新农村建设、义务教育、农田水利、林业发展、乡村道路、环境保护以及计划生育、农村医疗卫生、安全生产、社会治安等社会日常事务，都需要乡镇承担一定的职责，有的项目虽然不需乡镇承担专项支出责任，但需要乡镇负责组织实施，而相应的工作经费又没有足额安排，加大了乡镇财政支出压力。乡镇事权和支出责任重，落实上级任务内容多、范围广，责任大而财力有限，一些应该由乡镇履行的支出责任却没有相应的财力保障，财力与事权不匹配。同时，乡村债务负担较重，化解困难。

8. 企业自主创新意识与能力不够，亟待财政扶持。当前，象州县境内企业都是中小型企业，企业自主创新意识与能力不够，品牌意识和开展科技创新的人力、财力有限，研发新产品、新技术、新工艺经费不足，企业产品质量不高，科技含量低，市场竞争力低，中小企业的发展壮大，亟待财政扶持。

9. 县域金融资本市场不发达，严重制约区域经济的发展。象州县仅有农业银行和农村合作银行两家银行，金融机构存款余额 2005 年 13.89 亿元，贷款余额为 6.21 亿元，存贷比率仅为 1∶0.44，2007 年存款余额为 18.62 亿元，贷款余额 9.24 亿元，存贷比率为 1∶0.49，不仅如此，金融产品支持农民、个体工商户、民营企业也缺乏灵活性，额度上也不足，利率偏高，使农民、个体经济实体、民营企业的发展受到资金上的严重制约，催生不良的民间拆借机构，造成一定的社会隐患，严重制约县域经济发展。

三、自治区内外财政政策支持县域经济发展的做法和经验

（一）自治区桂林市全州县加大财政资金投入，积极引进商业银行，激活资本金融市场，支持中小企业发展，支持县域经济发展

1. 全州县积极开展“中小企业伙伴银行”活动。支持金融机构与中小企业结对子，对口扶持；同时，加大财政资金投入，积极引进或召回原来撤销的金融机构开办县域支行，为拉动县域经济增长和社会发展注入新的活力。重点支持符合国家产业政策、环保政策，有利于改善民生、增加就业，以及有市场、属于自主创新、有发展前景的优秀中小企业，与其结成战略伙伴关系。同时，对市场前景良好但暂遇到困难的企业包括房地产企业，一如既往地给予财政资金和金融政策支持。

2. 创新金融工具，不断提高金融服务经济发展的质量和效率。根据中小企业资金需求“短、平、快”的特点，不断优化授信管理，缩短审批环节；在风险可控制的基础上，更大限度地下放审批权限，打造特色授信服务；为符合市场发展和国家政策导向的优秀企业开辟“绿色通道”，进一步提高放贷速度；加大金融创新，形成一整套涵盖中小企业产、供、销三大环节，以多种担保方式为依托的一揽子金融系统服务方案，积极推介中小企业“轻松贷”系列产品，满足不同行业不同层次的企业融资需求。

（二）安徽省金寨县创新财政管理机制发展县域经济，推进社会各项事业发展

1. 大力推行县乡财政体制改革。金寨县坚持预算管理权不变、资金所有权不变、财务审批权不变的原则，在全省范围内较早地推行了以账户统设、票据统管、收入统缴、支出统拨、采购统办、财务统管为主要内容的“乡财县管乡用”改革，乡镇财政管理步入了制度化、规范化、法制化的轨道。与此同时，全面实施部门综合预算，对单位预算实行定员定额管理，并将预算委托社会中介机构审核，增强了预算的公认力和透明度；严格实行“收支两条线”，将政府各类非税收入统一纳入综合财政预算管理，扭转了长期以来预算内外“两张皮”现象；按照“前台支付、后台核算”的模式，深入推进“以国库单一账户为核心，以会计统一核算为依托，以国库集中支付为主要形式”的县级国库管理制度改革，实现了国库集中支付与会计集中核算的并轨运行，提高了财政资金支付效率。

2. 着力推进农村义务教育管理体制和经费保障机制改革。坚持以县为主的教育管理体制，进一步明确县乡政府教育工作职责，设立乡镇中心学校，加强对乡镇教育工作的管理、指导和监督；深化教育人事制度改革，全面启动了以校长负责制、教师准入制、全员聘用制、岗位责任制、教育教学质量监测考评制和结构工资制为主的人事制度改革；以乡镇中心学校为会计核算主体，在县会计核算中心下设教育财务结算分中心，将全县45个教育单位财务全部上收到县会计核算中心集中处理，实行“校财县管校用”，进一步规范了教育财务管理。与此同时，全面推行农村义务教育经费保障机构改革，积极探索增加教育经费投入的新途径。2006年，全面实施了农村义务教育阶段中小学“两免一补”全县共有73796名农村中小学生，减轻农民负担1743.5万元。

3. 强力推进支农资金整合。按照“所有权归政府，项目实施权归部门，资金管理权归财政，效益评价归社会”的原则，对所有财政支农资金全面实行“统一制定规划、统一报立项、统一下达计划、统一组织实施、统一监督管理、统一绩效考核”的管理模式，最大限度地发挥了财政支农资金的整体效益。

4. 建立健全农村社会保障体系。按照“整合资金，政府统筹，低标准化起步、稳步提高”的思路，从2005年开始，全省率先开展了农村居民最低生活保障制度改革试点，将五保户补助资金、农村特困群众生活救助资金以及社会捐赠等资金归并，对农村低保对象实行分类自保，全县有32024人享受了农村居民最低生活保障。

5. 按照“政府组织引导，农民自愿参与，多方出资，救助大病为主”的总体思路，建立新型农村医疗互助制度，到2006年底，县参合农民达48.4万人，参合率达86.5%。

6. 金寨县于2006年11月又在全国率先推行城镇居民医疗保险制度，建立了以城镇下岗失业人员、无业人员等城镇户口为主的医疗保障制度，在全县真正实现了医疗保险的全覆盖。

（三）湖北省加大财政投入，引入“以钱养事”新机制，提高市场对资源配置的基础性地位，深化乡镇管理机构改革，促进新农村建设，发展县域经济

1. 主要做法。2003年，湖北省委、省政府在全国范围内率先探索建立农村公益性服务“以钱养事”新机制，2005年全面推开。他们的主要做法是可以概括为工作转换机制（实行“以钱养事”）、单位转变性质（由事业单位转变为“非企业单位”）、人员改变身份（由干部转为“社会人”）。

（1）乡镇事业单位整体撤销转制，彻底退出事业序列，成为民办非企业单位或企业，提高了基层政府公共服务的质量和数量。

（2）按照政事分开、企事分开的要求，分解职能，理顺乡镇管理体制。对原乡镇事业单位的职能实行“三收一放”。执法职能统一上收到县级行政主管部门；行政管理职能并入乡镇党政部门；公益性服务职能由乡镇政府实行购买服务；经营性服务全面放开。改革后的乡镇事业单位主要面向农村、农业和农民，只承担涉农公益性服务职能，不再承担行政管理职能和执法职能。

（3）转变人员身份，合理设置农村公益性服务岗位，引入竞争体系，提高公益服务质量。各转制单位对照与政府签订的公益事业服务项目合同，因事设岗、以岗定酬，实行人员聘用、竞争上岗，并严格实行从业资格准入制度。负责人不再由乡镇政府任命，而是依章程序通过民主选举产生；工作人员在取得服务资格人员中选聘，打破了传统的用人和薪酬机制。

（4）建立基本生活保障制度，办理实行全员养老保险，解除职工后顾之忧。

（5）制定科学明细的考评办法，提高财政资金使用效率。由乡镇政府和县级业务主管部门采取定期考核和随机抽查相结合的方式，听取农户的意见（服务对象的意见占考评分80%），按合同规定和考核结果兑现农村公益性服务经费。对服务效果好，超额完成合同规定服务指标的，全额兑现公益性服务经费。对考核结果达不到要求的，按合同约定扣减服务经费，以激发公益性服务组织履行合同的积极性。

（6）加大财政资金投入，确保“以钱养事”新机制顺利实施。县级财政将农村公益性服务经费纳入年度财政预算安排；省级财政安排专项补助资金对实行“以钱养事”新机制的乡镇给予补助。根据统计，全省市州、县（市、区）财政约增加安排了4.6亿元。2007年，省财政按每个农业人口10元的标准对乡镇农村公益性事业进行补助，省财政每年增加投入4亿多元，每个乡镇平均40多万元。“以钱养事”补助资金，原则上80%用于农技推广（含种植业、水产业、农机、农村能源）和动植物防疫，10%用于文化体育和广播电视，10%用于水利服务。

2. 主要成效。湖北省全面推行农村公益性服务“以钱养事”新机制已有三年时间，实践证明其改革方向是正确的、成效是显著的。各级财政部门领导和县（市、区）党政领导都给予了积极的评价。对农民来说，“农民签单，政府买单”的服务方式使他们得到了更多的实惠；对乡镇政府聘用的服务人员来说，相比过去差额管理或自收自支的状况，他们的劳务报酬有了大幅度提高；对县乡政府来说，由于省级财政负担了将近一半的“以钱养事”经费，一定程度上缓解了基层财政困难；对县（市、区）主管部门来说，虽然在乡镇没有了直接管理的“腿”，但乡镇相关的事业经费增加了，各项服务更加到位，而且通过参与设置公益性服务岗位、设计合同标准文本、考评合同履行情况等方面工作，仍然可以发挥业务指导作用。

四、发挥财政职能作用，大力支持县域经济发展

2007 年第四季度以来，世界经济形势急剧变化，由美国“次贷”危机引发的全球金融危机正在向实体经济蔓延，导致世界经济增长明显放缓，对我国经济发展的影响日益凸显，象州县经济发展也受到严重冲击。2008 年 11 月 5 日，时任国务院总理温家宝主持召开国务院常务会议，确定了我国当前要实行积极的财政政策和适度宽松的货币政策，县域经济虽然受到冲击，但也蕴藏着重大的机遇。作为财政部门，更应充分发挥财政自身职能作用，支持象州县经济社会发展。

（一）深化财政综合改革，增强社会保障力度，关注弱势群体生产和生活问题，推进文化教育卫生事业等社会各项事业协调发展

继续深化财政预算管理制度、国库集中支付制度、政府采购制度的综合改革。建议继续深化“省直管县”财政管理体制改革，逐步建立财力向基层倾斜的机制。省级财政要在体制补助、税收返还、转移支付、财政结算、专项补助、资金调度等方面，直接测算核定并监管到县，逐步简化财政管理级次，加强省级对县级的财政管理，提高资金管理效率。要继续通过完善政策，加大力度，调整省以下各级政府之间增值税、营业税、资源税、企业所得税、个人所得税等收入分享，适当提高县级分享比例，建立增收返还机制，鼓励县级多收多得，逐步增加县级财力。暂不实行“省直管县”财政体制的，省级财政要在体制补助、税收返还、转移支付、财政结算、专项补助、资金调度等方面，直接测算、核定并监管到县，逐步简化财政管理层级，提高欠发达地区尤其是中西部地区的财力补助力度，支持基础设施建设，促进区域协调发展。

深化县乡财政管理体制改革。县乡财政是县乡政府履行职能的物质基础，是基层政权组织建设的重要财力保障。深化县乡财政管理体制改革，要以邓小平理论、“三个代表”重要思想和科学发展观为指导，适应社会主义市场经济体制和社会主义新农村建设的需要，在合理界定政府与市场作用边界的基础上，明确划分政府间的事权与支出责任；进一步理顺省以下财政分配关系，增强基层政府提供公共服务的能力；完善

转移支付制度，促进辖区内基本公共服务均等化；加强预算管理，完善乡镇财政职能，进一步提高支农资金效益，力争通过几年的努力，逐步建立起财力与事权相匹配、保障有力、管理有效的县乡财政管理体制。

深化县乡财政管理体制改革，要坚持以下三个原则：（1）支出责任事权匹配，职权明确，责任明晰。要按照支出受益范围等原则，进一步研究明确县乡政府间事权划分，并以此合理确定各自的支出责任。（2）因地制宜、分类实施。要充分考虑县乡经济发展水平、税源分布、财力状况、人口、自然环境等多种因素，进行分类实施，合理确定适合实际的县乡财政体制模式。（3）综合协调、配套推进。将县乡财政管理体制改革与农村综合改革其他改革内容紧密结合，相互协调，形成合力。同时，配套推进乡村债务化解、支农资金整合、完善乡镇财政职能等工作。

（二）利用好国家政策资源，制定优惠和奖励政策，加大招商引资力度，壮大财源建设

企业发达了，经济发展了，财政才有稳定的财源。自治区各县，大多数工业基础薄弱，财政要坚持“放水养鱼”多予少取政策，扶持外资企业、民营企业搞好基础设施建设，促进企业发展生产，拉动农业发展和扩大城乡青年就业。如象州县近年来出台一系列优惠和奖励政策，扶持招商引资和民营企业发展，企业上缴的地方所得税全部安排给企业用于扩大经营发展生产。从土地出让金安排给企业搞好基础建设，财政直接安排资金奖励招商引资者和外业投资企业等，如2007年财政安排335万元作为招商引资奖励和工作经费；2008年安排439万元奖励引资者、外来企业和工作经费，在土地出让金中安排1515.8万元扶持中小企业发展生产。目前，象州县招商引资企业从2005年的81家，发展到2007年的97家，壮大了象州县财源基础，招商引资企业提供税收占财政收入的比重逐年提高。

（三）向上争取国家项目资金，解决县域经济建设财政资金不足的压力，支持县域经济社会各项事业全面发展

要牢牢把握党的十七届三中全会精神，抓住国家宏观经济调控政策，扩大内需，加大对“三农”和基础设施的投入等重要机遇，积极组织和配合相关部门编制项目方案。如农发项目、科技进步项目、企业贴息贷款、

水利、交通、教育、卫生等，对照上级财政资金安排的口径及时编制项目计划方案和可行性研究报告，形成一批适时可行的项目库，充分发挥现代网络技术，及时上报信息，要做到“四勤”，即勤动脑、勤动手、勤动脚、勤动嘴，就是要勤想、勤做、勤跑、勤讲。要主动按更快、更准和更全面的要求将发展县域经济建设需求和发展现代农业、推进城乡一体化建设的信息向上级政府和有关部门反映，让上级领导掌握其县内最亟须解决的问题，力争取得国家产业发展政策和国家资金的支持，有力把握发展县域经济的主动。

（四）继续加大财政扶持力度，推进城镇化建设，建设以工促农，以城带乡长效机制

财政要多方筹集资金，努力推进城镇化建设。为解决城镇基础设施资金不足问题，象州县财政积极探索，取得了一些可资借鉴的经验。象州县开拓创新成立政通资金经营管理有限公司，把经评估的机关单位及事业单位资产，转让给该公司，盘活机关事业单位资产，以抵押形式向银行融资，用于以县城为中心的城镇基础配套设施建设及建设工业园区等，支持发展城镇第二、第三产业，吸纳农村富余劳动力进入城镇，把部分农民纳入城镇经济建设体系，并放宽农村人口向城镇人口转移的政策，提高城镇吸纳农村人口的能力，逐步缩小城乡差异，促进城镇提高重点龙头企业科技开发能力；同时要探索财政支农的新模式，多渠道吸引社会资本投入农业产业化企业和农业科技开发，加速传统农业向现代农业转变。

创新财政支农方式，加速农村劳动力转移步伐。《中共广西壮族自治区委员会关于实施科学发展三年计划的决定》目标要求 2010 年全区城镇化水平达到 40%，其关键是把农村人口转变为城市人口。“十一五”期间，广西财政要继续把“三农”作为财政保障的重中之重，探索创新财政支农新途径，整合现有政府性专项资金，集中财力支持新农村建设。

继续加大财政支农资金整合力度，提高支农资金管理和使用效益。要继续扩大支农资金整合试点范围，通过建立政府领导、部门配合的协调机制，整合各部门、各渠道安排的支农资金，逐步形成支农资金项目科学、安排规范、使用高效、运行安全的管理机制。各级财政部门要按照分配规范、使用透明、监管严格、效能统一的要求，修订完善现行支农资金使用管理制度，使各项管理制度之间相互衔接。中央财政要积极为支农资金整合营造有利的条件和环境，省级财政要切实加强对支农资金整合的组织和指导，县级人民政府要加强对支农资金整合工作的领导和协调，县级财政部门要充分发挥支农资金整合的协调作用，逐步形成上下配合、部门联动、共同推进支农资金整合的工作机制。

（五）加强软环境建设，促进县域经济社会文明和谐发展

1. 坚持依法征税，推行税收执法公示制，规范执法，加强对税收执法权和行政管理权的制约，接受纳税人的监督。进一步转变作风，提高工作效率，提高财税部门服务质量，为民营企业提供财政税收征管法规政策咨询，指导帮助民营企业充分享受国家、自治区出台的西部大开发、支持企业技术进步、新产品开发、鼓励出口、下岗失业人员再就业等各项税收优惠政策以及相关的信息披露和财会技术、人员培训等方面的服务。

2. 强化税收征管，通过推行纳税人信誉等级制度，实施分类管理，促进民营企业自行申报纳税；建立人工监控和电脑监控相结合的税源监控体系，动态采集民营企业的生产经营和纳税方面的情况；完善税收征管方式，允许符合一般纳税人条件的民营企业依法领取和使用增值税发票；完善税收稽查机制，形成诚实纳税的良好氛围。

3. 规范非税收入管理，逐年缩小非税收入占财政收入的比重。进一步清理现有行政机关和事业单位收费，除国家法律法规和国务院财政、价格主管部门规定的收费项目外，任何部门和单位无权向民营企业强制收取任何费用，无权以任何理由强行要求企业提供各种赞助费或接受有偿服务。要严格执行收费公示制度，定期向社会公布行政事业性收费目录，凡目录以外的行政事业性收费，企业有权拒缴。各级人民政府要加强对各类收费的监督检查，严肃查处乱收费、乱罚款及各种摊派行为。

（六）正确把握市场发展的趋势，加大财政扶持力度，完善支持企业发展的财政政策体系，提高本土企业应对风险问题的能力

为了更好地促进自治区企业的发展，应立足于全区企业发展及支持企业发展财政政策的现状，不断借鉴国内外先进的做法和经验，把握市场的方向，解决企业发展面临的问题，加大支持财政扶持力度，完善支持企业

发展的财政政策体系。

1. 建立完善的财政政策资金体系。促进企业发展，财政专项资金作用十分重要。目前支持企业的财政专项资金，存在许多急需改进的地方，如资金规模不够，体系尚未健全，结构不甚合理等。要从规模、体系、结构等方面入手，不断改进和完善政策资金体系。

（1）要统筹整合现有的资金资源，逐步增加支持企业的资金规模。要不断调整政策思路，加强资金资源的整合，增加对企业支持的力度，加大相应的资金规模。

（2）要适时调整支持企业财政资金的使用结构。要根据企业发展的实际需求以及国家、自治区产业政策和宏观调控的需要，不断地调整资金使用结构，主要用于扶持企业的创业辅导和服务、建立企业信用担保体系、支持技术创新、鼓励专业化发展以及与大企业的协作配套、支持企业服务机构、支持企业开拓国际市场、支持企业实施清洁生产等事项。使企业发展的各个方面，得到适宜的支持，实现均衡发展。

2. 积极推进企业投融资担保体系建设。投融资担保体系建设对企业发展至关重要，企业融资担保机构的建立，在一定程度上缓解了企业贷款的压力，特别是中小企业。自治区财政部门应积极出谋划策，加大财政扶持力度，努力完善投融资担保体系。

3. 积极推进政府采购支持政策。政府采购企业的产品和服务，是各国政府支持企业发展的常用方式。这实际上是一种间接的资金支持政策，对促进企业发展发挥了重要作用。我们也应结合自治区政府采购制度建设，逐步建立支持企业的政府采购政策。可以将政府采购订单量划出一定的比例给自治区的企业，特别是中小企业，或者在商品和服务质量无明显差别的情况下，政府可适度优先采购本区企业产品等。

4. 进一步强化社会服务体系建设。在社会化服务体系方面，适应政府职能由“管理型”向“服务型”转变，以及财政支持企业方式和着力点的转变，一方面加快建立政府信息服务体系，包括企业数据库、官方信息网站等，向企业提供法律法规、发展规划、登记纳税、融资支持等“一站式”政府信息服务。另一方面，与投资银行、会计师事务所、资产评估师事务所等中介机构密切合作，建立符合企业实际需要的融资政策、投资咨询、财务培训等中介服务体系。财政应积极鼓励设立向企业提供各类中介服务的组织，构建包括政府指导的机构和民间组织在内的企业服务体系。

5. 完善企业社会保障制度。现在很多人才不愿意创业和到企业去发展，很多顾虑还是在社会保障方面。财政应尽快完善失业、医疗、养老等一系列社会保障体系建设，提高保障的水平，以解决其后顾之忧。

（1）要根据当地的生活标准，合理确定保障水平。财政要根据居民平均消费水平和通货膨胀等因素，合理确定征收社会保险基金的比率，制定发放的条件、标准等。

（2）财政发挥引导职能，拓宽社会保障资金的筹集渠道。根据自治区的社会经济水平，社会保障资金可以依靠财政的调控和引导职能，引导企业、个人和社会力量参与，通过各种渠道筹措资金来提高当地企业人员的社会保障水平。

（七）支持企业实施品牌发展和中小企业开展自主创新战略，为县域经济发展拓宽道路，为实现自治区科学发展三年规划提供有力支持

1. 支持企业实施品牌发展和中小企业开展科技创新战略。品牌是企业产品质量、管理能力、营销能力等市场竞争力的综合体现，也代表一个地方经济的综合竞争力。实施品牌战略，是增强广西产品市场竞争能力，打造“广西创造”的重要保证。目前，全区拥有的中国名牌产品数量只占全国的1%，在全国排第21位。因此，必须实施品牌发展战略，下更大的力气培育和发展知名品牌。要科学安排支持品牌建设的有关专项资金，合理运用财政政策，鼓励企业实施品牌发展战略，引导企业争创品牌产品和努力提升品牌层次，创造更多的中国名牌产品，争创世界级的品牌产品，努力扩大产品在国内外市场的占有份额。

中小企业是自治区经济发展和科技创新的一支重要力量。要把加快中小企业发展、推动中小企业技术创新作为一项重要工作来抓。要合理安排好中小企业发展专项资金，重点支持有利于中小企业技术创新和技术转移的公共服务体系建设项目，促进中小企业与科研院所合作；支持中小企业融资担保和创业投资机构发展，为中小企业科技创新营造良好的环境。

2. 支持中小企业发展政策。

（1）推行中小企业结构优化升级。抓好“专、精、特、新”中小企业的扶持工作，每年从自治区本级支持中小企业的专项资金中安排一定数量的资金，相对集中使用，择优培育“小型巨人”企业。

（2）省、市级政府加大关于县（市）级政府对中小企业技术改造项目的支持力度。发展县域经济少不了经费，县级财政确实困难，上级政府政策和资金扶持责无旁贷。在自治区科技三项费用、科技成果转化资金、农业产业化龙头企业扶持资金以及其他有关财政贴息资金的分配使用上，中小企业享受与其他企业同等待遇。

（3）支持中小企业加大新产品开发的力度，对财务制度健全、实行查账征税的中小企业，其研发新产品、新技术、新工艺所发生的技术开发费，以及在一个纳税年度实际发生的下列技术开发费项目，包括新产品设计费、工艺规程制定费、设备调整费、原材料和半成品的试制费、技术图书资料费、未纳入国家计划的中间试验费、研究机构人员的工资、用于研究开发的仪器和设备的折旧费、委托其他单位和个人进行科研试制的费用、与新产品的试制和技术研究直接相关的其他费用，按财政部、国家税务总局《关于企业技术创新有关所得税优惠政策的通知》（财税〔2006〕88 号）规定执行。

（4）加大财政支持力度。根据《中华人民共和国中小企业促进法》和《自治区党委、自治区人民政府关于加快民营经济发展的决定》（桂发〔2004〕16 号）精神，建立自治区中小企业发展专项资金，由自治区财政厅牵头会同自治区经委制定中小企业发展专项资金管理办法。专项资金重点用于支持中小企业管理人员培训、中小企业信用担保机构损账补偿和奖励、创业辅导、管理咨询、市场开拓、社会化服务体系和投资项目建设等。

（5）用好税收政策。区内中小企业属于国家奖励发展的国内投资项目、外商投资项目和《中西部地区外商投资优势产业目录》（广西）中的外商投资项目，以及经国家有关部门批准的科学研究或技术开发机构进口的自用设备，在规定的范围内，免征关税和进口环节增值税。经审批成立的边境小额贸易企业通过指定边境进口原产于毗邻国家的商品，在规定范围内，按法定税率减半征收进口关税和进口环节增值税。

（6）健全中小企业信用担保体系。自治区争取通过 2—3 年的努力，初步建立覆盖全区、横向协作、纵向联动的自治区、市、县三级中小企业信用担保体系。各级财政要根据实际情况扩充政策性担保机构资本金，提高担保机构担保能力。

3. 加快金融企业的招商引资项目的实施，积极为中小企业融资搭建平台。国务院《鼓励支持民营经济发展的若干意见》明确提出：省、市财政中小企业信用担保资金重点向县域民营经济倾斜，通过建立风险补偿资金，扩大担保资金规模，积极引进多家商业银行，形成良性信贷竞争市场，积极搭建融资平台，为县域中小企业提供融资服务，并对确有发展前途的民营企业给予财政贴息。自治区在2007年印发了《关于加快中小企业发展的若干意见》的通知，明确提出加快自治区中小企业发展的具体措施。因此，支持中小企业服务体系建设是今后财政部门一项重要工作，财政部门要按照财政部、自治区人民政府的有关文件规定，建立中小企业担保业务风险补偿资金，对担保机构进行有限补偿，鼓励担保机构开展中小企业担保业务。同时，采取强有力的手段在原有银行机构的基础上引进两家以上金融机构到县域内办银行，开展存放贷转等企业急需的服务项目，以支持县域经济迅速发展提供金融支持。

多种形式拓宽投资渠道。

（1）鼓励民间资本以独资、合作、合资、参股等形式进入基础设施、新型服务业等领域，并抓紧制定出台《鼓励民间资本投资城市基础设施办法》，吸引民间资本参与。

（2）通过实行特许招投标、选择项目法人方式吸引民间资本，特别是交通、能源方面，采用BOT、TOT等方式吸引民间资本投向基础设施，积极引进海内外投资者参股或控股承担县城内公路、铁路、港口码头、电厂电站建设。

（3）通过资本置换，利用资源补偿等方式吸引民间资本投资，调动民间投资的积极性，对一些政府投资建成运营并有收益的公路、城市设施等，也可将其经营权向社会公开拍卖，拍卖所得全部用于基础设施新的建设。

第五篇

地方财政运行风险管理

民族省区政府债务问题思考[①]

王璟谛

一、我国地方政府债务管理改革的历程及研究意义

（一）我国地方政府债务管理改革的简要回顾

新中国成立以来，我国很长一段时期以“一无外债，二无内债”为执政理念。由于经济社会发展的客观规律需要，地方政府性债务存在由来已久。新中国成立初期，1958 年 4 月，中共中央发布了《关于发行地方公债的决定》，决定自 1959 年起，在必要时允许发行地方建设公债，就有了地方政府性债务。但我国大部分地方在 1980 年以后才产生地方政府性债务。1994 年分税制改革（分灶吃饭）后，地方政府在促进地方经济加快发展和地方财政吃紧的多重压力下，通过发行债券筹措基础建设资金，形成了地方政府性债务。1997 年亚洲金融危机爆发后，国际市场疲软，国内投资和消费不振，为“救市”，中央和地方都出台了积极的经济刺激政策，地方政府更是开始建立融资平台筹集资金。2007 年美国“次贷”危机引爆了国际金融危机，2010 年欧债危机爆发，加剧了国际金融危机的影响，为了应对本次国际金融危机的冲击，2008 年底中央政府推出了 4 万亿元经济刺激计划。在 4 万亿元的经济刺激计划中，中央政府承担 1.18 万亿元，其他资金需要地方配套，加上刺激计划的乘数效应带动，政府的投资总和数倍于

① 本文部分内容刊载于《中国财政》，2019 年第 10 期。

4 万亿元刺激计划。为破解在刺激计划中的资金瓶颈，地方政府法定债务限额不断增大，同时平台公司继续大量融资，甚至主动参与市场经营，形成量级隐性债务。自此，地方政府实质性债务规模急剧膨胀，市场经济结构性调整步伐放缓，地方财政金融风险骤然积聚。为此，2014 年的中央经济工作会议上，首次将防控地方政府债务风险列为一大任务，2015 年至今的中央经济工作会议依然将防范风险摆在突出重要的位置，列为“三大攻坚战”之首。其中，2014 年 8 月全国人大通过《中华人民共和国预算法》的修订案，赋予了省级地方政府举债的权力。然而，从国际经验看，赋予地方政府举债的权力和以债券发行为主的做法并不是解决地方政府债务管理问题的灵丹妙药，所以结合我国国情和地方实际，考虑民族省区财政特殊性，再次对民族省区债务问题开展研究仍然具有非常重要的意义。

（二）我国地方政府债务管理改革的研究意义

党的十九大报告提出，2035 年国家治理要基本实现现代化，2050 年要达到中等发达国家水平。从国家治理视角看，民族省区是国家治理的有机组成，2035 年应当与其他地区同步基本实现治理体系和治理能力现代化，2050 年要与其他地区同步实现现代化。从财政经济发展指标看，就需要累积人均财政收入、人均财政支出和人均地区生产总值基本持平，差距处于合理区间。从实际工作看，就要继续走中国特色的新型城镇化发展道路，并有效实施乡村振兴战略，势必加大城市和农村公共产品的投资和供给。据世界银行统计，发展中国家的城市基础设施建设投资占地区生产总值的比重约为 4%，以 2018 年地区生产总值约 90 万亿元预计，基础设施投入预计约 3.6 万亿元，占当年财政支出 24 万亿元的 15%，相当于当年财政收入 18 万亿元的 20%，那么到 2035 年以前基础设施投资缺口巨大，当期财政收入无法平衡弥补。可见，地方的经济社会的发展，需要大量的资金支持，单靠地方财政结余和中央发行的地方债根本不足以满足需求。在此等情况下，各级地方政府及其职能部门通过各种方式，规避国家法律法规，或隐蔽或公开、或直接或间接地举借债务，其规模之大，数量之多，远远超过了中央政府的预期。

地方政府债务风险是地方政府财政风险的集中反映。我国修订前的《中华人民共和国预算法》，明确规定地方各级政府的预算按照量入为出、收支平衡的原则编制，不列赤字，除了法律和国务院另有规定外，地方政府不得发行地方债券。法律原来的规定（“只堵不疏”）与地方经济高速发展的实际需求不相适应（生产关系与生产力发展不匹配），但是相关法律规定修改后，未能很好地实现财政管理集分统一，没有达成“放得活”又“管得住”的目标又形成管理失序的问题。许多地方政府为了适应城市建设和市场发展的要求，受其自身的投资冲动驱使举借了大量直接债务、隐性债务、或有债务等，部分地区地方政府的债务规模和结构超出了其合理偿付能力水平，以至于出现了财政困难、欠发工资、赤字规模扩大、实际债务负担沉重等一系列现象。加之，地方政府债务管理机制以及管理方法跟不上形势变化，权责利不相适应，很多地区的新增债务资金主要用于偿还原有债务，投资项目不能达到预期收益水平，资金利用效率较低，地方政府的债务陷入了自我膨胀、借新还旧的恶性循环中，地方财政金融风险骤然积聚，长期累积成局域性、结构性风险，对我国经济的长远健康发展埋下了隐患，尤其是一些经济发展盲目扩张的地方。更为重要的是，过重的政府债务对地方财政安全造成较大影响，甚至是国家财政的安全构成了一定的威胁。

（三）国内外对地方政府债务管理问题研究综述

西方发达国家市场经济体制确立较早，政府和市场关系的界定比较明确，对政府债务研究的也比较早，关于地方政府债务管理理论的研究比较丰富。对政府债务的认识，西方各学说认识不一。亚当·斯密在《国富论》中指出，政府债务具有非生产性，他主张自由竞争的资本主义经济，反对政府举债，认为政府偿还债务时会加重人民的税收负担，政府债务具有很大的风险。大卫·李嘉图在《政治经济学及赋税原理》中提出了著名的李嘉图等价定理，即在某些条件下，政府无论用公债还是税收筹资，其效果都是相同的或者等价的。虽然大卫·李嘉图认为税收和举债等价，但是他并不赞成政府举借债务。保罗·萨缪尔森（1972）认为政府债务将可能直接对资本的数量产生冲击，也就是政府债务将对私人资本具有部分的替代作用，这样将使资本量减少从而减少经济总体的产量，在这种情况下政府债务的风险就要大得多。约翰·梅纳德·凯恩斯（1936）认为经济衰退的原因是由于有效需求不足导致的，由此提出了有效需求理论，主张国家采取扩张性的财政政策，通过增加需求促进经济增长，而增加需求就要增加政府支出，减少税收，实行赤字财政。凯恩斯主张政府举借债务，认为政府债务对经济的正面效应超过其带来的风险。美国经济学家 A. P. 勒纳从功能财政的角度出发，提出债务消费资产效应理论，将研究的视角放在经济增长上，指出财政政策制定不必拘泥于预算平衡理论，而更应该着眼于整个经济体系，认为由于存在倾向性因素，债权人感觉富裕程度增加，可能会增加消费支出，因此得出结论，认为政府债务增加会带来民间债权人消费支出增加的效应。

国内关于地方政府债务管理的研究，起步相对较晚。魏加宁（2004）认为，地方政府负债的原因包括几个方面：一是各级政府之间支出责任事权划分不清，地方政府收入减少、任务加重；二是政府职能转变不到位，行政机构繁杂、人浮于事；三是地方政府行政层级过多，地改市后财源匮乏；四是财政金融体制不健全，地方政府缺乏必要的正规融资渠道；五是信息披露制度不完善，缺乏地方政府的信用评级；六是行政管理体制缺乏约束机制，地方政府官员行为短期化。时红秀（2007）指出，竞争性地方政府是推动中国经济增长的重要引擎，同时也是引发中国宏观经济波动的重要根源，地方举债融资是现行财政产权制度和现行金融体制下的必然产物。龙海阳、徐智华（2009）认为在金融危机的影响下我国经济增速下降，地方政府必须担负起振兴经济的重任，目前我国私人储蓄量大，证券市场发展较为成熟，经济发展前景广阔，因此地方政府具备较强的偿债能力，能够通过发行地方政府债券来消除金融危机的影响。周小川（2010）认为应当授予地方政府发债权，通过地方政府直接发行债券的方式，可以减少地方融资平台、投资公司等其他融资形式的总量，风险更容易控制。新修订的《中华人民共和国预算法》从 2015 年起实施，赋予了地方政府举债的权力。国务院出台了《关于加强地方政府性债务管理的意见》（国发〔2014〕43 号）的专门管理办法。受地方政府性债务审计信息公开，债务数据巨大且仍存在隐性债务不透明等问题，国内理论界重点转向对债务风险管控的研究。总体来看，国内专家学者对地方政府债务问题具有一系列共识：地方政府债务在我国广泛存在，我国的地方政府举债行为尚不规范，地方政府债务存在一定风险。赋予地方政府举债的权力和以债券发行为主的做法并不是解决地方政府债务管理问题的灵丹妙药，应当坚持

“用中国话讲中国故事”，结合我国民族省区特殊性，对地方政府性债务继续关注和深入研究。

二、完善民族省区政府债务管理制度的必要性

（一）规模相对较大

2015 年以前尽管我国中央政府明令禁止地方政府举债，但各种形式的地方政府债务仍然规模越来越大；2015 年允许地方政府举债后，尽管中央明确了“中央财政对地方政府债务不兜底”的原则，但地方债务的规模延续加速扩大的趋势，债务风险的累积必然将对地方财政的正常运转和持续性造成了较大的冲击。既要正确看待债务风险能提高政府对债务风险的防范意识，科学合理地防范化解地方政府债务风险，从而做到既能提高公共服务水平，又能保障地方财政安全，实现社会的可持续发展。

由于 2014 年以前预算法不允许地方政府举债，由财政部代地方发行了少量政府债券，各省实际的政府性债务处于隐蔽或半隐蔽状态，但可以通过各省合计情况变化和个别省份的情况推测民族省区整体债务情况。为规范地方政府债务管理和配合预算法修正案的施行，财政部在 2014 年 11—12 月开展了地方政府性债务清理甄别工作，并将清理甄别结果报经全国人大常委会批准后，如数纳入预算管理。经过清理甄别和发行政府债券置换存量政府债务工作后，截至 2017 年 12 月底，全国地方政府性债务余额 16. 47 万亿元（其中一般债务 10. 33 万亿元，专项债务 6. 14 万亿元），比 2016 年末增加 1. 72 万亿元（其中一般债务 1. 07 万亿元，专项债务 0. 65 万亿元），比 2014 年末增加 1. 06 万亿元（其中一般债务 0. 9 万亿元，专项债务 0. 16 万亿元），比 2017 年综合财力少 2. 90 万亿元，债务率 83. 4%。2017 年民族地区政府债务余额为 3. 32 万亿元，比 2017 年综合财力多出 0. 78 万亿元，债务率 130. 9%。总的来看，债务率超过了国际公认的警戒线（100%）。其中，贵州省余额 8607. 16 亿元，债务率 199%；内蒙古自治区余额 6217. 37 亿元，债务率 177. 6%；云南省余额 8607. 16 亿元，债务率 149. 2%；宁夏回族自治区余额 1226. 26 亿元，债务率 113. 4%；广西壮族自治区余额 4836. 8 亿元，债务率 107. 7%；新疆维吾尔自治区余额 3377. 84

亿元，债务率95.5%；青海省余额1513亿元，债务率109%；西藏自治区余额98.64亿元，债务率7.9%。其中，截至2013年6月底，广西政府性债务4329.25亿元，包括政府负责偿还责任的债务2070.78亿元，负有担保责任的债务1230.89亿元，可能承担一定救助责任的债务1027.58亿元。2017年广西政府债务余额为4836.8亿元，债务余额限额为5312.8亿元，比2017年综合财力多出346.8亿元，相当于地区生产总值的23.7%，债务率107.7%。从可考究的资料看，2007年以来，各年度广西债务按政府性债务由财政资金实际偿还的最高比例折算后，总债务率为57.9%。

（二）积极作用明显，适度举债利于民族省区发展

一是弥补财政收入缺口，增强地方经济发展动力。1998年以来，为应对亚洲金融危机，刺激消费、拉动内需，特别是2008年以来，民族省区在中央的领导下，通过举债融资等办法积极筹措资金，积极应对国际金融危机和抗击雨雪冰冻等自然灾害，破解4万亿元一揽子经济刺激计划的地方配套资金瓶颈，增强了民族省区安排配套资金和扩大政府投资的能力，确保了地方基础设施建设和重大民生工程顺利实施，有力推动地方经济的持续健康发展和社会稳定长治久安。2008年以来，除西藏、青海和宁夏等人口较少地区外其他民族省区的地区生产总值均超过万亿元，民族省区的地区生产总值占全国国内生产总值的比重连年上升，城镇人口占比逐年上升，地方基本公共服务水平有所提高。特别是2009年，由于经济增长下滑，地方减收增支压力加大，中央建设项目地方配套资金及扩大投资资金无法通过经常性收入安排，地方政府债务资金充分弥补了财政收入缺口，发挥了宏观调控的作用，拉动了投资和消费，保持了地方经济平稳较快发展。2014年以来，通过公开规范透明的预算管理和举债方式，有力地约束地方官员手中的权力，制约了部分地方的投资冲动，也一定程度上制约了部分地方擅自提高财政保障标准或做出过高承诺的冲动，减少了很多不必要的重复建设，提高了财政资金绩效，对分税制“一刀切”管理改革弊端的有效校正，是经济发展能力较弱的民族省区的一种保护。

二是弥补市场失灵，加快推进地方交通等基础建设。市场遵循“优胜劣汰”的自然法则，市场规律对资源配置和价格定位处于主导地位，但市场规律也不是万能的，在社会公共产品或准公共产品的提供上存在市场失

灵，并产生“马太效应”，加剧了东西部地区发展不均衡和社会贫富分配不均，甚至会阻碍社会经济平稳发展。民族省区的大部分地区交通落后，地形复杂，道路建设成本高，资金回收期长，回报率偏低，存在市场投资失灵，为此当地政府大力举债融资，加大交通设施等基础建设投资，对促进地方经济加快发展取得较为明显的成效。如2017年当年贵州省交通基础设施投资近2000亿元，2017年广西交通基础设施投资近1000亿元，等等。可以说，2008年以来，民族省区抓住发展机遇积极融资举债，交通固定资产投资率大大提高，县县通高速和西江亿吨黄金水道，贵州的县县通高铁，新疆等地一批民用机场新建和改扩建以及西北西南国际油气陆路进口战略通道等重大交通工程项目得到了修建和推进。在改变民族省区落后交通面貌的同时，打通一二三产业融合发展路径，为优势资源与优质需求建设互通平台，将山旮旯地理劣势转变为生态发展优势。

三是助力脱贫攻坚，促进民族省区民生事业发展取得明显成效。民族省区是脱贫攻坚的主战场，经过实施中央的精准扶贫精神，每年有数百万人脱贫出列，国家级贫困县有序退出，成效明显。中央每年都大幅度地增加了扶贫转移支付款项，但是远远满足不了脱贫攻坚的资金需求，如易地扶贫搬迁，既要贫困户搬得出，还要住得稳，有就业有收入，就要配套基础产业，动辄上亿元的支出，远高于这些民族省区贫困县当地财政收入，这些长期收不抵支的根本拿不出多余的财力支持这项工作，也谈不上资金的统筹，必须举债。其中，比较规范和成功的有贵州省申报国家批准设立的扶贫基金，预计筹资3000亿元，为打赢脱贫攻坚赢得了主动。全面提升了民族省区贫困地区基层基础设施保障水平。与扶贫和乡村建设相关的乡乡通沥青水泥路、村村通公路、太阳能产业扶贫等项目获得了扶持资金支持，农村村容村貌和乡村治理得到了明显的改善。据统计，2017年比2007年各民族省区城镇化率提高10个百分点左右；城镇污水集中处理率和生活垃圾无害化处理率分别由2007年的60.6%和60%提高到2017年的90%和94%。全面推进基础教育“改薄”，有效改善高等教育薄弱基础。2012年各地积极推行高校化债以来，民族省区高等教育毛入学率有所提高，高等教育大众化水平进一步提高，高等教育办学条件显著提高，办学条件得到了进一步的增强，仪器设备数量持续增加、质量大幅提高。同时，民族省区义务教育阶段的“改薄”验收标准也得到推广和实施。

四是有力加强公共卫生服务和社会医疗体系建设。建设公共卫生服务体系项目大幅度增加，包括重大疾病预控、妇幼保健项目和精神卫生、农村急救体系建设和卫生监督项目，每百人平均医生服务人数有所提升，农村小病就近就医问题基本得到解决。

五是有力推进保障性安居工程建设。据统计，2016—2017 年，全国保障性安居工程累计建设 1200 万套；实施公租房和各类棚户区改造不低于 60%，并向 300 万户城镇低收入住房困难家庭发放住房租赁补贴。专项累计支出 2000 亿元以上。

据了解民族省区利用土地收储债筹集资金用于土地储备、基础设施建设和市政项目建设，这些优质资产具有较强的变现能力，使地方政府拥有和储备了较强的偿债能力。从国际经验看，赋予地方政府举债的权力和以债券发行为主的做法并不能解决好地方政府债务管理问题，所以有必要结合我国国情和地方实际，考虑民族自治地方经济社会发展特殊性，再次对民族自治地方债务问题开展研究。短期看，民族自治地方政府举债对加快新型城镇化建设和城市化进程，推动地区经济社会发展，改善社会福利水平，缓解地方财政收支压力，减轻即期宏观税负波动，延缓财政金融风险，平衡经济建设代际关系，具有积极而重要的现实意义；长远看，应当从转移支付制度来支撑民族省区的合理发展，民族省区潜在债务风险过大，将造成地方财政可持续性堪忧的问题。

三、当前民族省区政府债务的几个问题

民族省区地方政府的债务过重，不利于地方经济的长远健康发展。债务规模与财力不匹配，偿还能力不足。而欠发达地区经济基础薄弱、税源匮乏，一旦陷入债务“陷阱”，其财力很难支撑债务偿还，债务风险系数必将大大提升。国有土地出让收入是经济落后地区偿债来源的最大甚至是唯一依赖，而土地价格又受到地理区位、市场行情、国家调控等因素影响，还本付息压力极大而难堪其负。

（一）债务规模过大，潜在风险容易爆发

2014 年政府债务清理甄别后，各级政府债务更加显性，并要求分门别

类纳入各级财政预算管理，将以前各类隐性债务显性化，增加了各级政府刚性偿债规模。据统计，截至 2017 年底，民族自治地方政府性债务余额 3. 32 万亿元，债务率 130. 9%，相当于社会消费品零售总额的八成左右、固定资产投资的 36%左右，规模庞大。从各民族自治地方看，除西藏自治区外，其余地方的债务率均非常高，尤其是内蒙古、贵州和云南。如此庞大的债务规模，每天都产生沉重的债务还本付息压力，如雪球一般越滚越大，形成的刚性兑付遭遇经济形势不稳定而失控，就会引爆财政金融风险及其他不稳定因素，并造成地区间的不稳定。

为了确认地方债的风险，我到民族自治地方的某个地级市进行实地调研，当地市县政府债务规模如考虑隐性债务后，绝不亚于贵州省市县的债务规模和负担水平。具体情况见表 1：

表 1　　2013 年 6 月—2018 年 11 月底民族自治地方某市债务余额情况

单位：亿元,%

债务类型	截至 2013 年 6 月底债务余额				
	全市	其中：本级	市本级/全市	全市债务结构	市本级债务结构
地方政府负有偿还责任的债务	30. 78	19. 23	62. 5	73. 6	76. 6
地方政府负有担保责任的债务	6. 31	1. 97	31. 3	15. 1	7. 9
地方政府其他相关债务	4. 71	3. 90	83. 0	11. 3	15. 6
合计	41. 79	25. 11	60. 1	100. 0	100. 0
债务类型	截至 2018 年 11 月底债务余额				
	全市	其中：本级	市本级/全市	全市债务结构	市本级债务结构
地方政府负有偿还责任的债务	158. 49	82. 77	52. 2	100. 0	100. 00
其中：一般债务余额	122. 44	60. 86	49. 7	77. 3	73. 5
专项债务余额	36. 05	21. 91	60. 8	22. 7	26. 5
全市隐性债务	619. 57	350. 88	56. 6	100. 0	101. 0
其中：地方政府负承诺偿还的隐性债务	204. 00	101. 72	49. 9	32. 9	29. 0
地方政府提供担保的隐性债务	22. 75	0. 00	0. 0	3. 7	0. 0
政府支出事项隐性债务余额	392. 82	249. 16	63. 4	63. 4	71. 0
合计	778. 06	433. 65	55. 7	12. 9	23. 1

注：该市的政府债务年均增长是 30. 6%，市本级年均增长约 26. 9%，县级合计年均增长 35. 3%。

（二）负担过重，债务风险指标较高

主要表现在债务负担率过高。民族自治地方政府债务余额占地区生产总值的比重33%左右，比各省平均水平高于10个百分点，除西藏和内蒙古外其他省份常年高于全国地方平均水平，且严重高过国际地方政府负债的警戒线水平。另外是，2017年民族自治地方债务余额占地方各省债务余额总额的17.6%，远高于同期的财政收入或财政支出的全国占比水平和人口全国占比水平，也反映出民族自治地方的债务负担相对偏重的问题突出。

（三）结构失衡，容易发生债务风险

主要是负有偿还责任的直接债务比重过高，超出部分地方的政府偿债能力，在中央实行地方债不兜底的情况下，还是存在较大的财政运行风险。同时，债务期限结构安排不科学，偿债期过于集中。从偿债年度看，2013年7月至2017年到期需偿还债务的比例达到80.3%，说明举债期限太短、偿债期过于密集，不利于地方经济平稳运行。

民族自治地方政府性债务偿债压力加大，存在债务风险隐患，债务余额超过当地综合财力的省市县不在少数。如贵州，广西来宾、贺州等地债务规模偏大，风险高出预警线出现了即期兑付风险，同时又存在远期偿债压力和风险。2013年末，审计署对贵州省政府债务初次认定达到9300亿元。近年来，贵州省通过剥离债务等方式压减一定规模的政府存量债务，截至2017年底，贵州省政府存量债务规模约为8700亿元，已经完成置换约6700亿元，尚有2000亿元债务还没有置换，但2015—2017年新增限额分别为56亿元、64亿元、78亿元，合计仅为198亿元，对地方经济发展非常不利。另外，民族自治地方建设的高铁、高速公路等公益性项目，建设时期长，收效慢，产生的非税收入或经济效益短时间内还无法弥补债务资金的投入，行业债务负担也成倍增长，偿债压力巨大。

（四）隐性债务化而不解，徒增财政运行风险的不确定性

从经济发展情况看，政府投资不减缩，隐性债务必扩大。政府具有投资扩张和加大支出的倾向。由于国家只准地方政府通过征收税费和发行地

方债来筹资财政资金，但同时要求下级政府实施各种项目资金配套，下达各项考核问责任务，地方官员为了保住乌纱帽，只能曲线救国，搞违规借债或违规集资等变相融资，隐蔽性强，脱离监管，并呈扩大态势，既加大融资的成本，又带来新的管理风险。如部分市县政府仍然存在违规担保承诺的行为，通过 PPP 模式、政府购买服务、政府引导基金等方式举债或变相举债行为仍有发生。通过对民族自治地方某市政府隐性债务的调研，隐性债务远远大于政府债务。

（五）财源不足，偿债能力与举债规模不匹配

目前债务置换只是缓解了眼前的困难风险，缺乏建立有效的债务长远化解机制。民族自治地方历史上积弱积贫，受产业结构和发展阶段限制，一般预算收入和基金收入规模偏小，一般公共财政收入仅能够“保工资”“保运行”，甚至部分地方连工资都无法保障。民族自治地方土地收入包括在国有土地出让收入相对东中部地区处于“地广价次”尴尬地位，占地方各省的比重低于债务余额占比水平，无法承担将来到期的巨额的债务还本付息支出，未来刚性兑付风险增加。用西方的行政分权管理理念，这些地方财政已经不可持续、地方政府将面临破产，进而应由联邦政府接管代管。

四、民族省区政府债务存在问题的原因分析

（一）跨越发展是民族省区政府债务快速增长的根本原因

民族自治地方地处边陲，与外国交界，历史上长期属于防御战略地区，经济发展不充分。欠发达后发展是大多数民族自治地方的基本区情，经济发展结构不合理、产业发展不充分、财政收支严重不足、地区发展极不平衡等问题将长期存在，各项人均经济指标远远落后于全国平均水平，与发达地区的差距逐年拉大。当前，民族自治地方面临着国家加快推进工业化、城镇化加速发展的历史性机遇，还面临着西部大开发战略深入实施、中国—东盟自贸区、中国与周边国家友好往来的“双园双区”共建模式的推广，国家加大对革命老区、民族自治地方、边疆地区、贫困地区扶

持力度等重大机遇，如果民族自治地方再不抓住这一系列历史性机遇，充分释放后发展的民族区域自治优势、区位优势和资源优势，将无法实现到2020年与全国同步实现小康社会的目标，并长期处于落后位置。同时，民族自治地方大多地方既是边疆地区，又是生态保护屏障区和限制资源开发区等主体功能区，如果不注入发展动力进行宏观干预，任由市场竞争发展很容易形成“马太效应”，进一步加剧了地区间的不平衡，既不利于民族团结共同繁荣，也不利于国内经济社会的稳定发展。为此需要以“一带一路”开放战略和科技创新战略为引领，抢抓机遇，优先发展工业、优先交通基础设施建设、优先发展边境贸易经济区建设。

（二）财力缺口常态化是地方政府性债务持续增长的直接原因

财力不断上收，事权不断下沉。分税制改革存在财力不断上收、事权不断下沉的问题，严重地掣肘了地方财政收支运行。中央的转移支付资金无法满足地方需求，而地方又没有足够的收入来源，于是形成了事权与财力不匹配的问题。另外，中央对地方均衡性转移支付比例不高，大量资金通过专项转移支付，这种办法项目固化、标准偏低，既容易造成新的地区间分配不公和资金使用效率不高，影响地方的自主性，还派生出新的事权让地方承担，加剧了支出责任、事权的错配程度。如部分武警经费、民兵事业费、海洋管理、边海防等属于全国性公共产品的支出责任或价格补贴支出、扶贫支出等外部性较强的地方性公共产品支出责任较多地压在地方政府身上，对地方财力薄弱的民族自治地方难以承受，只能举债应对，责任后延。同时，民族自治地方为应对亚洲金融危机和国际金融危机配合中央实施积极的财政政策而承担的投资份额、承担边境建设等大量中央事权或准中央事权形成的财政投入，产生了大量的历史债务包袱。

部分财政支出固化，弱化地方政府财力科学配置。目前有教育等七类支出增幅与地区生产总值和财政收入超收挂钩，大大减弱了政府的宏观调控能力。2015年国家统计局改革国内生产总值的核算与“财政八项支出”挂钩，这八类支出占公共财政支出的60%以上（部分地区达到70%以上），由于民族自治地方基本公共服务均等化和促进经济发展的财政支出均存在历史欠账，需要在支出结构中平衡好两者的关系，但在国内生产总值考核指挥棒的引导下固化了财政八项支出的占比水平，形成了不适当的引导（前文已作具体描述），提高了相关支出增幅，严重削弱了财政资金调配能力，造成民族自治地方需要举债应对其他必需支出需求。

收入上划和事权下沉的趋势和支出结构固化必然造成地方财政收支缺口常态化。据统计，实行分税制以来，从收支对比情况看，2007 年民族自治地方公共财政收入占支出的 38% 下降到 2016 年的 33.8%，从统计的年份看，近六成的公共财政支出要靠中央支持，关键是，即使加上中央的转移支付收入，政府性基金收支合计后大口径收支比，民族自治地方从 2009 年起仍存在支出缺口，2016 年支出缺口超过 2000 亿元，其中中央支持资金大多有专门用途，并不能大规模地增加可支配财力，所以在我国工业化、城镇化加速发展的时期，地方政府尤其是民族自治地方需要规模举债融资以保证地方政府职能履行、地方经济平稳运行和支持当地工业化城镇化发展。

（三）基本公共服务历史欠账多，是民族省区举债发展的又一重要原因

民族自治地方基本公共服务均等化建设存在巨额历史欠账，教育、交通、社保、医疗等公共服务领域、民生领域的建设还有很多短板和空白，要加快补短板、惠民生就需要投入大量的财政资金。从目前民族自治地方的自身财力看，按当前的税制分成和土地市场行情，当地的一般公共预算收入和基金收入不足以满足这些需求，同时，全球及全国经济下行，中央的财政收入增长也在回落，新增的可用财力不多，也无法满足民族自治地方人民对美好生活日益增长的需求，为防范财政金融风险和规范管理，只能公开举债建设。民族自治地方的人口供养水平或支出保障水平长期且明显低于全国平均水平，如考虑户籍人口、区划面积和政府性基金收支等因素，民族自治地方的总体支出水平则更低，总体上制约了民族自治地方的经济社会全面快速地发展。

（四）“土地财政”问题多，不足以偿还巨额债务

当前各地偿还到期债务的主要来源是土地出让收入。据统计，2014—2016 年民族自治地方的政府性基金收入和国有土地使用权出让单项收入占比也在 70% 以上，西南三省区占比水平高于西北五省区。具体见表 2。

表 2　2014—2016 年民族自治地方政府性基金的土地出让收入情况表

省份	2014 年			2015 年			2016 年		
	政府性基金收入（亿元）	国有土地使用权出让收入（亿元）	国土出让金占比（%）	政府性基金收入（亿元）	国有土地使用权出让收入（亿元）	国土出让金占比（%）	政府性基金收入（亿元）	国有土地使用权出让收入（亿元）	国土出让金占比（%）
西北五省区	1283	874	68.1	848	543	64.0	847	562	66.4
内蒙古	503	358	71.2	250	153	61.0	263	177	67.2
西藏	40	33	82.3	39	35	91.0	51	43	84.7
青海	113	73	64.7	79	43	54.2	70	38	55.1
宁夏	201	130	64.5	147	97	65.6	129	78	60.5
新疆	426	280	65.6	333	216	64.7	334	226	67.6
西南三省区	2571	2047	79.6	1760	1387	78.8	1952	1633	83.6
广西	1020	793	77.7	696	507	72.8	805	625	77.7
贵州	839	721	86.0	662	582	87.9	716	647	90.4
云南	712	532	74.8	402	298	74.2	432	361	83.5
合计	3854	2920	75.8	2609	1930	74.0	2799	2195	78.4

注：据《中国财政统计年鉴》和各省份的财政决算公开数据统计和计算。

但“土地财政收入”，国家统筹力度小或难以统筹，极易造成各地各自为政，脱离国家的宏观调控，造成全国基本公共服务均等化进一步失衡，增减无序，增长受政策和房地产市场影响较大。民族自治地方的政府性基金收支占全国、地方各省合计的比重均低于 10%，反映出以土地出让为主政府性基金收支能力在全国还处于落后地位，同时，由于国家对政府性基金的统筹力度偏弱，还未能将东部发达地区的基金收入调节来支持民族自治地方发展，与一般公共财政支出占全国 14% 比重存在明显差距。同时，地区间相关横向转移支付制度还处于空白，按照当前的政府性基金管理制度民族自治地方难以分享到全国优先发展东部带动全面改革发展带来的红利，而民族自治地方大多地方是边疆地区、生态保护屏障区和资源开发区等经济后发展地区和贫困地区，容易形成“马太效应”，进一步加剧了地区间的不平衡。

（五）缺乏制约地方政府债务快速增长的制度笼子

地方官员有加大支出的偏好。虽然民族自治地方政府首长主要是宪法和民族自治区法中有规定性要求，其晋升更高阶职位不以地区生产总值论英雄，但是地方书记需要与其他省份官员进行同样的政治晋升考量。在地区生产总值风向引导下，经济要增长，政府要投资，政府与市场的边界就模糊，有形之手短期内发挥着强劲的作用，同时副作用也非常明显，导致无序竞争和恶性竞争。加上预算的刚性不足，部分地区政府机会主义行为依然存在，导致政府的支出规模存在极大随意伸缩性。城镇化建设无序扩张、超前投资、高标准实施易地扶贫搬迁政策等行为，均靠举借隐性债务来维持。支出进度考核制度不科学。作为财政政策的重要工具，政府债券资金履行着宏观经济调控职能，应发挥对经济的逆周期调节作用，这就对其使用方向和使用进度提出了严格要求。相关管理政策规定政府债券资金应用于重大公益项目的资本性支出，不得用于经常性支出。国务院和财政部为减轻地方政府还本付息压力，要求尽快使用债券资金，容易造成资金的浪费与低效。目前，债务管理与财政体制改革存在一定的冲突，国家出台的债务管理办法，缺乏立法的民主性和科学性，系统性和约束力明显不够。由于制度缺失或执法刚性不足，改变债务资金使用用途的情况时有发生，债务资金不足与闲置的问题并存。

此外，从民族自治地方政府债务管理实践看，债券作为唯一的举债方式存在明显的弊端。筹资成本缺乏优势，发债的时机与资金需求时间脱节。如债券利息加上发债手续费、办理发债耗费的时间价值成本，债券资金成本利率达到4%甚至更高一些。与部分政策性银行和国有金融机构给地方政府的金融贷款利率和还款期限非常接近且没有明显的成本优势和期限优势。相反金融机构给予的政策性贷款可以在限额内随时支取，支取使用后才计算贷款利息，既解决需求与供给在时间上的匹配问题，又有效地降低资金使用成本。西藏地区享受国家特惠利率政策，利息成本低于采用发行债券的方式。

五、国外发达国家地方政府债务管理经验借鉴

国外发达国家中，无论美国、德国、法国还是日本等体制各不相同的

国家，但其中央政府与地方政府的关系都是通过法律来规定的。通过比较分析英美法系和大陆法系国家的地方债管理经验，主要是对美国模式、澳大利亚模式、法国模式、日本模式分别进行了研究，得出发达国家管理地方债共有的经验启示。①

美国模式。美国是联邦财政体制，三级财政均可自行地编制本级政府预算，在需要的情况下，自行发行本级政府债券。地方政府举债形式主要通过发行银行借款、融资租赁和市政债券等形式进行债务融资。有效规避了地方财政风险，为地方政府的公共产品和基础设施建设提供强有力的保障。

澳大利亚模式。澳大利亚的地方政府债务管理分为规模控制、信用评级、预算管理等形式，对地方政府的政府预算透明度和化解债务能力进行评估等补充形式，以及构建完整的发债评估到债务偿还等一系列监管程序，实行联邦政府与地方政府协商管理的模式。

法国模式。主要以中央政府对地方政府债务控制方式直接控制地方政府的借贷权限。法国地方政府性债务不仅要接受立法、行政、司法机关的直接监督还需接受银行的间接监督。完善的监管机制形成了法国地方政府性债务监管的突出特点。

日本模式。日本是典型的单一制国家，长期以来其地方债管理制度以中央政府干预为主并实行计划管理。2006 年分权化改革以后，审批制逐步转变为协商制，中央政府对地方政府举债的控制则更多地依靠制度约束而不是行政审批。

四个国家地方政府债务管理的基本经验。

1. 法律明确规定中央与地方政府的支出责任与事权，允许地方政府举债。西方经济发达国家，无论是实行联邦制的美国、澳大利亚，还是单一制的日本，这些地方的宪法和法律都对中央政府与地方政府的权力划分以及地方政府支出责任与事权相匹配作出了明确规定。

2. 地方政府举债需要满足一定的条件。比如管理模式为审批或者协商以及规定地方政府举债限额。

---

① 本部分内容根据《经济研究参考》2015 年第 53 期中《国外发达国家地方债经验借鉴》，作者：黄思明、王璟谛。

3. 重视地方政府信用评级在限制地方政府债务规模中的作用。地方政府举借债务特别是公开发行市政债券前，需由信用评价机构对地方政府进行信用评级。评级结果将影响潜在债权人对地方政府债券的选择和筹资成本。

4. 过程控制较为完善。通过建立一系列监督和制约机制，在举债源头上，中央对地方发债进行总量控制和结构调整，债务使用过程接受动态监督。

可见，通过法律明确规定中央与地方政府的支出责任与事权，通过法律允许地方政府举债并对地方政府举债有所管控，中央对地方发债进行总量控制和结构调整，或审批或者协商、或规定地方政府举债限额，同时赋予地方政府自主发债等灵活操作的自主权，规范了中央与地方的债务管理关系，中央总体上掌控了地方债务风险，又调动了地方政府积极性。这个例子反映出，尽管我国与外国国体和所有制不同，但通过法律来确立中央与自治地方财政关系具有积极的借鉴意义。

六、构建符合民族省区政府债务管理制度的几点思考

（一）统筹民族自治地方特殊性，做好地方政府债务管理的顶层设计

理顺促进民族自治地方经济发展与防范局部地区财政金融风险的关系。政府债务过重和隐性债务存量久拖不决，会拖累经济增长，规模越大，其拖累效应越为明显，进而影响到地方财政的可持续性。巨额的地方债务（含隐性债务）是一连串的债权债务关系，涉及众多的利益主体，如果不及时有效化解，将会演变成财政金融风险，极有可能引致一系列社会风险，危及到经济社会的安全稳定。

理顺政府与市场的关系，厘清政府与市场的界限。注重债务规模最优管理，坚决守住财政的底线，坚决杜绝过高承诺和过高保障标准，优化债务管理制度，只做雪中送炭，不做锦上添花；开好“前门”拓宽地方政府规范的融资渠道，促进地方政府融资平台转型，实现市场化经营；同时，应当加强政府债券资金使用管理，确保其效益及时有效发挥，实现公共债务风险的对冲。

理顺严格地方政府债务管理与对民族自治地方的差别化政策的关系。将发行地方政府债券作为地方政府唯一的举债方式，从理论上看与债务规模最优规模和风险防控并没有直接关系，最主要的是地方政府债务要公开、透明，受到法律刚性约束，接受民主监督，服务于地方经济社会发展。从长远看，解决地方政府债务风险管理，主要是完善立法，严格执法，而非“一刀切”的管理办法。

理顺民族自治地方政府债务管理与日常财政收支管理的关系。按照现行预算法要求，地方政府性债务收支已经全部纳入预算管理。但其规模过大，甚至超过了公共财政，应当参照国际惯例，加强地方政府债务管理的立法，提高地方政府债务管理法制权威性和管理的规范性。同时，全面加强政府综合财务报告制度在民族自治地方先试先行，摸清当地资产负债底数，为适度举债和可持续发展提供科学参考。

理顺民族自治地方政府扩大债务与中央加大转移支付的关系。按照宪法和民族区域自治法要求，上级政府对民族自治地方的经济社会发展有帮助的责任，民族地方有享受上级转移支付的权力。在研究中，发现中央对民族自治地方的转移支付收入与地方债务收入有替代关系。1978—2016 年民族自治地方总体上财政支出占全国的比例远低于常住人口占全国人口的比重，存在历史累积公共支出欠账，应统筹考虑好两者的关系，以历史补偿和共同繁荣为原则，加大中央对民族自治地方基本公共服务的转移支付保障力度，切实减轻民族自治地方的政府债务负担，使中央对民族自治地方公共服务和经济社会发展的补偿实现趋势性和历史性平衡。

理顺好民族自治地方政府债务风险处置防控与中央对地方债不兜底的关系。要坚决破除地方政府认为中央会“买单”的“幻觉”，抑制地方政府不合宜的投资冲动，防范地方官员道德风险。同时，也要科学甄别民族自治地方政府债务形成的合理成因，其中部分支出属于中央事权和需要中央给予转移支付扶助的，应给予适当方式转化风险承接。对经济发展较为落后，偿债能力较低的民族自治地方还要设立预案，坚决防止因处置政府债务风险造成经济发展断裂并引发其他社会风险。

（二）深化财税制度改革，进一步缩减地方的债务规模

缩小政府事权和支出责任范围，减少政府举债需求。政府性债务资金

是以政府公信力为依托、财政资金偿还为保证的公共资源，应当进一步加大对公共产品生产领域的投入，完全从私人产品领域中退出，准确把握准公共产品提供的力度和方式，把竞争性领域的产品提供让给市场，发挥好政府使用债务资金的杠杆作用。

中央适当上收事权，适度增加对民族自治地方转移支付规模，有效提高民族自治地方财力，最大限度减少地方发展对政府性债务的依赖。将属于全国范围受益的支出事项全部将由中央负责，如边疆的国防、外交、国家安全，确保全国政令统一、维护市场统一，破除各地贸易壁垒，促进区域协调，同时要减少委托事项，以加强国家的统一管理，提高全国的公共服务能力和水平。

推进地方债券市场化和创新地方债融资渠道。完善地方债制度体系和市场化定价机制，丰富债券品种和拓宽投资者主体，健全地方债市场监管制度，促进地方债市场的长期健康可持续发展。针对西藏和新疆实行的特殊财政政策，实行差别化政策；坚持公开、透明、规范的债务管理原则，对部分民族省区化解地方债风险任务重的，可以通过商业银行贷款展期，或政策性银行购买，以及省级财政代管的方式，有效消解民族自治地方基层政府的隐性债务。

（三）建立健全成熟合理的地方债运行体制

成熟合理的地方债运行体制既能够较好地促进新型城镇化建设，促进地方经济社会的健康、可持续稳定发展，又能更好地为地方政府提供公共服务，为地方公共基础设施建设提供资金保障。故应采取“疏”“堵”并行的方式有效促进经济发展且从源头进行管控。

加强过程监控。对债券的发行环节、资金使用情况、债务偿还情况进行跟踪监控。继续推进地方政府债券发行定价市场化，减少政府对地方政府债券发行定价的干预，加强地方政府债券信息披露的及时性、准确性和完整性，提高地方政府债券发行规范化水平。建立地方债动态监控体系，重点是结合我国国情和民族自治地方实际，对不同区域的发展潜力和发展前景设定负债率、债务率、偿债率和未来债务负担率不同区间的预警指标，对政府性债务规模、结构、期限和安全性实行动态监测，多角度、全过程动态监控地方政府性债务，最大限度防范债务风险。同时，制定地方债务风险预警清单和责任追究机制，重点监控高风险地区。

提高地方债透明度。民族自治地方一方面是政府显性债务的不断增长，由融资平台举债形成的地方政府隐性债务无序增长未能有效遏制；另一方面财政资金的使用绩效不高，必须通过规范管理、纳入预算，提高债务管理透明度和公众参与度，实现治理的多元化。促使地方政府隐性债务显性化，全面客观地向公众和人大代表公布并接受监督质询，同时分类分户建立管理台账，保证债务资金的管理安全性信息完整性，为提高债务资金使用绩效提供信息源，并严格执行“用财要问效、无效要追责”的管理原则，有效抑制基层政府投资冲动，减少债务管理风险。

风险评估与信用评级。政府债务性资金是政府公共资源的重要组成部分，应该建立全口径的地方政府性债务管理制度进行管理。对地方政府债务规划可建立中期债务规划，将地方政府偿债能力、举债规模，包括地方政府预算收入、配置的行政事业性、资源类等资产等，作为评估指标的同时，对项目评估、举债、债务使用及偿还等一系列过程做明确规划，从而进行风险管控。

（四）构建地方政府性债务规范管理的长效机制

加强隐性债务存量穿透甄别。目前，存量隐性债务背后均是连串的债权债务关系链条，涉及多个利益主体。要穿透甄别隐性债务存量，全面掌握债务实质，倒查问责责任主体，推行终身负责制，彻底打消“为官一任，一走了之”懈怠思想。

牢固树立可持续发展政绩观。地方党政领导违背一地财力基础、脱离经济社会发展阶段实际，盲目上项目、铺摊子的政绩愿望必然会加剧债务风险乃至经济社会风险，要坚决使其树立可持续发展观，及时“刹车”遏制隐性债务增量。坚持尽力而为、量力而行原则，促进地方政府间开展良性竞争；加快地方政府融资平台转型，避免“推波助澜”增加隐性债务；强化预算硬约束，不断降低财政机会主义行为。

增设债务预算管理，提高债务资金管理的透明性和绩效性。建立政府债务预算编制制度，根据债务预算核算的需要增加相应收支科目，严格将债务事项纳入预算管理。结合部门预算编制，由各部门首先根据实际情况编制项目投资建设需求和举债的规模，以及本部门旧债偿还计划；财政部门根据项目设立评估报告和项目建设需要，衔接其他四大预算把握资金承受和偿还能力，合理安排总体的举债规模和偿债计划，对重大举债建设项目，财政部门要提前介入，评估项目建设的合理性、可行性，把政府债务问题“治已病”和“防未病”有机结合起来。

建立偿债管理机制。建立债务风险应急处理准备金制度，规定从国有土地出让收入和财政超收入中提留一定比例收入，并上缴上级财政部门。明确为年度发生短收等财政困难造成偿债基金及当年预算安排资金不足偿债时，可动用准备金以丰补歉，确保到期债务按时足额偿还。建立健全终身问责追责机制，对长期项目跟踪出现问题的项目相关政府部门和地方政府官员要予以追责，对未能按时还债的依照规定追究行政责任或法律责任，有效约束地方债务规模和化解债务管理风险。

加强专业人才培养。民族自治地方地方债管理专业人才匮乏，要加强地方政府债券专业人才队伍建设，要建立部委与地方政府共建、发行机构与财政部门共建的机制，培养既能详细掌握债券的发行、管理、流通等环节，还要熟悉金融、证券等领域专业知识，并对宏观经济环境、财政政策等有正确判断的专业人才。

【简评】 文章的主要部分虽发表于2019年，但主要观点并未过时。2008年国际金融危机爆发以来，我国实行了扩张性的财政政策，与这同步的是地方政府性债务规模急剧膨胀，市场经济结构性调整步伐放缓，地方财政金融风险骤然积聚，并呈愈演愈烈之势，地方政府性债务管理问题已经到了必须研究和解决的地步。2014年，中央经济工作会议上，首次将防控地方政府债务风险列为一大任务，全国人大通过《中华人民共和国预算法》的修订案，旨在用法律约束行政权力，同时将财政收入预算修改为预期，赋予了省级政府举债的权力，“开前门”“堵后门”，皆在全面规范地方政府举债行为，有效防范系统性和区域性财政金融风险。然而，事与愿违。从债务数据统计看，回首审视政策初衷非常美好，财经运行现实却不堪重负，地方债务规模一路狂飚，法定债与隐性债竞速，风险暗流涌动翻滚，财政经济运行风险巨大。西部地区的民族省区多为边疆地区、贫困地区和农业省份，经济欠发达后发展，通过举债缓解了地方财政压力，促进了地方经济社会发展，但也背负着沉重还本付息负担，加上地方隐性债务长期不良运行，长此以往，不可持续，并存在较大的风险隐患。从学理上看，中央与地方财政支出比例约为15∶85，实质上存在较大分权。而通过规定程序让地方举债，虽实行限额管理，但赋予地方发债并自行安排债务支出，加上地方土地财政收支的自主安排，进一步扩大了中央与地方的最大分权的实质，两者高度相关，也是对地方财政管理失序的表现。如何科学合理地利用地方政府债务，使之既服务于地方经济发展，又使风险处于可控的范围内，对于民族省区来说是重要时代命题。本文以部分民族省区为例，对我国地方政府债务管理存在的问题进行深度再思考，探讨既利于长远，又能解决当前的政策建议。笔者认为在地方政府投融资平台没有转型之前，即没有堵住“后门”之前，就放开“前门”，无异于打开央地管理变形的潘多拉魔盒，到了应当纠改的关键时期。

清理财政暂付款的几点思考[①]

王璟谛　等

财政暂付款是一个合规性政策工具，主要解决临时性财政资源配置问题。但是，近年来部分地方存在滥用临时政策工具，短期措施长期化的特点明显，暂付款规模居高不下，呈逐年递增的趋势，财政陷入“账上有钱，库里没钱”的被动局面，造成正常预算安排缺乏资金保障等问题，一定程度上破坏了预算法定的严肃性和约束力，加大了基层“三保”压力，给财政运行带来了风险隐患。地方财政暂付款问题突出，引起了中央的关注，国务院和财政部多次发文，明确要求加强和规范管理财政暂付款。

一、财政暂付款问题研究的重要意义

（一）我国财政暂付款的定义与属性

财政暂付款（简称“暂付款”，下同），笔者认为，可以简单概括为非年度预算支出和非财政行为支出的财政资金往来，又称财政借垫款。具体是指政府财政业务活动（包括与下级财政往来）中应收暂付款项而形成的债权，包括借出款项、预拨经费、其他应收款三种类型，与2014年暂付款的核算口径有一定的区别（具体见表1）。暂付款不仅核算在预算之外各级

① 本文为广西财政系统调研课题优秀成果，刊载于广西财政科学研究所《研究报告》2021年第17期。课题组组长：王璟谛。课题组成员：闫彬彬、陈良、蒋晖、梁咏晨、罗建新、张建平、韦健、于诗琴。文末作有简评，协助读者进一步了解财政暂付款的相关情况及作者对策建议的简要构想。

财政部门向所属预算单位或其他单位借出临时性急需资金以及应对突发事件急需垫付的资金，也核算提前预付当年财政预算支出或者以后需列入财政预算的资金支出等。① 按现行政府会计的定义，借出款项，指政府财政按照合同约定借给预算单位临时急需、并需要在规定期限内收回的款项；预拨经费，指尚未列为预算支出，政府财政预付给预算单位的款项；其他应收款，指政府财政临时发生的其他应收、暂付、垫付款项。暂付款在解决政府临时增加重大支出需要，弥补预备费不足和预算调剂不足，提供了政策和技术手段，与暂存款在财务核算科目上形成对应，属于财政财务往来性质的合规性核算工具，没有优劣之说，是财政财务核算活动不可或缺的组成部分。但是，超大规模暂付款及应收款项会存在合规不合理的问题，应当及时清理结算，不得长期挂账，以免影响正常的预算执行，甚至形成财政风险累积影响经济社会的平稳运行。

表 1　　2014 年前后暂付款核算口径的对比表

	暂付款核算口径
2014 年前	1. 对外借款：指财政部门向政府部门、企事业等单位临时出借的国库存款和其他财政性资金； 2. 垫付资金：包含垫付地方债务到期本息、垫付有收益的公益性项目资金、垫付无收益的公益性项目资金、垫付上级专项配套资金、垫付土地收储征地成本、垫付其他项目资金
2014 年后	1. 借出款项：指政府财政按照合同约定借给预算单位临时急需、并需要在规定期限内收回的款项； 2. 预拨经费：指尚未列为预算支出，政府财政预付给预算单位的款项； 3. 其他应收款：指政府财政临时发生的其他应收、暂付、垫付款项

（二）治理财政暂付款是国家治理现代化的必然要求

党的十八届三中全会提出国家治理现代化的目标，并指出财政是国家治理的基础和重要支柱，科学的财税管理体制是国家长治久安的重要保障。为此，财政治理体系和治理能力也提上了重要的议事日程。各级将暂

① 见财政部印发的《财政总预算会计制度》。

付款问题作为一项重要管理工作对待，国务院、财政部多次发文，要求各级财政部门加强暂付款管理工作，严格规范地方暂付款管理，并明确了暂付款的一些工作要求。

2014 年，国务院印发了《关于深化预算管理制度改革的决定》（国发〔2014〕45 号）（简称“国发 45 号”，下同），提出了加强预算执行，提高财政支出绩效，明确要求规范国库资金管理，全面清理财政借垫款，应预算安排的列预算支出，合规临时性借款及时清理收回，不合规的限期收回，严禁违规向非预算单位和无预算安排支出借垫款。将加强暂付款管理提高到了加强和完善国家治理的高度。2021 年 3 月，国务院印发《国务院关于进一步深化预算管理制度改革的意见》（国发〔2021〕5 号）明确要求强化预算执行和绩效管理，增强预算约束力，并提出四个“严禁”，其中“严禁以拨代支，进一步加强地方暂付款项管理，除已按照规定程序审核批准的事项外，不得对未列入预算的项目安排支出”。[①] 这些文件是顶层设计，都提出加强暂付款管理，充分体现了国家层面高度重视暂付款问题。

财政部作为最高的业务管理部门，多次下发文件指导各地各级加强暂付款的管理。2014 年，财政部就关注暂付款问题，印发了《关于报送地方暂付款情况的通知》（财办库〔2014〕447 号），明确要求加强暂付款管理，防范财政金融风险，同时，明确了借、垫、挂和国库现金管理等统计口径，明确其他应收款规模占比不超过 10% 的要求，以及各地要加强成因分析、应对处置建议，为进一步加强和规范财政库款管理提供了条件。2018 年 12 月，财政部印发的《财政部关于严格规范地方财政暂付性款项管理的通知》（财办〔2018〕41 号）明确要求，各级财政部门要严格控制暂付款增量，强化预算执行约束，坚持“先有预算，后有支出”，严格控制新增暂付款项的规模和累计余额，规范借出资金的范围和期限，要完善暂付款项的审批程序，加强预拨经费和其他应收款管理；结合实际，分年制定暂付款的消化方案，加强暂付款清还工作，全面清理暂付款的存量。从文件规定看，主要是加强对财政对外借垫款项的治理。

---

① 2021 年 4 月 13 日，《国务院关于进一步深化预算管理制度改革的意见》（国发〔2021〕5 号）。

（三）加强财政暂付款管理是地方发展现实需要

当前，民族省区仍处于欠发达后发展的阶段，管好用好有限的财政资源显得极为重要。大多数省区高度重视暂付款的管理和消化工作，严格按照国务院、财政部的相关工作部署和要求，采取多项措施推进地方暂付款管理工作。

例如，为落实国发〔2014〕45 号文件有关要求，2015 年，广西壮族自治区人民政府印发了《关于深化预算管理制度改革的实施意见》，明确提出全面清理和规范财政借垫款的要求，提出 2015 年收回临时借款、2016 年底收回不合规借款、2017 年消化完应预算列支的项目支出等要求，以及建立责任追究制度和制定了暂付款五年消化计划。从 2019 年起，广西通过采取不定期通报的方式，对全区各设区市、县（区）的暂付款管理情况进行通报，并在《广西壮族自治区财政管理工作绩效考核与激励办法（试行）》中增加了财政暂付性款项管理的指标，有效督促各市、县（区）切实加强暂付款清理收回工作。

据观测，地方财政的暂付款从 2013 年到 2020 年的规模总体是增长的，大致相当于一般预算收入和支出的比重约 30% 和 10%，严重制约地方财政健康平稳运行。据调查，县级财政借垫款规模巨大的问题尤为突出，账上有钱，国库亏空，无钱支付正常预算项目资金，影响财政运行良序。① 财政部地方监管局多次就地方部分县（区）暂付款过高和全省区地方暂付款“不降反升”向财政部和地方政府报告。对此，财政部和省领导非常重视。据统计分析，有的民族省区 2/3 的县（区）暂付款规模接近一般收入规模，1/3 的县（区）暂付款相当于一般预算支出的二成以上，虽然没有地方债务负担那么沉重，但是形势还是非常严峻。所以，提高清理消化暂付款的认识，加大力度清理收回存量暂付款，严格控制新增暂付款，有效保障年度预算正常执行，将地方财政运行恢复到安全区间，确保地方财政经济平稳运行，具有现实意义。

---

① 王璟谛：《国家治理视角下民族自治地方财政问题研究》，2019 年，中央财经大学博士学位论文。

（四）财政暂付款问题值得进一步研究

一直以来，财政学者和财政部门非常重视暂付款问题研究。暂付款的支出存在多部门、多单位性，以及发生支出的频繁性和收回的不确定性；如果暂付款过多，会加大各级财政预算资金调度难度，影响财政资金效益的发挥，构成财政运行风险（张瑞芳、王燕，2013）。尽管各地情况不一，大多省份的各级财政部门非常重视暂付款过高的问题，相关的研究报告、调研报告等研究成果也是非常多，值得广西学习借鉴。尤其是财政部地方监管局多次反映当前部分省市的个别市县已出现因暂付款规模过大，导致重点领域支出得不到保障、拖欠工资等现象，并提出了一些建议和提醒，值得关注并进一步深入研究。

为了遏制财政暂付款规模不断攀升，中央和地方出台了一些制度和方法。但是，从实际治理效果看，当前财政暂付款总体“不降反升”、部分地区“增长过快”的问题突出，长此以往，反映出财政管理中必然存在深层次的原因，同时，在地方财政收支矛盾更加突出的情况下，对地方暂付款管理问题进行研究，需要客观评估地方暂付款管理的成效和风险，肯定近几年采取的有效举措，并总结上升固定为制度，汲取工作过程中的经验教训，从体制机制等深层次因素上分析，查找问题根源，提出规范和清理暂付款、盘活财政存量资金，提高财政资金运行绩效，助力积极财政提质增效更可持续，助力地方经济社会更高质量发展，具有重要的理论意义和现实意义。

二、全国财政暂付款的基本情况

随着《中华人民共和国预算法》的颁布实施和贯彻落实，近年来，财政国库管理制度改革的不断深化，各地区财政部门不断加强预算执行管理，逐步建立起较为完善的预算执行管理机制，加强国库现金管理制度建设，提高了财政资金的使用效率和安全性。但在实际工作中，一些地区尤其是基层财政部门没有严格执行国库集中支付制度中关于资金支付和清算管理的规定，存在预算约束不强的问题。

（一）近几年全国地方财政暂付款变动特点

一是总体呈增长趋势。2013—2019 年，全国地方财政暂付性款项余额，年均增长率 7%，高于一般预算收入增长速度。二是与收支相比，比重变化方向相反。2013—2019 年，全国地方暂付款相当一般预算收入的比重为 30% 左右，总体上略有上升；全国地方暂付款相当一般预算支出的比重为 15% 左右，总体上略有下降；三是各省普遍增长。2013—2019 年，全国财政暂付性款项的余额呈现规模较高且逐年增加的态势，除青海省、上海市、北京市、安徽省、浙江省、江苏省 6 个省（自治区、直辖市）以外，其余 25 个省（自治区、直辖市）相较于 2013 年，2019 年的暂付款规模均存在不同程度的增长。2019 年，36 个考核单位中仅有 15 个年末数低于年初数。四是暂付款占比东低西高。分地区来看，东部、中部、西部、东三省地区 2019 年暂付款占一般预算收入比重分别约为两成、三成、四成、八成。[①] 虽然占比各不相同，但是财力与经济好的地方，相关占比就低，反之就高，东低西高的特点明显，尤其是东三省老工业基地近几年经济发展乏力，问题更为突出。

（二）东中西部地区财政暂付款的基本情况

东部地区整体经济发展情况较好，暂付款占一般预算收入和一般预算支出的比重总体水平较低，且北京市、上海市、浙江省、江苏省 4 个省或直辖市 2019 年暂付款规模相较于 2013 年有所减少。2019 年东部地区 10 个省、直辖市中，上海市暂付款占一般预算收入和一般预算支出的比重最低，不到一成；海南省暂付款占一般预算收入比重超过五成，天津市暂付款占一般预算支出比重为三成左右。中部地区中，安徽省 2019 年暂付款规模相较于 2013 年有所降低，且 2019 年安徽省在中部地区各省中暂付款占一般预算收入和一般预算支出的比重最低，不到两成；但也风险高的，如河南省。西部地区近年来得到国家西部大开发政策的支持，经济增速明显加快，暂付款占一般预算支出的比重情况与东部地区、中部地区大体相

---

① 财政部相关规定的指导意见，一般使用暂付款占公共财政支出和基金支出的和的比重。文中选择一些其他指标进行对比，主要是放大风险的映像，以利于研究和决策。从实际看，暂付款管理既有财力问题，也是管理问题。

似，2019 年暂付款情况最好的青海省，暂付款占一般预算收入和一般预算支出的比重不到一成；但西部地区仍有半数省份存在暂付款规模较大，占一般预算支出收入比重较高等问题，如 2019 年暂付款余额占一般预算收入比重超过五成的有广西自治区、贵州省、内蒙古自治区、四川省 4 个省或自治区，其中个别省份余额为当年一般预算收入的 1 倍以上。[①] 东三省地区 2019 年暂付款规模占当年一般预算收入的比重均超过八成，占当年一般预算支出的比重均超过两成。

三、客观评价和分析广西财政暂付款管理

（一）广西财政暂付款在全国排位情况

随着中央对广西的投入逐年加大，广西财政支出虽然实现了较快的增长，有效推动了全省的经济、社会的快速发展，但仍然存在着暂付款未能及时清理和消化的问题。从总体上看，2013 年、2019 年全省暂付款规模排在全国各省（自治区、直辖市）中游，分别排全国第 17 名和第 16 名，相对稳定；2013 年、2019 年广西暂付款相当于一般预算支出的比重分别排全国第 12 名和第 15 名，排名有所下降，反映出中央对广西转移支付支持的加大和自身管理改革上的努力。2013 年、2019 年广西暂付款相当于一般预算收入的比重，分别排全国第 5 名和第 13 名，排名明显下降；一方面，反映出广西积极加强管理和积极发展经济并取得积极的成效，另一方面，也反映出广西暂付款长期处于高位运行。尤其是广西暂付款与一般公共预算收入的比重，高于全国地方平均水平约 10 个百分点，足以看出广西暂付款的清理和消化工作仍较为急迫和严峻。

（二）广西财政暂付款结构性分析

从借出资金的对象来看，暂付款主要包括：预算单位、上下级财政部门、融资平台公司、国有企业、私营企业或个人等。从借出资金的用途来

① 西部地区省份，相对其他省份，主要依靠中央转移支付为主，用财政暂付款占地方一般公共收入比重，可以突出该地区此项管理风险水平高，反映自身化解风险的空间较小，不代表该地区全部财政运行风险水平。

看，暂付款主要包括：垫付土地收储成本、公益性基础设施和保障性安居工程建设、政府主导的其他重大项目、到期债务本息、预算单位人员工资和运转等社保经费缺口、企业扶持注资增资和国债转贷资金等。

据统计，2019 年末，广西暂付款资金支付性质看，预拨经费占比 35.6%，比同期全国地方平均水平（15.1%）高出 20.5 个百分点；借出款项占比 7.9%，比同期全国地方平均水平（23.4%）低 15.5 个百分点；其他应收款占比 56.5%，比同期全国地方平均水平（61.5%）低 5 个百分点。一定程度上反映，与大部分省份一样，其他应收款的问题最大，占比远高于财政部提出不得超过 10% 的规定，是治理清理的重点。同时，广西又有自己的特点，借出款项占比明显低于全国平均水平，反映了广西财政借出款项管理严格，控制得比较好，但是预拨经费占比明显高于全国水平，而且占比超过三成，反映广西预算管理整体偏软，约束乏力，预算的预见性、前瞻性和科学性不高，以及预算法的遵从度不高。从各地实地调研的情况，发展阶段不同与发展重点不同，各地暂付款的结构也各不相同，风险点各不一样。

县（区）级是暂付款分级治理中的主要层次。2020 年末，县（区）级及以下财政暂付性款项余额，占全省比重为 68.1%，约七成，2018 年以前形成占六成；2019 年以后累计新增形成占四成，暂付款累计消化存量 150 亿元，占比约三成。反映出当时暂付款的特点是县（区）为主，以存量为主，化解难度大。

以地级市 AA 市暂付款结构分析为例，垫付土地收储成本占财政借垫款总额的 52.9%；垫付公益性项目和市政基础设施项目建设资金占财政借垫款总额的 21.3%；垫付地方债务到期本息占财政借垫款总额的 5.9%；对外借款占财政借垫款总额的 6.0%；其他财政借垫款占财政借垫款总额的 13.9%。从调研了解的情况看，该市 2020 年末暂付款余额 76.84 亿元，比上年增加 28.64 亿元，增长 59%。最大的困难包括：垫付土地收储成本是为了满足城市化和项目建设需求，投入大量资金进行土地储备，但是项目拆迁时间跨度长，加上经济增速放缓的形势下土地出让金无法达到预期，导致土地储备居高不下，暂付融资平台公司资本金不能及时收回，长期占用预算资金。虽然近年 AA 市财政收入增速保持在全省前列，但是与地方发展的需求比地方财力仍然严重不足，财政支出大部分需要依靠上级转移支付支撑，地方政府需承担的社会公共资源投入任务非常繁重，而这些建设资金的来源大部分是由地方筹资解决，支出需求与 AA 市的可用财力之间差距明显，短期内要预算安排消化财政存量借垫款难度很大。

以农产品主产区 BB 县为例，暂付款结构为政府主导其他重大项目 3.66 亿元，占总额的 46.9%；公益性基础设施建设 1.76 亿元，占总额的 22.6%；垫付土地收储成本 1.29 亿元，占总额的 16.6%；支持企业发展 0.35 亿元，占总额的 4.4%；其他 0.74 亿元，占总额的 9.5%。从调研了解的情况看，该县 2020 年末暂付款余额 8.43 亿元，比上年增加 1.69 亿元，增长 25%。最大的困难包括：BB 县是财政支出严重依赖上级补助的地区之一，从 2018—2020 年一般公共预算数据看，上级补助收入分别占收入总计的 59%、59%、66%，地方一般预算收入分别占收入总计的 22%、24%、17%。BB 县主要困难是对外借款时间间隔较长，部分借款企业已经破产，催收力度不够，形成呆账、死账，清理收回难度大。伴随着财政借垫款逐年增大，财政支付风险逐渐显现。大量的财政借垫款挤占库款，导致库款异常紧张。近两年，BB 县库款保障水平持续在低位运行，2019 年和 2020 年该县各有 8 个月和 10 个月库款保障水平低于 0.3 倍，多次被财政部点名关注。

以农产品主产区 EE 县为例，暂付款结构为政府主导其他重大项目 1.62 亿元，占财政借垫款总额的 30.6%；垫付土地收储成本 1.6 亿元，占财政借垫款总额的 30.2%；支持企业发展 0.73 亿元，占财政借垫款总额的 13.8%；其他财政垫款 1.35 亿元，占财政借垫款总额的 25.5%。从调研了解的情况看，该县 2020 年暂付款 5.3 亿元，借垫款规模比 2019 年底增加 425 万元，同比增加 0.8%。最大的困难是，截至 2020 年底，EE 县财政借垫款总额为 5.3 亿元，其中 2.14 亿元应由财政预算安排消化，占财政借垫款总额的 40.4%。该县短期内要预算安排消化财政存量借垫款难度非常大。财政借垫款逐年增长，大大削弱了支付能力，增加了财政资金安全风险，给财政运行和长远发展留下了隐患，对财政资金的安全构成威胁。

（三）重点分析县级财政暂付款情况

县域经济考核体系将全省分成：城市主城区（经济发展与结构优化以

及产业园区）、农产品主产区（农业示范区）、重点生态功能区（脱贫攻坚主战场和生态保护区）、重点开发区（工业），各有侧重、各有特点，可分别与对应全国东、中、西部地区划分的西部地区、中部地区、东三省和东部地区。据统计，近年来，东部、中部、西部、东三省地区暂付款占一般预算收入比重分别为20%、36%、48%、98%；广西的城市主城区34%、农产品主产区94%、重点生态功能区102%、重点开发区93%，主城区与东部地区一样具有相当的造血功能，有一定的可用财力能力消化暂付款。但其他功能区则与东三省接近，基本上没有自有财力来消化的能力。

近年来，东部、中部、西部、东三省地区暂付款占一般预算支出的比重分别为14%、15%、16%、34%。广西的城市主城区16%、农产品主产区15%、重点生态功能区10%、重点开发区21%，受中央及自治区加大转移支付支持影响，广西的重点生态功能区的相关占比最低，压力最小，同时，主城区与东部地区的占比差别较小，压力相对较轻，而农产品主产区和重点开发区的占比较高，应该是清理和消化县级暂付款的主要区域。当然，各个区域都有值得关注的重点地区和重点领域，为更好地开展针对性工作，进一步对分功能区情况进行分析。

1. 重点生态功能区情况。截至2020年末，重点生态功能区财政暂付性款项余额占全省比重11%，其中：暂付款占一般预算收入比例超过100%的多达13个县（区），占29个重点生态功能区的45%，占比最高的县（区）是415.8%；暂付款占一般预算收入比例最低的县（区）是4.7%；暂付款占一般预算支出比例最高的县（区）是25.8%，占比超过20%的县（区）仅5个；暂付款占一般预算支出比例最低的县（区）是0.3%。

2. 农产品主产区情况。截至2020年末，农产品主产区财政暂付性款项余额占全省比重63%，其中：暂付款占一般预算收入比例最高的县（区）是309.4%，占比超过100%的多达16个县（区），约占33个农产品主产区的50%；暂付款占一般预算收入比例最低的县（区）是0；暂付款占一般预算支出比例超过20%的县（区）有8个，占比最高的县（区）是40%；暂付款占一般预算支出比例最低的县（区）是0。暂付款占一般公共预算收支比例为0，主要是受行政区域的重大调整的影响，不具可比性。

3. 重点开发区情况。截至2020年末，重点开发区财政暂付性款项余额占全省比重21%，其中：暂付款占一般预算收入比例最高的县（区）是

329.9%，占比超过100%的多达14个县（区），占28个重点开发区的50%；暂付款占一般预算收入比例最低的县（区）是3.7%；暂付款占一般预算支出比例最高的县（区）是54.6%，占比超过20%的县（区）高达14个，占28个重点开发区的50%；暂付款占一般预算支出比例最低的县（区）是0.9%。

4. 城市主城区情况。截至2020年末，城市主城区财政暂付性款项余额占全省比重5%，其中：暂付款占一般预算收入比例最高的县（区）是139.9%，占比超过100%的仅为1个县（区），约占21个重点开发区的5%；暂付款占一般预算支出比例超过20%的县（区）高达10个，约占21个城市主城区的50%，占比最高的县（区）是38.2%；暂付款占一般公共预算收支比例最低的县（区）是0。

（四）财政暂付款规模过高对地方财政运行的不利影响

据统计，最近年度有的民族省区半数的县（区）暂付款与一般预算收入相当，可以反映出地方自有财力不安排其他任何支出才能在当年消化存量暂付款，充分反映出基层依靠自有财力消化暂付款的困难艰巨。部分的县（区）暂付款规模相当于一般预算支出的两成以上，而且总体上暂付款规模和相关占比仍呈上升的趋势，加剧了基层财政收支运行矛盾，加大发生财政风险的概率。

一是规模过高的暂付款将会破坏预算法定的严肃性。按照《中华人民共和国预算法》的有关要求，财政资金的支出必须严格执行预算，即严格按照同级人大批准的财政预算执行。未列入预算的不得支出，不得虚假列支。而暂付款的拨付缺乏预算依据，在未经历财政预算人大审批的程序的情况下就支出了。暂付款的支出不仅游离于财政预算之外，也脱离了人大和审计部门的监督，直接冲击了财政预算的完整性、严肃性。法制得不到执行，长此以往，将形成破窗效应。

二是规模过高的暂付款将造成预算脱实向虚。各级人大批准的预算约束力逐渐被弱化甚至取消，长此以往，将会制约财政的可持续发展。从暂付款与当年预算支出比较，可以看出有的县（区）中还有约两成的支出没有纳入预算或将被挤占，这样的预算偏离度明显不符合预算管理的要求。同时，不准确的财政收支信息、预算安排信息，将容易引起上级和地方党政领导的误判进而导致决策错误和政策的失灵。①

三是规模过高的暂付款将加剧基层“三保”压力。民族省区大部分基层财政部门，均属于“吃饭型”财政，主要依靠上级转移支付补助资金，如重点生态功能区的某县财政支出是严重依赖上级补助的地区之一，从2018—2020年的一般公共预算数据看，上级补助收入分别占收入总计的59%、59%、66%，地方一般预算收入分别占收入总计的22%、24%、17%。在上级转移支付补助资金一定的情况下，由于自身造血功能缺乏，暂付款金额增大，势必加剧财政收支矛盾，加剧基层“三保”压力。全省暂付款“不降反升”，部分县暂付款规模大，财政运行风险高，受到了财政部的关注。

四是规模过高暂付款必然造成地方国库虚空，侵袭财政作为国家治理的基础和支柱作用。现行的《财政总预算会计制度》明确规定，暂付款及应收款项应当及时清理结算，不得长期挂账。从近几年的情况来看，暂付款的规模较大，且逐年递增，大量暂付款不但挤占着财政预算资金，弱化财政预算管理，形成虚化的财务状况，表现为“账上有钱，库里没钱”，造成当年正常的预算安排没有资金保障，无法完成预算执行，严重影响到正常财政运行秩序和可持续发展。

五是规模过高暂付款的其他不利影响。在暂付款的支付过程中，未按规范的程序审批或大额支付资金等，未纳入预算执行动态监控，以及脱离人大、审计等多方法定监督，将会打乱财政金融活动，甚至容易滋生利益交换、权钱交易等腐败行为，造成国家资金流失和增加干部不规范执法管理的风险。

四、清理财政暂付款困难的原因分析

（一）地方加快发展的旺盛需求与有限的地方财力供给不足，是当地财政暂付款增长大于消化的主要原因

受国际复杂形势和经济下行等压力的影响，一般预算收入增长难以实

① 暂付款的数据是累积数据，不是当年财会年度数据，但是往来款项长期累积不化本身就是问题。

现有效突破，培植新的财源需要投入资金和时间成本，而且等待周期是个未知数，导致可用财力有限。公共财政既要保民生，又要促发展，用改革与发展来实现财政收支的良性循环。但是，广西基本区情是欠发达后发展，脱贫攻坚的任务艰巨，相关支出刚性需求大，进一步巩固脱贫攻坚、推进乡村振兴的投入也很大，新型城镇化的加快推进，基础设施、基本公共服务领域中还有很多欠账。在推进城市建设和新农村建设等重点工程中，预付了大量资金。目前，广西大力推动县级城乡风貌改造、道路建设工程等基础设施建设和重大项目建设，在积极财政政策下，受国家减税降费政策影响，税收收入增长慢、财政收入增速放缓，同时县级保刚性支出任务重，资金需求增加与地方财力严重不足之间的矛盾开始显现，形成财政借垫款。同时，为做大地方经济，壮大国有资产规模，财政部门需输血融资平台；为支持企业发展和吸引投资，甚至为一些企业垫付土地价款等。如某县面对各地你追我赶的发展态势，通过各种优惠政策吸引资金发展经济，在企业经济困难时给予企业资金形成暂付款。另外，代垫征地补偿资金的土地未能及时盘活，有限财力和迅猛发展的社会经济建设需求之间的矛盾，大大加剧了财政压力。

（二）权利与责任不对称，新官不理旧账，是规范和清理财政暂付款困难的基本原因

按照理性经济人和现代管理的要求，暂付款应当坚持“谁出借，谁负责；谁借款，谁归还”的管理要求。由于部分暂付款项牵涉的部门比较多，范围比较广，政策性也很强，借还期间点多线长。从操作实践看，负责借贷款有关事项的经办同志、审批领导已经调动并已离任，现任领导并不清楚相关情况，主要是行使权利和承担责任的具体人员不相同，信息不对称，缺乏必要的激励机制和责任溯源追究机制，容易产生新官难理或不理旧账等现象，导致推动暂付款清理收回工作的积极性不高，主动性不够。加上，部分暂付款形成的时间跨度长，催收不及时。有的借款单位已经不存在了，有的借款企业已正式宣布破产倒闭，长年累月，容易形成坏账，特别是向非预算单位借出的资金，形成坏账的概率更高，造成大量的国有资本和财政资金流失。

（三）资金免息，管理无序，是清理存量财政暂付款困难的重要原因

财政总会计制度虽提出暂付款的相关概念，但在《中华人民共和国预算法》等法律法规中，没有暂付款控制和管理的相关规定。财政对外借款的定义和统计口径无章可循，对暂付款的规模、结构和占财政支出的比重都没有从法律或法规的高度提出和统一。财政部门要控制新增加的暂付款，开展对外借款催收等工作，无相关制度支撑。实际操作上看，对暂付款的定义不够明确，统计口径不统一，导致从不同角度统计的结果不一样，影响了清理财政对外借款工作的开展。目前，对各级政府和财政部门的相关权力没有限定边界和明确责任，政府与市场的边界仍然有较大重合地带，上下级政府间事权与支出责任依然还有许多与实际情况不相适的地方，这些都造成政府预算范围扩张具有不确定性。

暂付款的使用是无息的甚至是免费的，必然存在使用上的道德风险，无形激发了一些企业和预算单位，甚至下级政府追求的强大动力，把财政借垫款作为无利息的融资方式。同时，当前预算法定的约束力还远远不够，暂付款虽要报同级人民政府审核批准，但只要是政府同意的暂付款，财政部门只能执行，基本上不再受任何束缚。从实地调研和工作中了解到的情况看，地方财政吃紧，暂付款管理出现新的不良苗头。主要表现在，尽管预算法不准地方编列赤字预算，但是由于支出旺盛，而税收无法支撑，一些地方在没有可靠税收来源，以及明知土地收入预计无法实现大幅增长的情况下，通过做大政府性基金调入一般预算来使用，从而实现面上预算平衡，实际上是隐形的赤字预算，相关的预算支出缺乏收入保障，在实际运作中年末调整成暂付款。由于，大部分县（区）和部分地级市经济发展乏力、收入来源不足以消化上年挂账的暂付款，雪球越滚越大，风险不容忽视。

（四）规格不高，手段不足，是清理存量财政暂付款困难的又一重要原因

2014 年以后，暂付款是同级政府批准的，没有自己清理自己的必要，更没有下级清理上级的悖论。所以，当前财政部门清理消化暂付款“独木难支”。如果仅仅凭财政部门单枪匹马，没有足够力量来支持和配合暂付

款的清理消化工作，是无法厘清暂付款的前因后果，也无法准确把握全面、详尽的情况，暂付款清理消化的成效自然不够明显。暂付款在财政管理的内部控制制度仍然不够完善。暂付款没有预算安排，无法在正常情况下实现预算执行，因此没有纳入预算执行动态监控范围，缺少现代信息化手段约束，脱离了应有的监督。同时，暂付款现代信息化水平较低，影响工作效率的提高。暂付款在现代信息化建设领域仍然是一片空白。目前，暂付款管理仍以人工为主。如录入暂付款的明细信息需手工编制表格，建立暂付款台账需花大量时间翻遍大量相关历史档案资料，才可以从中获取有效信息，相对麻烦且容易出错，不利于清理工作的开展。

五、部分省财政暂付款管理经验的借鉴及启示

（一）湖南省怀化市的经验

1. 现状分析。截至 2019 年末，湖南省财政暂付款余额，占当年一般预算收入约两成，一般预算支出约一成。以怀化市暂付款管理为例进行分析，发现当前暂付款存在的问题以及负面影响具有普遍性。怀化市暂付款管理情况具体表现为以下五个方面。

一是部分存量暂付款的数量庞大。资料显示，某年湖南省怀化市暂付款余额为 6.79 亿元，占一般预算收入的 70.8%，一般预算支出的 22.1%。[①] 全市共 13 个县（区、市），其中新晃、鹤城、辰溪、芷江、麻阳等几个县（区、市），财政暂付款余额均超过了当年的一般预算收入，分别是当年一般预算收入的 2.39、1.45、1.36、1.32、1.15、1.11 倍，这意味着，这些县（区、市）即使无任何财政支出，全年的财政收入也无法消化完全当地的暂付款余额。二是占用资金的时间长。怀化市单位或项目暂用资金的时间最长可达 20 年，占用时间大于 3 年的达到 70%，清理的困难非常大。三是暂付款的内容繁杂。怀化市的暂付款存在核算内容杂、借款单位种类各种各样、借款用途形形色色等现实情况。四是暂付款管理

---

① 相关数据见于该局公开发表的文章。2018 年湖南省启动“清理财政暂付款三年行动计划”，以激励为主。

不严。部分地区没有出台相关管理制度及明确监督管理部门，导致暂付款发生频率高、金额大且收回时间不确定。五是暂付款清理难度大。部分地区出现了财政资金只拿不退、只借不还的现象。

2. 采取的措施。怀化市针对本市暂付款的现状和存在的问题采取了如下措施。一是全面开展怀化市所有的暂付款的清理工作，将暂付款的清理工作作为一项年度的重要工作，要求本市各级财政每年要拿出一部分财力列入预算，分年消化存量暂付款。二是明确“暂付款”科目的会计核算范围以及加强年终清算工作，对一些没有在业务范围、金额比较大、时间拖得长的情况，不使用该科目进行核算。同时，进行暂付款的年终清算工作，减少暂付款余额，不长期挂账，对跨年度的往来款项要加强监管和督促，按时收回款项。三是建立健全暂付款业务拨付程序及监督管理制度，进一步明确暂付款的支出范围、日常管理、清理工作等相关内容。

（二）湖北省的经验

1. 现状分析。截至 2019 年末，湖北省财政暂付款余额占当年一般预算收入约四成，一般预算支出约两成。湖北省通过专项整治工作，了解本省暂付款现状，总结分析当地出借资金存在的问题。① 一是借款对象、出借程序存在不规范。二是出借资金收回困难，部分借款单位还款意识淡薄，不主动归还借款，甚至个别单位已经停产、破产，资金难以收回。三是部分借款因年代久远，难以追溯，构成呆账死账，难以进行核销。

2. 采取的措施。一是成立由纪委监察、审计和财政三家联合办公的清理工作专班，统筹协调全省确保清查工作落实到位。二是湖北省财政厅印发《关于做好全省财政出借资金专项清查整治工作的通知》，要求全省各市县先按要求完成自查工作，对本地区财政出借资金的规模、类型、成因等情况进行分析，并形成自查报告。三是进行实地调研督导，抽取部分市县进行实地调研督导，对当地的清查工作进行检查，确保财政出借资金整治工作取得成效。四是要求各市县制订整改方案，对专项检查中发现的问题，落实整改到位，并建立长效机制。通过预算安排、依法催收、呆死账核销等方式分年度按计划清理暂付款存量资金。进一步规范出借资金范

---

① 湖北省启动了大规模的清理财政暂付款行动，以管束警示为主。

围，完善资金支付审批流程，降低暂付款增量。加大对暂付款问题较多、规模较大的地区的考核督查力度，及时发现并整改违规支付资金的行为。

（三）获得的启示

从湖南、湖北的经验以及对两省的清理工作实践来看，暂付款管理、存量暂付款清理是一项需要长期坚持的工作。一是地方党委政府要高度重视，工作专班组成要强有力，规格要够高，人员要充实，并开展必要的清理暂付款业务培训。二是奖惩结合，奖罚分明。要具体分析本地区暂付款的实际情况及存在的问题，深挖造成当地暂付款问题的源头。结合本地区存在的问题，采取相应的措施，明确暂付款清理任务、分年度制定暂付款清理计划、严控新增暂付款规模等，对按期完成清理及日常管理较好的地区给予专项奖励，对动作慢、效果差的地方扣减一定的转移支付。有效地推进当地暂付款清理消化工作。三是明确“暂付款”科目的会计核算的范围，鼓励各地真实反映情况，打击隐匿暂付款真实情况的行为。

六、清理财政暂付款的几点建议

财政是国家治理的基础和重要支柱，财政资金安全是国家总体安全的基础和重要组成。为进一步夯实财政管理基础工作，确保财政资金运行的安全性、科学性和高效性，充分发挥资金使用效益，及时开展对暂付款的清理消肿工作，把暂付款规模控制在合理区间，保障财政运行处于合理稳健区间，已成为各级财政部门刻不容缓的重要任务。

（一）进一步加强党对财政工作领导，完善财政管理改革的顶层设计和清理财政暂付款阶段性目标

东西南北中，党是领导一切的。财政是党领导全国人民实现中华民族伟大复兴的强大物质保障，是所有公务机关、公共机构运行的经费来源，财政预算安排的范围广度深度，以及重点领域，无一不体现着党的领导意图、战略发展重点、政府与市场的边界，这么重要的工作无疑需要进一步加强党的领导。财政机关既是政府的组成部门，更是重要的政治机关，重要的财政事项，尤其是事关“国之大者”，不仅要政府常务会议批准，也

要党委领导下的财经委员会会议批准，没有设立党委财经委员会的，要求经过党委常委会批准，既发挥党委领导财政经济的政治功能，提升财政经济发展的大局观念和提高财政管理的约束力，又体现党委依法治国和全面从严治党一体推进，带头遵从法律，推动预算法定，依法理财。加强党委领导清理治理暂付款工作，要坚持问题导向、目标导向，大处着长远治本，以实现规范化管理为目标，用好用活用足国家政策工作，具体以 2019 年以来暂付款不超过一般预算支出和政府性基金支出的 5% 为界线，建制度，完善机制，论证理论依据，搞准工具合理运用的空间和边界，厘清各方利益和责任；小处抓短期治标，清理不规范的财政暂付行为，消化历史累积的存量问题，为治本赢得时间和创造良好的基本条件，具体以 2023 年清理消化 2018 年以前形成的暂付款为目标，提级次、建机构，组织保障，充实人员，限期整改完毕，同时，统筹发展与安全，坚决防范处置风险。

（二）紧盯目标，突出重点，组建专业机构组织精干力量限期完成清理任务

地方党委政府一定要提高政治站位，充分认识清理消化暂付款工作的重要性和紧迫性。可以借鉴湖北省由纪委、审计和财政三家联合成立省级工作组，机构规格高、人员规模大的工作经验，进一步强化组织领导，统筹协调调集纪委监察、组织、审计、人大财委和财政部门等领导和人员，迅速成立党委领导的省级暂付款清理工作机构，确保组织机构权威，领导有力，清理人员力量精干充沛，精通政策业务熟悉，清理工作方案周密并突出重点，做到查前培训好、查中指导好、查后整改好，为清理工作提供强大的组织保障和人员保障，以及清晰的攻坚路线图，对本级明确了主线和目标，对下形成震慑作用。同时，要求各级各地也成立相应的清理机构，压实各级党委政府的主体责任，确保各地守土有责、守土尽责，除以上提到的部门外，还可从与暂付性款项清理工作紧密联系的部门选出专班工作小组成员，成立财政暂付性款项清理工作专项工作小组。发挥各地各级的主观能动性，开展创造性处置清理工作，形成可复制可推广的经验。以暂付款规模接近一般预算收入规模（90% 以上）且暂付款规模相当于一般预算支出 20% 以上的县（区、市）作为重点，着重以 2023 年清理消化 2018 年以前的暂付款为目标，制定考核办法，量化分年度消化目标，确定

每年暂付款存量要消化总量的20%—30%，新增的严格控制在财政部要求的两支出的5%以内，且新旧互换，总量不增，制定切实可行的分年度清理消化方案，明确各主体的责任分工，实行清单式管理，将具体工作事项细化分解到具体责任人，建立相应的工作机制，定期召开联席会议，研究推进财政暂付性款项工作进度，部署下一步工作计划等，全面开展财政暂付性款项消化清理工作。

（三）因地制宜，分类施策，统筹兼顾好加快地方经济发展与有效推进财政暂付款清理工作

国家治理体系和治理能力现代化的建设，对财政管理的科学化精准化越来越高。“一刀切”的办法既不符合实际，也不符合各个地方的发展利益，要有差别化对待的工作方案。前文分析，如东部地区和广西的主城区以及部分暂付款占一般预算收支比重较低的地区，不作为清理的重点地区，用市场化手段和竞争性方式，支持这些地方继续加快发展，有效提高地方自有财力可用财力，为化解暂付款风险提供资金。但对风险过高的县（区）坚决限时完成整改。对暂付款中的预拨经费、对外借款和其他应收款也要分门别类，区别处置，精准施策。结合暂付款不同的情况，采取不同的策略。对具备回收条件的暂付款，采取下达催款通知或采取法律手段到责任单位等方式督促回收；对不能按约定的时间还款的暂付款，采取扣减预算等方式以确保财政借款及时收回；对存在债务纠纷的暂付款，采取提请司法部门的方式介入解决；需要本级财力解决的暂付款，采取按程序列入预算优先使用收回的存量资金等方式予以核销；复核符合当年预算项目安排的暂付款，采取及时下达预算转列支出的方式；因土地收储项目形成的暂付款，采取加快拍卖土地和盘活项目等方式，收回相关财政垫付资金，对年代久远，收回可能很小的，应计提坏账准备的按规定计提，已经不具备清理回收条件的暂付款，规范核销程序，及时核销清理挂账。

（四）正本清源，规范管理，从制度建设上遏制财政暂付款的无序增长

坚持预算法定原则，依法办理预算编制和执行。严格执行《中华人民共和国预算法》及其《实施条例》，预算的安排，要做到与地方经济社会的发展和财政可承受能力相适应相统筹，坚决依法查处县（区、市）编制隐性赤字预算，对相关责任人追究法律责任。坚持“先有预算、后有支出”的原则，统筹好质量与速度、平衡好相关方的合理诉求和权益，进一步改革和完善预算执行考核机制，坚决遏制唯进度而赶进度的支出行为，助力预算执行精准回归，复原财政基本功能。提高预算编制的科学性预见性全面性完整性，坚持严格按照“一保吃饭、二保运转、三保建设”的原则和优先顺序，在保障基层“三保”的基础上，必须把中央和自治区的重大战略决策部署安排在优先位置，不得编制有硬缺口的预算等待年度追加或调整，确保中央和自治区党委的意图转化成治理国家和促进地方发展的强大动力。同时，在年度预算执行中，对经核实确需要新增的支出事项，应采取按照相关规定调整当年预算、动支预备费、盘活存量资金等方式解决。严加禁止采取违规列示财政暂付性款项的方式来实现收支平衡或解决新增的支出事项，严防库款“缺口”和严重影响“三保”保障的风险发生。

织密扎紧制度笼子，完善规范管理暂付款各项制度。出台暂付款管理办法。及时出台针对性强的暂付款政策，明确财政借款的定义、范围、条件、程序，细化各种原因导致的暂付款如何进行核销处理有关规定，对各级党委政府和财政部门相关权力要限定边界和责任，为暂付款清理工作奠定制度基础。对照本地区已制定的暂付款有关规定进行全面清理，如本级党委、人大、政府出台的各类法律法规、规章制度、领导批示以及会议纪要等，凡是与出台的办法冲突均予以废止。建立暂付款公开制度，细化公开内容，接受社会公众和各方的监督，用人民的监督力量降低委托代理风险，防止干部腐化和资金流失。同时，建立健全暂付款内部控制制度。建立暂付款内控制度，以创新手段积极探索暂付款的风险点及防控措施，持续建立健全财政资金安全管理长效机制。

创新暂付款管理机制。加强日常规范化管理，严把审核关，严格控制增量。对纳入预算管理的预算单位提出的借款申请，符合规定且确实需要借款的情况，须按照程序报请本级人民政府常务会议审查批准。重大暂付款事项要经过同级财委或党委常委会批准，办理法定的借款协议，明确借款金额、借款用途、借款期限、还款来源和违约责任等事项。建立并严格落实借款收回保证责任制。创新财政国库资金管理方式，可以研究探索建立财政暂付资金有偿使用的市场机制。不断提高民族省区财政资金保障测算的科学化和精准度，统筹各市县富余国库资金，适度由省级代理市县开展国库现金运作，提高财政国库资金存放收益，通过金融机构向部分超额度调度资金的市县提供金融资金，按国库现金运作利息收取一定的资金占用费用，既保障基层的资金需要，又通过市场化手段规范有效管控财政资金往来风险。建立暂付款管理公开制度，让权力在阳光下运行，让人民和学者专家监督，有效防止这项业务的腐败行为，拒绝暂付款成“暗箱”。

深入推进财政管理改革。进一步厘清政府与市场的边界，统筹发挥好市场在资源配置中的决定性作用和更好发挥政府的作用。改变通过行政手段或财政暂借款支出直接用于市场、投向企业，效率低、风险高的做法，推动政府职能归位，聚焦社会公共需求。强化财政公共属性，完善财政资金分配机制，推动财政资金逐步退出竞争性领域，主要用于宏观调控而非直接干预市场。加强财政金融互动，通过基金、担保、贴息等市场化手段满足合理融资需求，引导和扶持企业发展壮大。进一步科学划分政府间事权及支出责任，结合成本和效益分析，具有跨区域的、公益性外溢的，以及上级政府能更好履行公共职责的，上收为高一级政府事权，并履行相应的支出责任，对委托下级政府履行的事权，一定足额给予相应的转移支付，共同事权中尽可能结合下级经济发展、可用财力、运行风险等实际承担更多的支出责任。完善财政直管县财政体制。改革并优化地方自财政管理体制。以管两头、抓重点为原则，动态平衡省直管与市管县的体制安排，定期调整自治区财政直管县名单，抓好县域经济重点县和财政极贫县，试行省级财政代管制，对存在暂付款规模巨大与债务风险长期累积的情况，触及财政重整的地级市，自治区成立专门机构接管试点部分地级市，实施救济的同时，上收当地经济社会发展的重大决策权力，调整发展规划，重新配置财政资源公共资源。

（五）建立激励相容机制和借力现代信息技术并重，全面提升财政暂付款管理法治化、信息化水平

我国地方官员晋升考核评价体系具有强力风向标的引导作用。完善市县党政主官政绩考核指标体系，在官员晋升考核评价体系中增加官员领导财政、发展财政和防范财政风险的能力等相关考核指标和权重。引导官员政绩评价导向，激励官员“新官要理旧账”，建立清理历史累积的暂付款、

清理隐性债务也是重要政绩的为官价值理念。建立财政运行风险的考评机制，切实加强对基层“三保”、突出有效防控地方政府隐性债务风险、有序化解暂付款挤兑正常预算保障问题的考核，有效防止个别地区和官员制定不切实际的发展目标。

建立健全奖惩机制，量化隐性政绩成效。将暂付款性款项清理成效纳入地方党政领导绩效考核范围，对考核排名前列、有进步的集体或表现突出的地区、单位和个人给予通报表扬，在资金调度上予以优先安排或在转移支付补助资金分配上适度倾斜，每年从预算中拿出一定比例作为暂付款专项奖励资金，对综合排名靠前的地方和单位予以奖励；对清理消化工作不力，财政经济运行风险集聚的地方，进行通报、约谈，绩效考核奖励上扣分扣奖；坚决查处假挂账、挂假账，隐匿暂付款的真实情况，坚决查处假清理、数字清理，一经查实，给予党纪政纪处分，有力推动暂付款清理消化工作，充分激发和调动各地担当作为、干事创业的积极性、主动性和创造性，增强干部的责任感、使命感和清理工作的严肃性。同时，建立暂付款的终身负责制。坚持“谁出借，谁负责收回”的原则，结合实际情况，列出分年度消化计划，明确年度细化任务、消化方式以及资金来源等，纳入地方党政领导离任审计事项，不完成不得调离。由于未按规定的程序或审核不严造成了国有资产和财政资金损失，依据法律法规提出并请求有关部门追究责任。

发挥区块链信息技术不可篡改的优势，借力现代信息技术保障暂付款管理的合规性真实性。充分发挥现行预算管理一体化系统优势，把所有的财政性资金支出全部纳入系统管理和监控，合理设置一系列暂付款预警规则，加大对暂付款的监管力度，用区块链技术固定是否录入责任主体，是否录入还款来源，是否按时归还，清理进度是否达标，暂付款余额是否过大，暂付款增量是否超标，是否按照规定拨付暂付款等行为，通过区块链去中心化的网格模块实施网上动态监控，多方监督，防止个别地方政府或企业的不当干预，有效提高暂付款清理工作成效。

借力现代信息技术，提高暂付款管理工作的统计分析能力和精准处置能力，有效减少人为干预，确保相关制度准确执行。充分运用现代化科技手段，建立智能的预警机制，完善实时查询功能，对暂付款动态监控，及时预警纠偏。通过在预算管理一体化系统增加暂付款管理模块，把借出资金的提交、审核、信息记录、跟踪、收回等相关信息纳入闭环管理，逐项逐笔详细记录所有暂付性款项的支出用途、形成时间、暂付金额、暂付对象、暂付期限等内容，实时更新完善暂付款工作台账，实行分类消化处理，动态管理暂付款变动情况，对超过合理化区间和违规发生的暂付行为给予预警和强制中断办理。利用信息系统强大的统计分析功能，迅速实现把握全面情况和重点风险，把准到期债权和超期未清收的情况，提出分类采用新增债券资金、盘活土地出让安排预算资金或司法追讨收回等消化方式的工作建议，为领导的科学决策提供参考依据。

【简评】财政暂付款是一个合规性政策工具，主要解决临时性财政资源配置问题。但是，近年来部分地方存在滥用临时政策工具，短期措施长期化的特点明显，暂付款规模居高不下，呈逐年递增的趋势，财政陷入“账上有钱，库里没钱”的被动局面，造成正常预算安排缺乏资金保障等问题，一定程度上破坏了预算法定的严肃性和约束力，加大了基层“三保”压力，给财政运行带来了风险隐患。地方财政暂付款问题突出，引起了中央的关注，国务院和财政部多次发文，明确要求加强和规范管理财政暂付款。在疫情持续影响下，当前国际国内经济发展形势更加复杂多变，国内面临需求收缩、供给冲击和预期转弱“三重压力”，地方财政收支矛盾尖锐程度陡然加剧，在此背景下对开展财政暂付款问题研究，精准拆除暂付款问题风险，有效化解政府债务风险、区域金融风险和库款保障风险的叠加共振，维护地方财政经济平稳运行，具有重要的理论意义和现实意义。

文章分析了全国地方财政暂付款的变动特点，客观评价了我区财政暂付款管理成效，从体制性、机制性、结构性等深层次因素上进行问题解剖分析，对暂付款管理出现新的不良苗头进行精准把脉。本文结合工作实际，提出了几个方面的建议，包括：一是进一步加强党对财政工作的领导，完善财政管理改革的顶层设计和清理财政暂付款的阶段性目标，把准建立现代财政制度的改革方向，把牢处置风险的风险，确保财政经济运行处于合理区间。二是压实各级党委政府的主体责任，确保限期清理历史累积的财政暂付款。三是统筹加快地方经济发展与有效推进财政暂付款清理工作相结合。在财力可承受范围内，厘清轻重缓急处置顺序，采取依法收回和分年转列预算等手段，有效化解暂付款风险，坚决防范处置风险。四是正本清源，规范管理，从制度上遏制财政暂付款的无序增长。坚持预算法定原则，织密扎紧制度笼子，依法加强预算编制和执行管理，坚决执行“先有预算，后有支出”的原则，坚决制止部分市县编制隐性赤字预算。创新暂付款管理机制，对问题严重的市县实行自治区审核年度预算机制和代管机制，适时出台财政暂付款公开制度。五是建立激励相容机制，借力现代信息技术，全面提升财政暂付款管理水平。完善市县主官政绩考核评价体系，量化化解暂付款问题等隐性政绩并纳入考核指标，建立健全奖惩机制，发挥考核指挥棒的正向引导作用。同时，充分发挥区块链不可篡改等现代信息技术的优势，加快建立贯通自治区市县三级的预算管理一体化信息系统，动态监督预算管理全过程，有效减少人为干预，有效提高精准处置暂付款问题能力，全面增强财政资金运行的安全性、规范性和有效性。

课题研究得到了地方领导和财政专家的肯定。如“本项工作是财政工作的专业细分领域，请有关单位将研究报告成果好好用于实际工作中，要站在产生原因的高度更好推进解决问题，形成双赢”、“请相关单位认真研究制定措施落实领导批示精神，把握暂付款的平衡点、临界点，使暂付款规模牌合理区间、处于全国中偏下水平，这样既能使建设适度超前、促进增长，又不过多影响当年预算执行、产生财政风险。”

财政暂付款风险问题及对策研究
——以 SM 省为例①

王璟谛　等

财政暂付款风险水平，从政府会计核算的视角看，是衡量一个地区财政经济运行的“晴雨表”，规模过高的财政暂付款容易引发风险。近年来，全国财政暂付款总体规模呈扩张趋势，财政暂付款风险问题越来越受到关注。2013 年，财政部已经发现财政暂付款风险苗头，2018 年明确要求用五年时间来清理消化财政暂付款。SM 省财政厅历年来重视此项工作，对财政暂付款管理存在临时措施长期化、技术工具政策化等问题进行研究，2023 年地方土地出让收支采取“以收定支”的办法，有效遏制了虚编土地收入预算调试进一般公共预算支出并造成暂付款增长迅猛的态势。但是，近几年受世纪疫情和经济下行的综合影响，部分地区财政暂付款“不降反升”和风险累积的问题仍然存在，基层财政“账上有钱、库里没钱”的矛盾仍然存在，与市县债务风险形成叠加，加剧了基层“三保”保障压力，加大发生财政风险的概率，对地方治理现代化产生实质性影响。

一、财政暂付款风险的概述

（一）具有中国特色的财政暂付款

财政暂付款，又称财政借垫款，为非年度预算支出和非财政行为支出

① 本课题为 2023 年广西财政高层次人才课题优秀成果，得到了有关领导的具体指导和支持，并安排王璟谛同志具体组织研究。课题组组长王璟谛，课题组成员是梁咏晨、陈萍、闫彬彬。本篇不是前文的续篇，更多关注的是暂付款增量问题，侧重对地方各省出现的新苗头、新问题研究。文末著有简评，协助读者进一步了解作者对财政暂付款风险的看法。

的财政资金往来，是特殊的财政运行辅助机制。具体是指政府财政业务活动（包括与下级财政往来）中应收暂付款项而形成的债权，包括借出款项、预拨经费、其他应收款三种类型，同时，也指为解决重点项目资金需求，经批准财政部门通过国库资金临时出借给所属往来单位的款项。按现行政府会计操作划分，借出款项，指政府财政按照合同约定借给预算单位临时急需、并需要在规定期限内收回的款项；预拨经费，指尚未列为预算支出，政府财政预付给预算单位的款项；其他应收款，指政府财政临时发生的其他应收、暂付、垫付款项。从核算的内容来看，财政暂付款不仅核算在预算之外各级财政部门向所属预算单位或其他单位借出临时性急需资金以及应对突发事件急需垫付的资金，也核算提前预付当年财政预算支出或者以后需列入财政预算的资金支出等。财政暂付款为解决政府临时增加重大支出需要，弥补预备费不足和预算调剂不足提供了政策和技术手段，与其他应收账款在财务核算科目上形成对应，属于财政财务往来性质的合规化核算工具，没有优劣之说，是财政财务活动不可或缺的组成部分。从借出资金的对象来看，财政暂付款主要包括：预算单位、上下级财政部门、融资平台公司、国有企业、私营企业和个人等。从借出资金的用途来看，财政暂付款主要包括：垫付土地收储成本、公益性基础设施建设、政府主导的其他重大项目、债务资金收支暂付款、预拨经费、对融资平台借款、国企破产改制等历史问题借款、以前年度化解金融债务风险资金等。**从理论上看，财政暂付款是用于临时性、过渡性的财政往来款会计处理的技术性工具，符合财政法规，一般情况下不应该带来管理风险。但是，临时措施长期化，技术工具政策化，存量不减，增量不断，日积月累，必然产生结构性问题和管理风险，甚至与金融风险、债务风险形成叠加效应，将会危及地方财政经济平稳运行。**

资金往来规模越大越存在累积性结构性风险。2023 年 6 月，审计署向全国人大常委会作《关于 2022 年度中央预算执行和其他财政收支的审计工作报告》，报告重点审计了 18 个省本级及 36 个市县共 54 个地区的财政收支管理情况。这是审计署自 2000 年以来第一次在年度审计报告中提及财政暂付款。报告指出，财政暂付款一般由财政临时出借给预算单位应急，按规定不得长期挂账，应及时清理结算。财政部 2018 年要求严控规模、逐步清理，但根据国家公开的部分地区数据显示，54 个地区至 2022 年底财政暂付款余额达 1481.39 亿元，比上年增加 83.63 亿元。13 个地区财政暂付款占用专项转移支付或专项债券资金 86.47 亿元，部分用于无预算、超预算政府支出；6 个地区违规向企业出借资金 281.81 亿元。12 个地区不得不从上级超预算额度调拨库款、由银行垫款或对外借款 280.72 亿元来维持基本运转。据不完全统计，2022 年，全国地方财政暂付款的余额相当于当年全国税收收入 1/5，比 2013—2022 年年均增长率 7.6%，高于税收收入的增长速度。长期且高比例的财政往来款项，这种现象在全世界都比较少见，反映出中国经济社会适应改革深化变迁的时代特点。但是，超大规模暂付及应收款项将会存在合规不合理的问题，应当及时清理结算，不得长期挂账，以免影响正常的预算执行，甚至形成财政风险累积并影响经济社会的平稳运行。因为财政暂付款是临时出借给预算单位的资金，资金来源通常是国库财政资金，按规定不得长期挂账，应及时清理结算。但在实际操作中，出借对象除了政府预算单位，还包括各类企业如国企、城投平台公司和民企；资金来源除了预算结转结余资金，部分地方还出现违规占用转移支付以及专项债券资金的情况；财政部门一旦借出资金，讨债也非易事。这种出借的资金没有进入年度预算，存在违规出借的问题，按照财政预算监督规则也很难监督。这也意味着实际的财政支出规模比数据显示得更多，有隐性债务性质。在当前经济下行压力加大的背景下，这些潜在的财政问题将会凸显出来，增加地方收支压力和债务风险。

（二）国家对财政暂付款的管理政策

国务院多次要求加强借垫款管理，纳入中央管理顶层设计的范畴。2014 年，国务院印发了《关于深化预算管理制度改革的决定》（国发〔2014〕45 号）（以下简称“国发 45 号”），以及 2021 年国务院印发《国务院关于进一步深化预算管理制度改革的意见》（国发〔2021〕5 号），均明确要求强化预算执行和绩效管理，增强预算约束力，全面清理财政借垫款，并提出四个“严禁”，其中“严禁以拨代支，进一步加强地方暂付款项管理，除已按照规定程序审核批准的事项外，不得对未列入预算的项目安排支出”。

财政部出台指导性意见。将地方财政暂付款占一般公共预算支出与基金支出的和的比超过 10% 以上，定义为有风险。财政部多次下发文件指导各级财政部门加强财政暂付款的管理。为贯彻落实好国发 45 号文件要求，财政部印发了相关指导意见和通知，其中《关于报送地方暂付款情况的通知》（财办库〔2014〕447 号）明确要求加强财政暂付款管理，防范财政金融风险。同时，明确了借、垫、挂和国库现金管理等统计口径，明确其他应收款规模占比不超过 10% 的要求，以及各地要加强成因分析、应对处置的建议，为全面掌握地方暂付款的情况，进一步加强和规范财政库款管理提供了条件。2018 年 12 月，财政部下发的《财政部关于严格规范地方财政暂付款管理的通知》（财办〔2018〕41 号）明确要求，各级财政部门要严格控制财政暂付款增量，强化预算执行约束，坚持“先有预算，后有支出”，严格控制新增财政暂付款的规模和累计余额，规范借出资金的范围和期限，完善财政暂付款项的审批程序，加强预拨经费和其他应收款管理；指导意见细化了暂付款占一般公共预算支出与基金支出的和的 5% 为好的等级，5%—10% 需要重点关注，10% 以上为有风险。通知要求 2018 年底前形成的财政暂付款项原则上应在 2023 年底前消化完毕。

（三）地方财政暂付款风险引起审计署关注

由于经济增长放缓，地方财政收入紧张，而财政支出压力较大，一些地方为了绕开预算管理，通过财政暂付款作为支出途径，使财政暂付款规模较大，且存量难消化而增量难控制，并出现使用不规范等问题。自 2023 年 7 月起，共有 28 个省、自治区、直辖市先后公布了 2022 年度审计报告，全面揭示了各地区的预算执行和其他财政收支情况。在各省审计报告发现的问题中，财政暂付款涉及的金额最大。内蒙古等 6 个省份审计报告中提及了财政暂付款问题①。其中，5 个省份的财政暂付款余额在百亿元以上。比如，根据甘肃省审计报告，35 个市县财政暂付款形势严峻，累计余额占同级财政支出比重超过 10%。河北省审计报告称，截至 2022 年底，13 个市本级财政暂付款余额共计 415 亿元。暂付款挤占其他有专项用途的资金和正常的库款，形成“预算有指标，国库无现金”，加剧财政流动性风险。尽管财办〔2018〕41 号文件明确要求，2019 年之后新形成的财政暂付款累计余额不得超过同级一般公共预算本级支出及政府性基金预算本级支出

① 通过 2023 年审计署和地方审计部门公布的审计报告整理。这是继财政部之后，中央部委关注财政暂付款的具体反映，阅读时应当注意财政暂付款与财政暂付款风险的区别。

之和（以下简称“新增占比”）的5%，但从各省的审计报告来看，内蒙古、甘肃、广西、河北等地的部分地区未实现这一目标。如内蒙古审计报告显示，2022年控制新增力度不够，3个旗区超过规定5%的比例，新增财政暂付款12.12亿元。广西审计报告显示，截至2022年末，10个市和54个县新增占比超过了5%的控制线。部分地区仍然存在出借企业、无预算或超预算支出等违规情形。如内蒙古审计报告中显示，“1个市本级及3个旗区违规向企业出借资金45.85亿元”。河北审计报告中也显示，4市违规向企业出借资金10.68亿元。

（四）财政暂付款风险管理研究的必要性

据统计，有的省份大部分县（区）暂付款规模相当于一般公共预算收入的95%以上，有的省份三成的县（区）财政暂付款规模相当于一般公共预算支出的两成以上，而且总体上财政暂付款规模和相关占比仍呈上升的趋势，可以说地方当年自有财力不安排任何支出才能消化存量暂付款，加剧了基层财政收支运行矛盾，加大发生财政风险的概率。主要表现为：一是财政暂付款风险过高必然破坏预算法定的严肃性，侵袭依法治国的基础。按照《中华人民共和国预算法》有关要求，必须执行“无预算不支出”的原则。财政暂付款的拨付缺乏预算依据，在未经财政预算人大审批程序的情况下就支出了，不仅游离于财政预算之外，也脱离了人大和审计部门的监督，直接冲击了财政预算的完整性、严肃性。二是规模过高的财政暂付款将造成财经运行信息失真，削弱党和政府的公信力。有的省市的县（市、区）财政暂付款占一般公共预算支出的20%以上，即相当于有1/5的累计支出没有纳入预算，这样的预算偏离度明显不符合预算管理的要求。同时，不准确的财政收支信息、预算安排信息，将容易引起上级和地方党政领导的误判进而导致决策错误和政策失灵。三是财政暂付款风险过高必然造成地方国库虚空，危及地方财经发展与安全。从近几年的情况来看，财政暂付款的规模较大，且逐年递增，大量财政暂付款挤占财政预算资金，弱化财政预算管理，形成虚化的财务状况，表现为“账上有钱，库里没钱”，造成当年正常的预算安排没有资金保障，无法完成预算执行，严重影响到正常财政运行秩序和可持续发展。四是规模过高财政暂付款的其他不利影响。在财政暂付款的支付过程中，未按规范的程序审批或大额支付资金等，未纳入预算执行动态监控，以及脱离人大、审计等多方法定监督，将会打乱财政金融活动，甚至容易滋生利益交换、权钱交易等腐败行为，造成国家资金流失和增加干部不规范执法管理的风险。

当前，全国各省财政暂付款总体“不降反升”、部分地区“增长过快”的现象较为突出，长此以往，必然产生结构性风险，反映出当前管理中还存在深层次矛盾，应当从体制机制等深层次因素上分析，查找问题根源，提出规范财政暂付款风险管理、盘活财政存量资金，提高财政资金运行绩效，助力积极财政提质增效更可持续，助力地方经济社会更高质量发展，具有重要的理论意义和现实意义。

二、科学评估地方财政暂付款风险水平

（一）全国财政暂付款风险变化的总体特征

一是总体规模呈扩张趋势。2022 年，全国地方财政暂付款的余额比 2013 年的增加上万亿元，年均增长高于同期一般公共预算收入增长速度。二是长期占据财政运行的重要位置。与收入相比，比重在 30% 水平线上交互变化，与支出相比，占比稳定在 15% 以上，远超 5% 的会计重要性水平。2013 年、2014 年、2018 年、2019 年、2021 年、2022 年，全国地方财政暂付款相当一般公共预算收入的比重约为三成，总体上呈波动上升趋势；2013 年、2014 年、2018 年、2019 年、2021 年、2022 年，全国地方财政暂付款相当一般公共预算支出的比重约为两成，总体上略有下降。三是八成省份的财政暂付款只增不减。2013—2022 年，全国财政暂付款的余额呈现规模较高且逐年增加的态势，除广东省、江苏省、湖南省、北京市、上海市、青海省等 6 个省（自治区、直辖市）以外，其余 25 个省（自治区、直辖市）相较于 2013 年，2022 年的财政暂付款规模均存在不同程度的增长。四是财政暂付款风险呈东低西高的态势。分地区来看，东部、中部、西部地区近年来财政暂付款规模相当于当年一般公共预算支出比重分别为 13.7%、14.9%、14.2%、39.5%，财力与经济好的地方，相关占比就低，反之就高。五是与债务风险紧密关联。2023 年，财政部公布十二个化债高风险地区为天津、贵州、广西、重庆、云南、甘肃、青海、宁夏、内蒙古

和东三省，除青海外，其余省市的财政暂付款占一般公共预算收入和支出比重均超过同期全国平均水平。

（二）分区域财政暂付款风险情况

东部地区整体经济发展情况较好，财政暂付款占一般公共预算收入和一般公共预算支出的比重较低，且广东省、江苏省、北京市、上海市等4个省或直辖市2019年财政暂付款规模相较于2013年有所减少。2022年东部地区10个省、直辖市中，上海市财政暂付款占一般公共预算收入和一般公共预算支出的比重最低，分别为1.4%和1.1%；天津市财政暂付款占一般公共预算收入和一般公共预算支出比重最高，分别为65.4%和44.1%。

中部地区中，湖南省2022年财政暂付款规模相较于2013年有所降低，2022年中部地区6个省中，江西省财政暂付款占一般公共预算收入和一般公共预算支出的比重最低，分别为13.3%和5.4%，另外，河南省财政暂付款余额占一般公共预算收入比重和一般公共预算支出比重较高。

西部地区近年来得到国家西部大开发政策的支持，经济增速明显加快，财政暂付款占一般公共预算支出的比重情况与东部地区、中部地区大体相近，主要得益于中央的转移支付支撑，一定程度上掩盖了财政暂付款风险。2022年西部地区财政暂付款风险最低的青海省，财政暂付款占一般公共预算收入和一般公共预算支出的比重分别为7.6%和1.7%；其他地区仍存在财政暂付款规模较大，占一般公共预算支出收入比重较高等问题，2022年财政暂付款余额占一般公共预算收入比重超过50%的有内蒙古自治区、广西壮族自治区、贵州省、西藏自治区等4个省、自治区，其中贵州省、西藏自治区2019年的财政暂付款余额相当于当年一般公共预算收入的比重较高，从地方财政一般收入来消化财政暂付款的可能性不高，风险管理情况不容乐观。

东三省地区财政暂付款规模不小，相关占比最高，2013—2022年的减降不明显，可以推断为这个地区的财政暂付款风险很高，加上均为债务高风险地区，该地区的财政暂付款清理工作在各省区中最为艰巨。

（三）地方财政暂付款风险不容忽视

SM省财政暂付款的总体特征与全国的情况大体相同。从SM省财政暂付款风险管理的规模排名、化解能力排名、风险累积分析等方面指标评价看，SM 省的财政暂付款风险仍然处于非常高的水平。从风险规模上看，SM 省的财政暂付款风险虽没有东三省严重，但是已经处于较为严重的程度。2013 年和 2022 年 SM 省全省财政暂付款规模在全国各省（自治区、直辖市）排名分别为第 18 位和 14 位，排位波动中上升，在西部地区前三名变为第四名，远超 SM 省地区生产总值规模的全国排名。从风险预警水平看，2019 年、2021 年、2022 年 SM 省财政暂付款占当年一般公共预算支出和政府性基金支出的比重（以下简称“财政暂付款余额占比”）分别为 11.0%、11.8%、16.0%，超过了财政部设定的风险预警线水平，高于全国地方平均水平 -0.1、1.9、4.5 个百分点，且占比逐渐变高，近几年 SM 省财政暂付款风险处于高位运行，对地方财政运行具有重要影响。从风险化解能力看，2019 年、2021 年、2022 年 SM 省财政暂付款相当一般公共预算收入的比重分别为 45.2%、52.2%、74.1%，分别高于各省平均水平 13.1、23.6、42.2 个百分点，意味着以地方财力化解财政暂付款风险的压力不断增大，影响到财政的可持续性。尤其是财政暂付款规模从 2004 年的 90 亿元增长至 2022 年的 1250.99 亿元，财政暂付款与一般收入的比重从 2004 年的 37% 变成当前的 74.1%，比全国地方平均水平（32.9%）高 42.2 个百分点，在西部地区排前三，占一般公共预算支出的 21.2%，也在西部地区排前三。从各地实地调研的情况看，发展阶段不同与发展重点不同，各地财政暂付款风险集中的层级各不相同，风险点各不一样。从分级财政暂付款风险看，风险主要聚集在市县级，尤其是中心城市等重要城市，且负责全省风险兜底的省本级受部分市县资金超调的影响，也存在一定的风险；县级地方财力薄弱和受未纳入国家“三保”范围的刚性支出影响，既无力化解存量暂付款，还存在新增暂付款巨大压力。综合来看，SM 省财政暂付款规模排名处于全国靠前位置，与地方地区生产总值、一般公共预算收入规模排名不相适应，尤其是 SM 省用自身财力化解财政暂付款的能力非常薄弱，财政暂付款风险问题具有累积性和突发性特点，管理风险从量变到质变，必须给予重视。

三、SM 省财政暂付款风险管理的基本情况

（一）近年来 SM 省各级财政暂付款的情况

根据统计报表显示，截至 2022 年末，省本级财政暂付款余额占全区比

重仅为0.5%。若考虑省本级超预算调度资金、市本级欠调县区资金、上缴债券本息和发行费、个别地方未及时清算代理银行结算款项等因素，实际上财政暂付款数据还会有所增加。截至2022年末，市本级财政暂付款余额占全省比重为53.6%，上升级为分级治理中的最主要层次。截至2022年末，县（区）级财政暂付款余额占全省比重为45.9%，是分级治理中的重要层次。有存量大，积弊难化的趋势。

（二）SM省财政暂付款风险的基本特点

一是财政暂付款规模逐年增加，具有累积性。从2004—2022年SM省全省各级财政暂付款规模不足百亿元，发展为千亿元之巨，规模逐年增加，总体风险有增无减。二是半数地区风险水平超过财政部预警标准，具有普遍性。2018—2022年，SM省财政暂付款余额占当年一般公共预算和政府性基金预算支出合计的比重（以下简称“支出占比”）均超过财政部10%的预警标准。2022年末超过10%预警标准的地区有72个，其中最高的为中心城市的城区，占比达107.9%。三是财政暂付款风险主要集中在重点市县，具有结构性特征。以2022年末为例，设区市本级财政暂付款余额占比53.6%；县级财政暂付款余额占比45.9%，其中：某地级市本级财政暂付款达297.79亿元，占全省财政暂付款规模的比重达23.8%。四是2018年以来新增部分占主要部分，呈现突发性新特征。2018—2022年，全省财政暂付款规模较上年分别增加74.28、72.15亿元、70.07亿元、50.75亿元、311.95亿元，2022年较2021年增长33.2%。其中：2018—2022年设区市本级暂付款较上年分别增加49.57亿元、33.23亿元、19.07亿元、84.49亿元和303.92亿元，2022年较2021年增长82.9%，增长速度较快。

（三）SM省化解财政暂付款风险举措及成效

主要举措是对土地收支和调入资金的预算平衡进行有效管控，并指导市县尽量统筹财力用于消化暂付款。一是指导市县编准编实预算。建立市县预算全部报省级审核备案机制，省财政厅重点审核市县收入预算是否符合实际，其中土地出让金收入及其调入一般公共预算使用的金额原则上不得超过上年执行数，防止市县通过虚编收支预算先执行、决算时发现收不抵支时再调账新增财政暂付款。二是按照“以收定支”原则管控市县超支形成财政暂付款。对市县通过土地出让金收入及其调入一般公共预算使用的资金安排的预算支出指标全部打上标识并严格管控，在年度预算执行中由上级财政部门核实土地出让收入入库后再由上级财政部门将其变更为“可执行指标”状态安排支付，当收不抵支时对相关预算支出进行动态拦截，以此严控市县在土地出让金收入未实现的情况下提前支付造成“支大于收”而形成预算平衡缺口。三是在印发全省预算编制通知时，要求各市县严格落实财政暂付款分年度消化方案，在编制年初预算时统筹10%的本级财力用于消化财政暂付款。同时，在执行中注重指导市县通过统筹上级下达的财力性转移支付增量资金、盘活财政存量资金等加大清理消化力度。四是要求市县财政部门及时梳理本级财政收支，测算时点财力平衡情况，尤其是全面、动态预判调入资金的实现程度，对出现未达预期的收入，及时预判，及时调整支出，避免年末难以平衡、丧失时间窗口，造成库款缺口或者形成新增暂付款。根据近年来财政部下发的财政暂付款管理规定要求，对市县财政暂付款管理情况进行分类监测、定期警示，形成对市县财政暂付款运行的动态监测机制。

这些举措在限制新增财政暂付款方面取得了一定的成效，从全省来看，全部地区（含市本级）中有六成地区财政暂付款余额较上年下降或清零，其中近一成地区已清零、六成地区有所下降，因此，以上举措在大多数地区财政暂付款清理工作中取得了一定的效果。但是，对化解财政暂付款风险整体仍然乏力。根据报送财政部的五年清理消化计划，2019—2022年，全省需清理消化2018年及以前年度财政暂付款500多亿元，实际完成400余亿元，完成原计划约八成，但2022年清理规模仅为60多亿元，但存在部分地区爆发式增长，清理工作面临较多的实际困难。从实地调研情况看，市县实际的财政暂付款数据大于会计记账统计的数据，实际上财政暂付款风险高于已经统计的显性数据。

四、SM省财政暂付款风险实质及成因分析

（一）支撑SM省财政暂付款新增的资金来源

省本级情况。截至2023年9月末，省本级财政暂付款余额剧增，主要

由于部分市县未及时上缴债券发行利息等费用，导致省本级垫付资金未能及时核销。对某地级市的临时预算调度国库资金上百亿元，未统计进财政暂付款的总数。这些资金来源主要是历年结余、尚未达到支付条件的债券资金和挤占其他资金。初步估计本级财政暂付款及相当于暂付性质的往来资金依然规模巨大，严重挤占其他资金的调度，严重削弱了省本级对全省财政经济运行的宏观调控能力。

市本级情况。截至2022年末，市本级财政暂付款余额从2019年以后累计新增形成，主要是2022年新增，这些财政暂付款的形成主要来源于省本级对市本级的临时预算调度，加上地级市等欠调县区的国库资金，并挤占了其他资金，严重制约了被挤占资金地方的发展。

以某地级市为例，2022年末某地级市本级财政暂付款的资金主要来源于省本级临时调度（150亿元）、欠调县（区）（50亿元）、三本预算结转结余（70亿元），导致上挤省本级库款全辖平衡调度能力、下挤县（区）的库款保障基本民生和重点项目能力，地方财政平稳运行受到不同程度的冲击。

县（区）级情况。截至2022年末，县（区）级财政暂付款余额为500多亿元，其中2022年新增100多亿元，消化存量50余亿元，净增加数的县区不是很高。主要是挤占库款（上级转移支付资金和已发行未使用的债券资金），造成上级专项资金需要建设的项目没有相应资金保障。

以某地级市城区为例。某城区国家标准的“三保”支出保障没有问题，覆盖倍数达到1.31，但考虑未纳入“三保”支出范围又必须保障的一些刚性支出以后，确实存在一定的财力缺口。

从财政暂付款的资金来源看，其风险主要表现为大大削弱各级财政库款支付保障能力。从实务操作上看，2019年以来新增财政暂付款有50%左右通过无预算拨付形成，有50%左右通过编制虚高的土地收入预算并调入一般公共预算支出，提供了形式上合规的预算安排各项支出的执行，年底缺乏相应收入支撑倒逼形成会计账上的财政暂付款。

（二）财政暂付款风险化解困难的直接原因

为进一步了解市县实际情况，课题组在面上作分析外，还到各省和SM省的中心城市等地方走访当地财政干部，开展实地调研，以了解实情获取第一手资料，分析财政暂付款形成的原因，并发现财政暂付款风险实质上是财政运行底层风险，是基础性风险，比其他风险性质更为严重。

1. 防范隐性债务风险“爆雷”，市本级新增大量财政暂付款。中央要求地方债务风险不得“爆雷”。但由于部分地区融资平台公司债务风险和政府隐性债务较为突出，为了牢牢守住不发生债务风险“爆雷”的底线，在其他各种融资渠道突发受限和银团贷款等渠道暂未落地的情况下，地方政府通常会选择直接动用财政库款化解平台公司债务和政府隐性债务风险，由于没有可用财力作为支撑，因此形成大额且难以短期内消化的新增财政暂付款。以 2022 年财政暂付款为例，有 7 个市本级和 4 个县区财政暂付款大幅增加，扣除上述地区以后，其他地区财政暂付款规模较上年减少约 20 亿元、呈下降趋势。这几个地区财政暂付款大幅增加，主要由于化债等特殊因素，据统计，SM 省各市县因化债因素形成当年新增财政暂付款占总数的 90%。最为典型的是某地级市本级，2021 年下半年开始出现债务问题，多次动用库款化解平台公司债务和政府隐性债务风险，其财政暂付款从 2020 年末的 7.64 亿元剧增到 2022 年末的 297.79 亿元。某地级市本级财政暂付款结构中垫付土地收储成本占财政暂付款总额的 85.06%、政府主导其他重大项目占比为 12.16%、债务资金收支财政暂付款占比 0.63%、预拨经费 0.56%、对企业借款 0.11%、公益性基础设施建设 0.03%、其他财政暂付款 1.45%。该市 2022 年末财政暂付款余额 297.79 亿元，比上年增加 222.81 亿元，增长 297.16%。最大的困难在于使用库款化解隐性债务导致财政暂付款激增，叠加减税降费、经济增速放缓、土地出让金未达到预期等问题，虽然某地级市工业基础仍然比较扎实，2022 年末一般公共预算收入规模仍在市本级中排第二，但是下滑较为明显，2022 年较 2021 年减少 23.77 亿元，短期内依靠财政收入难以化解隐性债务，必须充分利用银团贷款等其他融资通道。

2. 土地出让收入锐减，没有财力支撑财政暂付款消化。2020 年以来，SM 省国有土地使用权出让收入大幅下降，2021 年、2022 年同比下降 13.7%、39.9%，收入规模从 2020 年到 2022 年累计下降 52%，2023 年再两位数下降，导致可用于平衡一般公共预算的调入资金失去预算来源保障。据统计，SM 省一般公共预算支出中近 80% 是民生支出，在每年从土地出让收入中调入一般公共预算支出的金额占支出的比重 8%、政府债券利息支出占支出比重接近 5% 的情况下，以往土地收入增长较高地区“抬高”的供养人口膨胀、民生补助标准较高、扶贫、环保、刚性支出难降，地区财政收支矛盾突出，导致各级财政不仅无多余财力安排消化财政暂付款，而且，部分市县由于未在年度中间及时做好财力测算平衡，压减支出，年末为避免形成财政赤字，只能将部分已支出资金挂账新增财政暂付款。部分市县在编制年初预算，通常会乐观估计土地收入形势，相应安排基金支出和基金调入一般公共预算数以平衡预算。实际执行中，未能严格执行《中华人民共和国预算法》第九条“政府性基金预算应当根据基金项目收入情况和实际支出需要，按基金项目编制，做到以收定支”和《政府性基金管理暂行办法》第二十九条“各级财政部门要加强政府性基金预算执行管理，按照经同级人民代表大会批准的政府性基金预算和政府性基金征收缴库进度，以及国库集中支付的相关制度规定及时支付资金，确保政府性基金预算执行均衡”的有关规定，在土地出让金收入实现之前安排支出并拨付相关预算资金，但实际上并未能按照预算实现相应的土地出让金收入入库，为了避免在决算报表中新增财政赤字，最终收不抵支部分体现为新增财政暂付款。以 2022 年为例，受年末财力不平衡等因素影响，12 月当月新增财政暂付款超过 300 亿元。其中：某地级市（GXL）本级 12 月当月新增财政暂付款 184. 02 亿元，主要是其在预算执行过程中无视国有土地使用权出让收入的年初预算数和年度收入执行数，将化债资金主要通过“21208 国有土地使用权安排的支出”科目支出，12 月末才将相关支出调整至财政暂付款，导致其 21208 科目的支出相应从 2022 年 11 月的 300 多亿元下降至 12 月的 100 多亿元；另外，某地级市（GXQ）本级在土地出让收入未如期实现的情况下，按照年初预算安排土地出让支出，为避免形成基金赤字，将土地出让支出 27. 89 亿元转列财政暂付款。由于全省土地出让收入三年间（从 2020 年至 2022 年）锐减了 879 亿元，大幅降低了市县可用财力水平，对后续消化近三年来新增的财政暂付款带来较大影响，短期内大量地消化新增财政暂付款存在客观困难。

3. 部分县区财政的“紧平衡”，实为赤字预算，无法覆盖刚性支出。SM 省作为经济欠发达省份，人均财力长期大幅低于全国其他地区且差距较大。以 2021 年为例，SM 省人均财力仅为全国平均水平的七成，居全国和西部地区末位。2022 年，全省有半数市、县（市、区）财政自给率低于 20%，最低的仅为 4. 7%，长期以来高度依赖中央转移支付。由于可用财力非常有限，财政收支矛盾异常突出，但灾害治理等临时突发支出和必须保障的刚性支出在没有对应预算指标来源保障的情况下，又必须及时足额拨付到位，因此导致财政暂付款规模进一步增加。在2022年当年新增财政暂付款中，由于财力不足预拨预算单位经费较上年增加和债券本息挂财政暂付款较上年增加造成。

以某地级市城区为例，主要受民生刚性支出影响。财政暂付款结构为垫付预算单位工资、聘用人员工资等11.76亿元，占总额的48.6%；垫付土地收储成本8.58亿元，占总额的35.4%；公益性基础设施建设3.88亿元，占总额的16.0%。该区2022年末财政暂付款余额24.22亿元，比上年增加0.55亿元，增长2.3%，财政暂付款余额逐年增加，从2019年的2.54亿元增加至2022年的24.22亿元，2022年财政暂付款余额占比高达62.4%。最大的困难包括：某城区作为城市常住人口最多、流动人口最多、义教学生最多的县区，由于自有收入水平低，人口规模大、社区数量多等因素导致刚性支出规模高，城区每年财政供养人员的工资福利支出、部门保运转经费及离退休人员经费等刚性支出（不含发放绩效）已经超过23亿元，而其2022年一般公共预算收入仅10.40亿元。某城区主要困难是可用财力不足，现有财力保障“三保”已存在困难，只能将部分“三保”支出转列财政暂付款，难以挤出财力来消化财政暂付款。

SM省某县，主要受非国家标准的“三保”支出影响。年初“三保”预算保民生部分需要县级配套承担高达9103万元，已达到SM省边境县年初一般公共预算收入的28.9%，加之还需要支付债务还本付息、非义教生均公用经费等其他刚性支出6415万元，实际可支配的财力空间大幅被压缩。事业单位人员的绩效奖励并不属于“三保”范围，而SM省边境县此类人员人数是公务员、参公人员大约三倍，且兑现资金均由地方财政承担，对可用财力造成了较大的挤压。年初“三保”预算编制的公务员绩效奖金主要是发放上一年度的金额，2023年公务员基础绩效纳入工资每月发放所需资金未列入年初预算，只能在有新增财力性转移支付的情况下调整预算解决，若新增财力不足，将形成新增财政暂付款。其他刚性支出预算并没有真正做到全覆盖，为了避免被限时问责，存在违心编报虚假的预算，年末不但无法真正消化存量，必然还要增加财政预付款。

4. 财政暂付款历史账务久远复杂，不利于存量暂付款清理。部分财政暂付款由于时间较久，经办人员换岗离岗，部分总预算会计凭证和单据已无法一一核实确认，责任难以清分落实，清理甄别难度较大。部分借款人由于年代久远已发生实体变更或偿还义务转移等，部门与部门间存在推诿扯皮，收回难度大，形成呆账坏账的可能性日增，影响了清理计划的完成。根据2023年初的统计，全省财政暂付款共计18636笔，其中2018年及以前年度形成的7136笔，占比为38.3%，而其中5—10年的2010笔，10—20年的2027笔，20年以上2086笔，最早的财政暂付款可追溯至1976年。这些财政暂付款清理难度很大，而财政部仅在《关于进一步规范地方国库资金和财政专户资金管理的通知》（财库〔2014〕175号）中提出“经核实确实无法收回的财政周转金和其他财政借垫款，应在2017年底前报经统计人民政府批准同意后，按规定核销”，但是对核销的手续、流程等并无明确规定，核销财政暂付款仍存在操作落地的难度。

（三）财政暂付款风险化解困难的深层次原因

1. 指导思想存在偏差是财政暂付款风险积聚的根本原因。思想是行动指南和执行的准星，思想差之毫厘，行动失之千里。在新时代新常态下，部分地区部分党政主要领导没有坚持习近平经济思想、没有落实中央经济发展“稳中求进”的总基调，不顾中央对新阶段经济形势“需求收缩、供给冲击、预期转弱”的客观判断，没有坚持系统观念和全局观念，没有在多重目标中寻求动态均衡，没有与时俱进，而是刻舟求剑，仍然制定不切实际的增长目标，在扭曲的政绩观指导下，没有把精力放在高质量发展上，没有把精力和资源用在营商环境改善上，没有优先解决群众急难愁盼的问题，没有尊重经济发展规律和客观条件变化，仍然维持通过政府投资拉动经济增长的惯性思维，无视预算法相关规定，违规干预预算编制与执行，编制虚高的财政收入预算，或搞寅吃卯粮，超越财力上项目建设，超标准建设公共设施，把“政绩工程”包装成“民生工程”，为权力寻租提供机会，甚至从中谋取私利搞腐败，造成公共资源和财政资金的浪费，并导致形成新增财政暂付款。部分地方政府为吸引外来投资，无视当地财力的实际，在招商引资过程中作出一系列政策支持承诺。在兑现承诺时，由于财力无法支撑，导致新增财政暂付款，进而形成风险的累积。财政部门作为各级政府财政管理工作的机构，是在各级党委政府的领导下工作的，在各项工作程序合规合法的情况下，只有被动地执行各级党委政府的决定，所以财政暂付款风险是反映中央财政经济决策执行情况的阴晴表。

2. 顶层设计不科学，是财政暂付款风险累积的主要原因。一是预算法的修订，重技术性，轻约束力。修订后的预算法第一条从健全国家对预算的管理，变为约束政府收支行为，从管理的口径上就存在容易误解的问题，国家无不包括，而政府严格意义上不并代表党委、人大、政协，虽然预算法中的各部门把所有预算单位涵盖进去，但在中国特色社会主义国家中，应当坚持国家的概念优先，以国家的强制力保障法的权威。二是赋予地方举债发展的做法值得商榷，面临不可持续的现实性问题。不可否认，地方债在近几年促进地方财经平稳运行中发挥着重要作用，同时，要清醒地看到这个政策伴生了巨大运行风险。财政部关于地方债务“开前门，堵后门”的理念与中国国情不相适应，没有落实总书记统筹发展与安全的战备思想。没有做到先立后破，至少从安排上还没有做到堵、开平衡，后门没堵上，前门已经敞口，如同打开潘多拉魔盒一发不可收拾，从政策设计上造成了今天地方债务泛滥的局面。三是加快财政支出进度，存在理论先天不足。把加快财政支出进度作为提振经济的重要手段，本身没有任何理论支撑。按照高质量发展的要求，预算的安排和执行，重在是否足额安排、及时、精准地保障，不必多，也不能少，关键在于用得好不好；必要的项目，可以引入预拨机制，做到兵马未动，草粮先行，但绝不可以兵马未动，草粮用绝。可见，高质量发展需要的是加大基础性和战略性资金需求保障的及时性、精准性、有效性。若是为了加快支出进度而支出，必然造成极大的浪费。所以，预算法中关于结余结转资金处理的条款仍需优化，预算执行的指导理念要调整。四是缺乏全面监测监控各地财政经济运行重大风险和经济安全的情报机制。

3. 权利与责任不对等，前后信息不对称，必然存在逆向激励和道德风险。虽然财政暂付款提出了“谁出借，谁负责；谁借款，谁归还”的管理要求，但是仍然有大部分市县党政领导存在新官不理旧账的现象，除了存在政绩观偏差外，主要原因是政绩考核的指标设置也不科学，权力与责任不相适，与地方举债发展一样，普遍存在“负向激励”。对于官员个人而言，他们在组织中是党员干部，同时在中国特色社会主义市场中的个体也是“理性经济人”，有趋利避害的倾向和自由，在没有受到有效监督制约的情况下，还会存在权力集团寻租产生经济上的腐败。由于消化财政暂付款并不会形成新的资产和项目，不会增加本级党委政府的政绩，因此现任领导不愿意动用财力消化历史财政暂付款，导致财政暂付款清理存在难度。从实际上看，大部分财政暂付款牵涉的部门比较多，范围比较广，政策性也很强，借还期间点多线长。由于岗位变动，必然存在行使权利和承担责任的具体人员不相同，这种权责不相适，信息不对称，缺乏必要的激励机制和责任溯源追究机制，容易造成道德风险，容易产生新官难理或不理旧账等问题。另外，在现行的政绩考核指挥棒的指引下，经济要发展，福祉要增加，各项指标要增长，当任的领导干部不通过新增财政暂付款，加重后任的化解责任已经是比较讲道德了。

上下级政府间事权与支出责任不对称，“上级点菜，下级买单”的现象依然存在。从调研的情况看，县区级对省提高辅警工资待遇（普遍高于同级事业单位工作人员工资）存在不同看法，对省提高村医保障水平存在异议，对省提高绩效工资标准，包括在职干部和离退休干部。基层主要认为，上级只出支出政策，不提供相应资金，与 SM 省各级经济实际财力水平不匹配，相关做法不宜“一刀切”，应考虑各地实际出台分类分级的指导意见，避免各地区各部门相互攀比。加上，近几年机构改革对参照公务员的编制和人员进行冻结，权力在上级，责任在下级。相关人员陆续退休，人员人力长时间没有补给，相关的事务还得干，基层不得不新增招聘临时人员从事相关工作，这部分人员能力、待遇一般低于公务员考试招录人员水平，他们也未能纳入国家“三保”范围的，浪费了编制资源，降低了办事水平和办事效率，加重了基层财政负担。

4. 其他刚性支出造成。最明显的是，疫情防控保卫战的支出。2020 年起，历时三年的世纪疫情冲击，各地积极响应中央的号召打赢这场保卫战、攻坚战，实现疫情防控与经济发展双胜利。然而，战争总要流血牺牲，物资保障资金保障必须无条件第一优先保障。SM 省面对严重的疫情，不惜任何代价守护祖国和人民的安全，不惜花费了巨大的人力物力财力。如某县级市为例，主要受疫情冲击和边境疫情防控影响。财政暂付款结构为预拨预算单位经费 10.25 亿元，占财政暂付款总额的 94.6%；垫付债券利息 0.56 亿元，占财政暂付款总额的 5.2%；其他财政暂付款 0.03 亿元，占财政暂付款总额的 0.2%。该市财政暂付款自 2018 年以来一直维持较高位运行，财政暂付款余额占比维持在35%左右，远超过10%的预警标准。最大的困难是，财政暂付款主要结构为预拨经费，应由财政预算安排消化，占财政暂付款总额的94.6%。其次是，打赢脱贫攻坚战、蓝天保卫战和防范金融风险等三大战役的刚性支出。加重了当地的财政负担。叠加疫情冲击和经济下行，地方财政运行不堪重负。

综上所述，财政暂付款风险，从形式上看主要是受预算收入未实现、非年度内预算项目或无预算项目挤占了国库库款，导致其他正常预算指标得不到兑付，形成大量的非正常预算指标结余或非预算支出，弱化了预算法定刚性，加剧各级库款保障压力和财政资金安全风险，与债务风险伴生相连，关联紧密，甚至比债务风险更加危险，影响财政经济的稳定运行。财政库款风险是最底层的财政管理风险，发生风险将影响和引发区域性系统性风险。可见，财政暂付款风险不只是财政库款保障水平下降的问题，更是一个地方财政经济运行好坏的综合表现，是反映一个地方党委政府统筹发展与安全等执政能力的重要指标，是一个系统性问题。如果一个地方财政暂付款风险较高（规模过大、占比高），一定程度上反映出这个地方财政经济已经恶化。因此，将财政暂付款规模控制在合理区间，保障财政运行处于合理稳健区间，已成为一项刻不容缓的重要工作。

五、相关政策建议

（一）坚持用科学思想指引地方财政经济运行

一是坚持习近平新时代中国特色社会主义思想的世界观和方法论来指导实践。实事求是，稳中求进，统筹兼顾。坚持加强党对财政经济工作的领导，对财政运行风险问题党政同责，从财经制度上保障中央的集中统一。同时，坚持以人民为中心，坚持正确的政绩观，坚持系统观念，反对顾此失彼，坚持“花钱必问效，无效必问责”，坚决反对为了增长而增长、为了支出而支出，突出重质量而非重进度，解决思想根源问题和领导机制问题。

二是坚持问题导向，客观分析存在问题。欠发达后发展仍是目前SM省最大的区情，发展不充分不平衡的矛盾尤为突出，与实现高质量发展的要求仍然存在较大差距，长期存在产业结构不合理、财政自给率低等体制性、结构性、累积性和机制性问题。加上各地各种税收洼地引发的地区间不正当竞争，阶段性全国全面减税降费政策性压力没有减，叠加逆全球化的冲击，将加剧欠发达地方财政的恶化。

三是坚持系统观念，统筹好发展与安全，实现地方高质量发展。经济决定财政，财政是国家治理的基础和重要支柱，可以反作用于经济。各级财政部门一定要提高政治站位，把思想和行动统一到中央的决策部署及有关政治要求上来，充分认识清理消化财政暂付款工作的重要性和紧迫性。要科学地看待地方经济与财政的关系，运用系统思维，坚持系统观念，坚持不立不破，先立后破，稳妥有序推进各项财政经济改革，坚决预防处置风险的风险，科学有效破解当前SM省财政经济运行中面临的现实难题。

四是加强作风建设，纠正错误和扭曲的政绩观。坚决反对官僚作风和形式主义，坚决把为基层办实事纳入党风建设，作为官员评价的主要内容。要营造为担当者担当，坚决反对对基层困难视而不见、避而不谈的做法，要正视“问题在下面，根子在上面”的问题，要破除“上级点菜、下级买单”的治理路径依赖，要破解类似基层参公人员编制的长期冻结问题，为释放经济发展活力和提高工作效率提供人才支撑人力保障。

（二）完善顶层设计，从法制制度层面治理地方财政运行风险

一是进一步加强财政法规建设。从法制层面解决地方党委对财经工作只领导、不担责的问题，对加强财政管理监督提供法律依据，并给“重分配、轻管理”“重预算、轻绩效”的问题提供治理办法。包括进一步修订优化相关预算法具体规定，以提高绩效和安全运行为导向，注重高质量发展，改变加快支出进度的提法，将“加快财政支出进度”调整为“加大基本支出和重大战略财政保障”。改变老地方举债发展的常态化，进一步明确地方举债的特殊情形，源头遏制地方领导超财力上项目的冲动。中央应当扛起战时状态的财政支出保障责任，并建立相应的战时财政制度，至少按照脱贫攻坚的力度提高对下转移支付水平，不能以提高地方发债限额来解决，最终未能保障地方财经平稳运行。建立贯通省市县三级、全面监控监测地方财政经济运行重大风险机制，以及经济安全情报机构。

二是推进地方分级财政体制改革。着力提高省本级财政调控能力，进一步加强和完善“省直管县”财政体制，激励提高市管县财政体制效能，

完善提升县区财力的机制，有效提高财政资源配置效率。建立与债务风险化解“省负总责”原则相适应的体制，建立重大项目下管高级的审查审批制度，市县的重大项目要实行省发改与财政的统筹衔接，必须与各级财力相匹配，对财经运行风险较大的地方超过一定规模的项目上马要经过中央或省批准，从制度上杜绝超财力上项目，实现保重点发展与促均衡公平相统一。以科学的区间目标代替具体的增长目标，各级不得制定超越发展阶段的收支目标，确保财政收支增长目标应处于合理稳健的区间，与地方经济发展合理区间相衔接。进一步厘清政府与市场的边界和上下级政府间关系，建立规范财政国库资金调度机制，省本级对市和直管县的调度、市对市管县的调度，要用制度保障，除非应急需要，既不超调，也不少调。

三是建立科学政绩评价体系，完善激励机制，充分发挥考核指挥棒的风向标作用，统筹好显绩与隐绩的关系，结合各地实际和特点，实行共性考核和差异性考核相结合，着重完善市县党政主官政绩考核指标体系。建立化解财政金融运行风险的考评机制，管控好地方金融风险，坚决防范区域性和系统性金融风险。将财政暂付款管理情况纳入市县两级党委政府绩效考核体系，对新增财政暂付款和财政暂付款规模占比较高地区扣减转移支付资金，对消化财政暂付款成效明显的予以绩效加分并在资金和债券分配时给予倾斜支持。对新增财政暂付款视同新增政府隐性债务，并按照党政同责、终身问责的原则进行严肃问责。

（三）强化财源建设，从经济根源上解决暂付款问题

没有财力的支撑，严控新增财政暂付款和消化存量财政暂付款都是“无米之炊”“无源之水”，为此，要牢固树立财源意识和绩效理念，积极培育壮大实体经济，切实加强财源建设，从根源上保障消化财政暂付款和控制新增财政暂付款。贯彻事权支出责任相匹配原则，通过积极向中央争取解决 SM 省发展的历史累积性问题。

一是通过发展产业培植支柱财源。推进财源建设的关键在于转变发展方式、优化产业结构。要加快建设现代化产业体系，优先发展高效益产业，提高产业整体税收贡献水平。要做强做优做大工业，狠抓工业投资，推进“双百双新”“千企技改”等产业项目尽快形成实物工作量。

二是通过培育壮大重点税源企业。针对 SM 省年度缴纳地方级税收 1

亿元、5 亿元、10 亿元以上企业分别只有 73 家、8 家和 4 家，骨干税源企业太少的问题，要下大力气进行培育。要开展“百亿强企”“千亿跨越”大企业大集团提升行动，加快培育单项冠军、“专精特新”“小巨人”企业，支持企业科技创新、挂牌上市，发展壮大中小税源企业，形成既有“参天大树”、又有“灌木丛林”的格局。

三是通过建好园区平台增强内生财源。当前，SM 省产业园区总体实力不强，税收贡献“大块头”少，全省要扭转纳税大户不多不强的局面。要高水平推进产业园区建设，提升产业园区的对外开放水平，用好并不断完善园区配套支持政策，细化东西部产业合作，推动各方参与园区建设。

四是通过狠抓招商引资做大新兴财源。开展招商引资项目税收贡献事前评估，科学制定招商引资优惠政策，以企业实际产生的税收贡献确定相关优惠政策上限，深化与长三角、京津冀、粤港澳大湾区合作，积极承接产业转移，力争引进更多产业带动性强、关联度高、附加值高、技术含量高的优质项目。

（四）制定科学的风险化解计划，有序稳妥分类消化财政暂付款风险和债务风险

一是严格落实责任体制。建立健全借款收回保证和责任追究机制。按照“谁借出，谁收回”的原则，结合实际情况，列出每年消化计划，明确年度细化任务、消化方式以及资金来源等，落实责任体制，建立财政暂付款的终身负责制，因未按规定的程序或审核不严造成国有资产和财政资金损失的，依据法律法规提请有关部门追究责任。对违规新增政府隐性债务和融资平台公司债务的建议明确要求对相关主要负责同志进行严肃问责，形成有效震慑，防止债务规模越滚越大，倒逼各级财政部门动用库款化解债务，进一步新增财政暂付款。

二是分类清理财政暂付款。结合财政暂付款不同的情况，采取不同的策略。对已经具备回收条件的财政暂付款，采取法律法规手段回收；对不能按约定的时间还款的财政暂付款，采取扣减预算等方式以确保财政借款及时收回；对存在债务纠纷的财政暂付款，采取提请司法部门的方式介入解决；需要本级财力解决的财政暂付款，采取按程序列入预算优先使用收回的存量资金等方式予以核销；复核符合当年预算项目安排的财政暂付

款，采取及时下达预算转列支出的方式；因土地收储项目形成的财政暂付款，通过拍卖土地和盘活项目等方式回收，加大对重点地区的风险处置。督促重点地区切实履行主体责任，制定消化融资平台化债暂付款方案，落实落细分年度消化化债产生的财政暂付款。指导重点地区进一步扩大银团组建规模，通过银团贷款置换对应财政库款化解的债务，腾出资金逐步消化融资平台暂付款。

三是积极争取中央政策支持。目前设区市本级隐性债务风险化解试点政策已落地，将帮助SM省大幅减轻政府隐性债务中的刚性兑付债务本金偿还压力。但从中长期来看，政府隐性债务中的非刚性兑付债务也存在资金链断裂的风险，且受金融监管的政策影响很大，即使是非刚性兑付债务，如债权人不予接续或展期，同样可能导致债务风险事件发生。建议省积极争取中央政策支持，尽快协调研究出台地方债务风险化解的后续政策，如针对融资平台公司到期债务接续困难的主要原因是抵押物不足的问题，建议协调金融监管部门指导国有商业银行降低抵质押要求和利率成本，由地方党委、政府协调指导债务人按时足额偿还到期债务利息，避免债务资金链条断裂形成不良债务并引发债务风险。将地方政府预拨融资平台公司用于支持化债形成的财政暂付款纳入融资平台公司化债支持政策范围统筹考虑，协调金融管理部门支持地方融资平台公司利用银团贷款等金融工具置换化债形成的财政暂付款，帮助地方化解财政暂付款高风险地区风险和财政支付风险。增加安排消化拖欠企业账款的专项债券额度，支持地方优先消化拖欠中小企业账款，逐步加快消化对其他大型企业等欠款，为企业“多角债”解扣对冲，推动全省经济运行整体好转。

（五）加强财政信息化建设，为加强预算、执行和监督提供现代化手段

一是源头防范虚假预算。利用预算一体化系统贯通省、市、县三级的优势，规范审核各级年初预算安排和年度追加。通过各子系统的联动，从而实现年初预算指标、上下级追加、三本预算收支、下级上解、上解上级等数据自动更新，实时计算各级财力平衡情况，从系统上控制超财力安排预算支出情况。认真贯彻落实《中华人民共和国预算法》和《中华人民共和国预算法实施条例》，着重防范编制不切实际的收支安排，尤其是通过编制虚高的税收收入、土地出让收入预算，并以此支撑的相应支出。强化

预算约束力。通过信息化规范化预算管理，确保基层财政在安排财政支出时，坚持严格按照“一保吃饭、二保运转、三保建设”的原则和优先顺序，科学安排和使用财政资金。科学合理编制预算的基础上，源头管控市县统筹安排一定的财力逐年消化存量财政暂付款。

二是系统管束违规执行。相关一体化系统和支出操作系统务必关闭无预算拨款的功能。坚持严格按照人大批准的预算执行，严加禁止没有预算、没有用款计划、超预算安排拨款和超计划拨付资金。在年度预算执行中，对经核实确需要新增的支出事项，应采取按照相关规定调整当年预算、动支预备费、盘活存量资金等方式解决。严加禁止采取违规列示财政暂付款的方式来实现收支平衡或解决新增的支出事项，如果采取违规列示财政暂付款的方式，将会导致库款“缺口”，严重影响“三保”保障。

三是建立动态监控预警机制。政府建立合同管理平台，充分发挥大数据信息技术监管优势，全面加强各级财政经济运行管理，对省级政府投资和财政支出 20 万元以上、市级政府 10 万元以上，县区级政府 5 万元以上的合同，全面纳入监管，未纳入平台监管的地方和部门给予责任追究，动态监测财政经济运行情况，提高经济运行分析预测的前瞻性、准确性，有效推动高质量发展和最大限度防范重大风险。依托一体化系统中自动对无预算指标拨款进行预警拦截，严控市县通过无指标拨款而形成新增财政暂付款。加大对财政暂付款的监管力度，充分发挥现行预算管理一体化系统优势，通过科学、合理设置一系列财政暂付款预警规则，对上传的资料是否齐全，是否录入责任主体，是否录入还款来源，是否按时归还，清理进度是否达标，财政暂付款余额是否过大，财政暂付款增量是否超标，是否按照规定拨付财政暂付款等行为，实施网上动态监控，促进各级财政部门的财政暂付款清理工作提质增效，减少财政资金风险隐患，助力打好规范化解重大风险攻坚战。

（六）建立化解暂付款风险的激励相容机制

一是出台化解财政暂付款风险具体办法。从中央层面来看，目前财政暂付款的主要指导文件为《财政部关于严格规范地方财政暂付款管理的通知》（财办〔2018〕41 号），相对单薄且可操作性仍有待提高。建议中央层面出台暂付款管理的操作细则，明确哪类财政暂付款应由地方通过预算安排支出、哪类财政暂付款需要运用法律诉讼、哪类财政暂付款可以处置闲置资产、哪类财政暂付款可以扣减财政补助，同时对经核实确实无法收回的财政周转金和其他财政借垫款如何核销。

二是建立针对党政领导关于财政暂付款的激励和约束机制。建立财政暂付款终身负责制，对违规财政暂付款造成库款损失的，追究相应的法律责任，对清理财政暂付款和严控新增财政暂付款取得成效的党政领导给予激励。对财政暂付款性款项清理情况实行绩效考核，对考核排名前列、有进步的集体或表现突出的个人给予通报表扬，在资金调度上予以优先安排或在转移支付补助资金分配上适度倾斜，每年从预算中拿出一定比例作为财政暂付款专项奖励资金，对综合排名靠前的集体予以鼓励，进一步推动财政暂付款清理消化工作，充分激发和调动各地担当作为、干事创业的积极性、主动性和创造性。

【简评】财政暂付款风险水平，是衡量一个地区财政经济运行的“晴雨表”，规模过高的财政暂付款容易成为引发财政风险的扳机。近年来，全国财政暂付款总体规模呈扩张趋势，财政暂付款风险问题越来越受到关注。2013 年，财政部已经发现财政暂付款风险苗头，2018 年明确要求用五年时间来清理消化财政暂付款，笔者也是从 2013 年开始关注财政暂付款问题，有幸陪同财政部国库司领导到基层调研相关问题，并在撰写博士论文中纳入研究范围。各省财政厅历年来重视此项工作，对财政暂付款管理存在临时措施长期化、技术工具政策化等问题进行研究，先后出台了一些办法遏制风险的发生。2023 年部分地区采取“以收定支”的办法，有效遏制了暂付款增长迅猛的态势。但是，世纪疫情暴发以来的这几年，财政暂付款通过新手法新形式新增，部分省财政暂付款“不降反升”和风险累积的问题仍然存在，基层财政“账上有钱、库里没钱”的矛盾仍然存在，与市县债务风险形成叠加，加剧了基层“三保”保障压力，加大发生财政风险的机率，对地方治理现代化产生实质性影响。在此背景下开展财政暂付款风险管理问题研究，对夯实依法治国基础、增强党和政府公信力、保障市县财经发展与安全、促进地方实现高质量发展等，具有重要的意义。为寻求化解财政暂付款风险的办法，本文从国家政策和全国财政暂付款发展态势入手，科学评估了 SM 省财政暂付款风险水平，分析了该省财政暂付款风险结构性和累积性特征，新增暂付款的直接原因与防范隐性债务风险

"爆雷"关联紧密，也与部分基层财力不足以覆盖刚性支出等因素相关；深层次原因是部分地方官员政绩观扭曲，法规制度上存在不完善和预算软约束的问题，管理机制上存在信息不对称、权责不对等的问题，这些问题在地方经济遭受多重冲击、增速持续下行的背景下逐渐显现出来。

课题组提出了几点建议：一是坚持习近平新时代中国特色社会主义思想，用科学的世界观和方法论来指导财经实践，充分尊重经济发展客观规律，正视世情国情区情财情等实际，坚持问题导向和系统观念，加强作风建设，纠正扭曲的政绩观。二是完善顶层设计，实现多重治理目标的动态均衡，优化现行政绩评价体系，着重从完善法制制度层面治理地方财政运行风险。着重建立重大项目下管两级的审核批准机制，并与市县可用财力相衔接相匹配，有效控制地方财政支出规模的合宜性。三是强化财源建设，从经济根源上解决后土地财政时代的财政暂付款风险问题。四是制订科学的风险化解计划，有序稳妥分类分年化解财政暂付款风险和债务风险，努力实现高质量发展与高水平安全良性互动。五是全面加强财政信息化建设，为加强硬化预算、规范执行和强化监督提供现代化手段，全面加强各级政府合同管理，有效提高预防财政经济运行风险的前瞻性科学性。六是建立化解财政暂付款风险的激励相容机制，既压实市县党政主要领导的责任，又充分激发各地干部担当作为、干事创业的积极性。

研究报告在原有的基础上，系统分析全国东、中、西部和SM省不同功能分类县区的财政暂付款占用正常预算资金的突出问题，积极开展基层工作调研发现的新苗头、新风险点，结合预算管理及广西实际提出了工作建议。课题研究得到了地方领导和财政专家的肯定，并作为地方课题组代表，受邀参加全国性的地方财政暂付款课题研究。

总的来看，财政暂付款风险应当受到关注，主要与地方经济发展和管理方面相关，是财政管理的基础性风险。同时，这个风险还不是洪水猛兽，规模远比政府债务风险小，深入研究把握其风险实质和运行规律，是可防可控的，从相关文献看，公开发表的相关文章约有280篇，反映出这是一个财政管理的普遍性问题，各地只是风险程度不一样，产生风险的主要原因不相同。经过近几年的努力，地方财政部门在控制财政暂付款方面采取了一系列的措施，取得了一系列成效，一定程度上控制了地方财政运行风险的蔓延。从长远看，应当从根源上治理，激励与管束并重。

加快广西财政支出进度问题研究
——以自治区本级为例[①]

王璟谛

近年来，广西财政支出进度偏慢问题仍然存在，尤其是自治区本级仍然存在财政支出预算执行进度相对偏慢的问题，预算执行管理的效率不高，降低了财政资金拉动经济增长的效用，进而制约了积极财政政策效应的发挥预算执行进度偏慢与广西行政决策和行政运行体制机制有关，也与支出结构变化、现行预算编制、预算执行制度等体制机制问题有关，还与执行工作努力程度有关。为了切实加快全区特别是自治区本级预算支出进度进一步提高预算执行工作的均衡性、时效性和有效性，本文通过分析2014—2017 年和 2018 年上半年自治区本级支出进度情况研究了影响支出进度偏慢的基本原因提出了下一步改革财政管理体制机制和加强支出管理的工作建议。

一、近年来自治区本级支出进度存在问题

（一）自治区本级支出进度相对偏慢

1. 广西财政支出进度在全国排名靠后，自治区本级的同期进度落后于全区水平。近年来，广西壮族自治区本级财政支出预算执行进度还不够高，2014—2017 年平均支出进度达到 95.5%，分别低于序时进度 6.5 个、

① 本文刊载于《经济研究参考》2018 年第 59 期。

5.7 个、4.7 个、1.1 个百分点，四年来仅 2016 年、2017 年两年支出总进度突破 95%，且扣除这两年权责发生制列支结转金额后支出进度仅为 93.3%、93.8%，分别低于全区总支出进度 2 个和 5.1 个百分点。根据 2015—2017 年上半年、第三季度和 11 月财政部对地方支出进度情况通报，广西总体上被列为进度偏慢的省份，而同期自治区本级支出进度多次低于全区水平（见表 1）。据统计，2018 年 1—5 月全区公共财政预算支出同比增长 10.3%、支出进度 37.6%、支出进度在全国 36 个省市区（含单列市）中排名第 30 位，财政运行总体水平排在 25 位。可见，广西全区和自治区本级的财政支出进度相对偏慢。

表 1　　2015—2017 年财政部支出进度考核　　单位:%

时间		全国	广西		
			全区	排名	其中：区本级
2015 年	1—6 月	38.8	42.7	5	44.1
	1—11 月	87.6	86.6	20	79.8
2016 年	1—6 月	49.8	49.4	15	54.9
	1—9 月	76.2	73.2	29	74.0
	1—11 月	93.0	89.7	30	87.2
2017 年	1—6 月	54.2	51.9	23	56.2
	1—9 月	79.5	77.6	25	65.6
	1—11 月	93.6	91.1	28	96.4

数据来源：财政部地方财政收支考核情况的通报。

2. 自治区本级社保资金拨专户支出和实拨资金占比过重，2014—2018 年上半年自治区本级财政加大了社会保障力度，通过社会保障资金拨财政专户增加本级支出加快支出进度，扣除此因素自治区本级支出进度远低于全区支出平均水平。如 2014—2018 年上半年，自治区本级公共预算财政支出分别完成 308.87 亿元、375.06 亿元、403.77 亿元、483.62 亿元、498.99 亿元，增长 10.9%、21.4%、14.9%、12.3%、3.2%，支出进度为 48.4%、51.9%、52.8%、54.5%、56.1%。其中，社会保障和就业科目支出分别为 65.32 亿元、93.43 亿元、108.90 亿元、151.25 亿元、167.39 亿元，占同期支出的比重为 21.1%、24.9%、27.0%、31.3%、33.5%，这些支出均为一次性投入生产或实拨至资金使用部门，并未立即形成有效支出。

（二）自治区本级科目之间支出进度不均衡

从全年看，2014—2017 年 17 个主要支出科目中支出进度超过 90% 的分别有 16 个、14 个、11 个、17 个，2017 年所有支出科目均达到 90% 以上。其中，社会保障支出、粮油事务支出连续四年支出进度均保持在 95% 以上，一般公共服务支出、教育支出、科学技术支出、城乡社区支出等 11 个科目连续四年支出进度均超过 90%，金融支出、国防安全支出、国土气象海洋支出进度相对偏慢。

从上半年支出情况看，2014—2017 年 17 个主要支出科目中上半年支出进度达到序时进度的分别有 14 个、14 个、16 个、17 个，连续四年达到序时进度的仅社会保障和就业支出、农林水支出、交通运输支出、粮油事务支出 4 个科目，共 7 个科目连续四年在上半年未达序时进度，分别是一般公共服务、教育、科学技术、节能环保、文化体育与传媒、金融、国土海洋气象支出。

从第三季度支出情况看，17 个主要支出科目中支出进度达到序时进度的分别有 5 个、6 个、8 个、8 个，连续四年达到序时进度的仅社会保障和就业、交通运输、粮油事务支出 3 个科目，共有 6 个科目连续四年未达序时进度，分别是教育、科学技术、文化体育与传媒、商业服务、金融、国土海洋气象支出。

季度间不均衡，季末当月冲刺迹象明显，存在年底突击拨款的问题，支出结构中，2014—2017 年各科目都实现了平稳较快增长，大多数进度都保持在 90% 以上，但各科目中“年底突击花钱”的现象仍然明显，截至 2017 年，各科目支出进度均达到 90% 以上，但部分科目集中于第四季度支出，以 2017 年为例，金融支出、科学技术支出在第三季度进度为 42.9%、57.6%，年末进度达 94.2%、96.6%，最后一个季度支出进度高达 51.3%、39%，2017 年 11 月、12 月支出金额出现显著增加，两个月合计支出 193.16 亿元，占全年总支出的 1/5。

总体来看，2014—2017 年广西财政支出年度内进度不均衡，从各季度来看，仅 2016 年第一季度和第二季度、2017 年第二季度的支出进度高于序时进度，从月度来看，各月受政策、财政收支计划影响较大，表现在重要时节点（季度末、年中、年度末）的增长明显高出一般月份，大致呈现以下规律：1月的支出高于2月，主要受春节假期影响，3月有所回升，4月、5月略有降低，6月支出金额明显增加，主要受上半年“双过半”目标要求的影响，7月、8月支出进度放缓，9月增长较快，10月、11月支出金额开始增加，至12月为完成年度任务，支出金额急剧增加。

（三）自治区本级分部门支出进度不均衡

2014年以来，实行一般公共预算支出进考核通报制度后，支出进度有一定突破，取得一定的提高，但是区本级部分预算单位在重要时节点的支出进度偏慢，单位间支出进度差距较大，支出进度分部门情况差异较大。

从2014—2017年上半年来看，部分预算单位支出将近完成全年任务，而有些单位支出进度严重滞后，低于20%，4年来的支出进度极差分别为86.4%、85%、83.6%、79.5%，其中，支出进度最慢的单位，上半年支出不到20%，其中个别部门连续四年的支出进度均排在后20名。自治区本级上半年支出进度偏低的部门过多，如2017年1—6月，在116个被考评的自治区本级单位中有88个单位支出进度低于50%（即实际进度低于序时进度10个百分点），占考核区直单位总数的75.9%，支出进度低于40%的有14个单位，占单位总数的12.1%，进度低于30%的有10个单位，低于20%的有1个单位。从第三季度来看，4年来支出进度极差分别为80.8%、72.3%、69.8%、65.7%，极差逐年缩小，但差距仍然显著。

（四）项目建设和转移支付资金使用进度偏慢

从市县看，2017年1—10月，南宁、梧州和来宾等3个市中央转移支付资金支出进度仅为53.5%、49.6%和44.4%，崇左、百色和来宾等3个市中央政府性基金预算补助资金支出进度仅为47%、35.7%和23.8%。2017年8—9月，广西壮族自治区财政厅对9个县2016—2017年7月中央和自治区转移支付资金支出进度情况进行了专项检查，发现各县普遍存在资金支出进度缓慢、虚报支出进度等问题。2008年1—4月，全区14个设区市一般公共预算中中央专项转移支付资金支出进度均低于序时进度，其中进度低于30%的市共10个，部分项目支出进度严重偏慢甚至零进度，直接拖累了支出进度的提高，尤其是全区基建预算指标支出进度和政府采购项目的支出进度非常缓慢，一定程度上反映出自治区本级乃至全省项目支出进度严重滞后。

二、当前公共财政支出进度偏慢的原因分析

（一）预算执行的主体责任意识不到位

一是单位主要领导的预算执行主体责任意识缺失，有的预算单位主要领导认为预算安排和预算执行的事是财政部门的事，最多是分管财务领导的事，没有充分认识到主体责任，更没有履行预算执行第一责任人的职责，二是重财政资源分配，轻预算执行绩效的现象比较普遍，三是单位支出目标不够明确，思想不够统一，四是重部门业务，轻财务管理，少部分单位配备的财务人员与现代财政管理需要确实存在差距。

（二）支出结构发生了重大变化

经过多年的发展，广西的财政支出规模和支出结构发生了巨大变化。2011年，广西壮族自治区财政厅党组就明确提出打造“五个财政”的理财新理念，把“打造发展财政，力促经济发展提速增效”列为首位。2016年新一届厅党组又提出了建设“六强型财政”，着重体现在支出保障上。2014年新修订的《预算法》正式开始实施，国家出台了地方债的管理办法，对预算安排和预算执行有了新安排和法律制度，更多体现在对政府财政行为的规范和约束。但现在很多部门，甚至包括一些党委、政府的领导尚未适应新形势，尚未形成新的理财理念，项目规划统筹的能力不足，重点项目推进缓慢，严重影响财政支出进度。据统计，广西财政支出规模从2007年的985.94亿元增加到2017年的4916亿元，连跨四个千亿元大关，增长了近五倍。据部门决算统计，2007年，全区基本支出和项目支出的比重为63.3∶36.7，2017年为46.1∶53.9，财政支出结构从“吃饭型”已经转为了“发展型”。自治区本级的支出结构变化更加大，基本支出和项目支出的比重从2007年的48.1∶51.9，发展到2017年的23.4∶76.6，自治区本级的支出重点已经完全倾向项目支出，项目支出与基本支出的特点和要求不同，基本支出主要是人员和办公经费等机关日常运行支出，刚性

较强且按时间进度拨款，基本不受预算批复时间的影响，而项目支出必须要厘清政府与市场的界限，避免政府投资对社会投资的挤出效应，需要完成大量的前期工作（如可行性报告、环境测评、项目总体规划和建设性详细规划等），资金额度较大，必须经过上级批复和同级人大的批准后才能实施。如果是中央对地方的投资项目须等全国人大批准后才能实施，受预算批复的影响较大，对项目建设和项目支出，有不少单位在实际工作中，要等部门预算批准后才启动项目建设的相关前期工作，项目推进进度相当缓慢。同时，还存在一些纳入预算安排的项目因政策变动或实施条件变化，短期内无法实施的，没有及时商财政部门收回预算重新安排，既造成财政资金的闲置浪费，也影响了财政支出进度统计的准确性。同时，项目支出的比重过高，基本支出增长严重滞后于项目支出的增长，不利于将改革发展的成果进行合理分配，存在结构科学性问题，不利于调动部门和干部职工工作积极性。

（三）自治区本级预算编制还不够科学

1. 编制时间安排不尽合理，一是一般每年的10月才真正开展下一年部门预算编制工作，预算编制时间偏短是影响预算编制质量和预算执行质量的重要原因之一；二是人大审议预算草案的时间依旧不足，预算编制缺乏有力监督；三是人大批复下达时间晚，每个年度1—3月属于预算执行的“真空期”，期间各预算单位只能参照上年同期情况来安排“保运转”各项基本支出，专项资金基本无支出。

2. 预算编制内容不够细化，一是目前编制预算更多采用“上年基数法”，预算编制也没有合理考虑，对增长和减少的变动变化财政支出，预算未能及时调整，不利于预算执行；二是预算编制中二次分配项目不细化，一些有预算二次分配权的部分预算为了能够在再次分配中获得更多的裁量权，预算草案编制较为粗略，例如专项支出预算只注明用途为专项经费，这样的预算编制会使部门在预算执行过程尤其是二次分配中出现挤占挪用、滞留资金等问题，从而影响了支出进度；三是预算编制把关不严，导致一些部门的部分项目预算资金高于实际需求的问题未及时发现，这就造成部分项目的预算虚高，财政资金滞留，支出进度难以推动。

3. 财政预算安排的权力分割不科学，发改部门对重大项目建设和基建项目预算的安排，以及一些部门对市县的二次分配权，严重地削弱了政府预算的统一性，不利于全面统筹兼顾保重点和促进地区间均衡发展，反映到财政预算安排上，造成财政厅内部预算编制主体和执行主体不明确的问题。

4. 预算安排缺乏有效监督，一是受限于人民代表大会时间仓促、人大财经委专业力量不够充实等因素制约，人大很难从源头上对预算编制进行监督；二是社会监督能够集中各方面力量，监督面广，能够对政府机构内部监督进行补充，有利于加强预算执行，但是目前预算公开程度不够高、公开时间较为迟缓、公开内容不够多、透明程度不高，以及大部分社会公众受限于专业知识的缺乏，社会监督力量的作用尚未充分发挥；三是缺乏预算执行反馈预算编制的资金绩效问责机制，执行与编制和监督没有形成良性互动的有效机制。

（四）预算执行各环节没有相互衔接好

一是项目资金下达情况偏慢，各年上半年，自治区本级预算单位支出进度明显偏慢与项目资金下达缓慢有较大关系，尤其是有二次分配权的单位，严重影响了预算支出进度；二是新增债的发行和使用进度偏慢，地方债实行限额管理，需要全国人大会议批准，每年地方新增债券发行必须等到以上这些法定程序完成后才能开展，限额下达地方后，自治区本级还要形成预算调整报同级人大批准，鉴于新增债的金额越来越大，对支出进度影响较大；三是政府采购的进度偏慢，项目实施不及时，有些项目实施不及时，投资评审和政府采购工作启动慢，造成“资金等项目”的情况，无法按要求及时将资金落实到项目实施单位或申请使用项目资金，成为影响自治区本级支出进度的重要因素；四是部分单位对已实施建设或完工的项目没有及时申请验收、及时请款支付，也是造成支出进度缓慢的原因之一。

（五）个别市县库款紧张制约了支出进度

一是部分市、县库款余额长期处于低位运行，只能依靠自治区超调或从财政代管资金户等外部借入国库的资金维持运转，日常支出难以保障，更不用说保障项目资金的大额支出；二是财政借垫款清理难度大，广西目前的财政借垫款大部分是多年累积、历史遗留形成的财政预算支出“硬缺口”，主要包括无预算的项目支出、垫付土地收储成本、垫付到期债务本息、财政对外借款等，在库款如此紧张的情况下，部分市、县仍然新增财政借垫款不仅没有考虑通过列入当年预算解决财政借垫款的“历史旧账”，反而将财政借垫款作为无利息的“融资”方式，盲目新增无预算项目，财政借垫款“不减反增”，进一步加剧了财政支付风险。

（六）特殊政策性因素对区本级支出进度产生一定影响

近几年年末采用权责发生制列支的金额比较大，如自治区本级预算单位 2012 年末列支 32.91 亿元、2013 年列支 31.48 亿元、2016 年列支 17.84 亿元、2017 年列支 21.90 亿元，通过列支结转形成了各区直单位的收入，同时也形成了国库的支出，但实际上钱还在国库，没有实际支出，又因财政部、自治区人民政府提出了盘活财政存量资金的具体要求，部分单位抓紧通过结余结转资金安排当年的项目支出，对当年预算安排的资金不做支出安排，由此对加快一季度乃至上半年的支出进度造成了一定的影响。同时，近两年为支撑地区生产总值增长，个别市县财政八项支出非正常增长，扰乱预算支出的秩序，增加支出的难度。

三、加快支出进度的政策建议

（一）正确认识加快支出进度工作的重要意义

党的十九大报告强调要加快建立现代财政制度，建立全面规范透明、标准科学、约束有力的预算制度，全面实施绩效管理，进一步提升预算科学精准编制，增强预算执行刚性约束，加强预算收支管理是加快建立现代财政制度的基本要素和重要内容，加强支出预算执行，具有重要的意义。

1. 加强党委、政府对财政工作的领导，切实加强预算单位主体责任，各级党委、政府要主动适应新的经济发展形势，协调、平衡好“吃饭”与“发展”的关系，进一步加强预算执行工作的领导，建立起“政府主导、财政督促、部门为主、合力推进”的预算执行长效机制，建立起奖励和约束机制，强化支出责任，加强督促考核，切实增强预算执行的计划性、均衡性和有效性。

2. 发展改革部门加强项目建设的统筹和规划，加快推进重点项目建设，广西壮族自治区发展改革委是全区项目建设管理审批部门，应与财政部门共同建立重点项目“建设一批、储备一批、规划一批”的长效机制，增强项目建设的前瞻性和科学性，同时，要加强对各预算单位抓好项目规划设计、可行性研究、征地拆迁、采购招标等前期准备工作的指导。

3. 强化财政部门执法的刚性，切实提高财政资金使用效益，财政部门负责预算执行的组织、管理、协调和监督，重点是保障纳入预算的重点项目建设资金到位，指导和督促预算单位加强预算执行。一是财政部门要增加执法的刚性，严格执行《关于进一步加强和完善预算执行管理工作的通知》和相关财政法规的规定，强化预算调整和收回工作，对在年度内预算难以执行或执行偏慢的，要及时调整或收回预算，将资金调剂用于其他亟须支持的领域和项目；二是严格执行财政部下发《关于加强地方预算执行管理加快支出进度的通知》，加快下达转移支付预算、抓紧细化落实年初未细化分配到部门和下级财政的预算资金、推进财政存量资金的统筹使用、加快资金拨付进度、加强预算执行和考核等方面的督促和指导；三是加强基本支出与项目支出平衡关系研究，适当增加基本支出，提高居民收入水平和地区基本公共服务保障水平，增加人民改革发展成果的获得感，同时，有效促进支出进度的均衡性。

（二）推进预算改革和完善预算编制，解决制约预算执行效率的源头问题

1. 推进中期预算约束制度改革，编制三年滚动中期财政规划预算，实现跨年度平衡，拉长预算覆盖周期，有效解决空档期问题，有效均衡预算安排与工程进度的对称性促进预算安排与经济社会发展中长期规划有机衔接。提高财政支出的前瞻性和计划性，加强中期财政规划项目库建设，完善储备项目管理，实行量化评分排序管理，前期准备工作完成较好、实施效率较高的项目优先纳入预算安排资金，促进加快支出执行进度，加强激励约束考核，对规划编制准确度高、执行进度快的予以加分，不断提高中期财政规划的应用程度和管理水平。

2. 合理调整预算编制时间安排。一是调整预算年度，将预算年度历年制改为跨年制，以每年的 4 月 1 日为预算年度的起始时间，下一年的 3 月

31 日为终止时间，适当延长预算编制时间至半年到一年左右，给单位留出足够的时间编制预算，从而提高部门预算编制的准确性和科学性，提高其可行性；二是将预算批复下达时间提前，考虑把人大审查批复预算提前到每年 12 月前完成，为加强预算执行赢得时间，“真空期”确保预算的及时下达和顺利执行，给财政部门对部门预算的审核、人民代表大会对预算的批复腾出更加充分的时间。

3. 细化预算编制，加强科学统筹。一是进一步完善基本支出定额标准预算管理，健全项目支出预算管理，通过细化一般支出和专项支出，进一步提高部门预算编制的精细化、科学化水平；二是提高年初预算到位率，减少再次分配；三是加强项目库建设，要做好预测工作，加强对国家、广西的大政方针、发展规划等信息资料、数据的采集整理工作，严格执行对项目库中的项目实行滚动管理。

4. 加快预算分配下达，按照规定的时间及时下达年初预算，及时细化落实被分配到部门和下级财政部门的预算，切实用好以前年度的预算资金，要定期对结余结转资金进行全面清理，确实继续保留的要尽快使用，对不再使用的要及时收回总预算，同时，对结余结转资金长年居高不下、使用不力的部门和地区，要相应地减少预算或转移支付。

5. 建立事前商议制度，切实提高预算支出效率，对需要会办的项目，各部门和财政部门要做到提前沟通、事前商议，及时掌握最全面、准确的信息，努力提高行政效率，切实提高资金下达效率，并逐步将这个有效做法完善和规范成为事前商议制度，对需要报中央主管部委和自治区政府确定方案的，部门要积极主动做好联系对接工作，实时掌握项目进展情况。

（三）狠抓重点项目支出，强化财政支出日常管理

1. 加大前期工作经费投入力度和政策支持，做好预算执行的前期准备，特别是水利、扶贫、棚户区改造、交通基础设施建设和义务教育资金等重大项目的预算执行工作，积极推进项目建设，对须报自治区政府批准的二次分配的专项资金，要尽早会商财政部门提出分配方案，尽早上报自治区政府审定，尽早形成实际支出，对中央补助专款要按规定时限下达，对中央下达的“戴帽”项目，要即到即下，尽快形成支出，对自治区政府审定的资金分配方案，要抓紧拟文下达市县，尽快形成全区预算支出，同

时，加快重大项目资金的拨付进度，加强对市县重大项目支出的指导和监督。

2. 深化国库集中支付改革，提高资金使用效率，积极推动结算方式向电子化转变，使资金拨付的渠道更为畅通，将预算单位支出尽可能纳入统一集中支付管理中，加强对支出金额、进度的监管，各级财政部门在保障资金使用安全性的同时，对预算已经细化到单位的支出要尽快缩短、梳理业务流程，尽可能快地形成支出，对年初部门预算已确定和已细化的项目，要切实加快支出进度，尽快形成拨款，提高预算执行效率，在用款计划额度内根据项目进度及时拨付资金，尽快形成实际支出。

3. 抓好新增债券的发行、下达和项目支出进度，要严格按照债券资金管理使用规定，将新增债券资金纳入预算管理，并结合当地实际，提前谋划和合理安排项目，加快推进项目前期准备工作，促进新增债券资金尽快形成实际支出，通过建立完善通报、考核、约谈等机制措施，对支出进度较慢的地区进行督促指导，促进新增债券资金加快支出，提高资金使用效益。

4. 优化支出结构，加大落实各项增资和提高社会保障水平。同时，加快提高城乡最低生活保障水平、绩效类奖金发放、艰苦边远地区津贴提标等各项保民生、保运转的刚性增支政策落地，落实居民收入倍增计划，强化资金保障力度，通过加快预算执行提升支出进度，让更多人群和公民分享改革发展的成果，激励全社会干事创业的激情。

5. 加快政府采购相关工作，涉及政府采购的项目，要督促各单位严格按照政府采购有关规定执行，切实加强采购人主体责任，提前谋划，积极做好前期组织准备工作，已备案的政府采购计划必须严格遵守政府采购项目限时办结的要求。同时加快政府采购资金支付进度，尽快办理政府采购项目履约验收和采购资金支付，切实加快政府采购预算资金支出进度。

6. 加快预算调整，实现预算执行与预算编制的良性互动，以各部门上年度和当年前三季度支出进度作为编制下一年度预算的重要参考依据，根据考核结果核减支出进度未达标的部门预算安排，实现预算编制与预算执行的良性互动。同时，强化预算调整和收回工作，对已经下达资金预算的项目，无法按计划实施的，如会议费、“三公”经费和办公楼改扩建工程项目等支出，各级财政部门要主动会同主管单位提出项目调整申请，依法依规按程序及时调整预算，将资金调剂用于其他亟须支持的领域和项目。

7. 科学调度库款，盘活存量与减少暂付款并重，紧紧围绕财政收支目标，结合预算执行情况，及时组织全区库款需求测算，做好库款资金调度、资金拨付等相关工作，为提高全区财政支出进度提供充足的库款资金支持。同时，要求各预算单位站在中央提出盘活存量资金的高度，进一步增强部门预算执行主体责任，将提高支出进度与控制新增财政存量资金有机结合起来，严格按照财政预算、用款计划、项目进度以及规定程序使用资金，坚决反对单纯追求财政支出进度而不讲效益的突击花钱行为，有效缓解广西财政收支缺口和存量资金规模较大的矛盾并存的状况。同时，减少暂付款规模，有效提高支出进度，要求市县切实加大财政借垫款清理力度，严禁无预算支出和无预算拨款，将库款规模保持在合理区间，及时防范化解潜在支付风险。

（四）建立加快支出预算执行管理的长效机制

1. 完善项目库建设。结合中期预算改革，各单位财务部门要结合部门预算的特点主动了解掌握本单位的重点建设项目规划设计、可行性研究、征地拆迁、采购招标等工作进展情况，督促有关部门充分做好项目建设的前期准备工作，准确测算项目建设完成的时间，根据项目建设的进展情况分年度安排预算。同时，加强项目库的建设和使用，建立起重点项目“建设一批、储备一批、规划一批”的长效管理机制，增强重点项目支出工作的前瞻性和科学性，理顺加快重点项目预算支出进度的体制机制，从根本上解决项目支出进度慢的问题，切实加快全区财政支出进度，充分发挥好预算资金的使用效益。

2. 科学设置支出进度考核指标，并纳入地方领导绩效考核。财政部印发的《地方财政管理绩效综合评价方案》将“加快支出进度”和“改善省内支出均衡度”纳入了绩效考评，作为转移支付分配的重要参考依据，同时财政部对预算执行进度进行每月通报，在考核中得分少了，中央给予广西的转移支付资金就会相应减少，广西也出台了相应办法。各级财政部门要参照中央和自治区出台的各项考核标准，推动建立完善财政支出进度考核与地方领导绩效考核挂钩机制，有效促进支出预算执行工作开展。

3. 建立部门预算执行分析制度。各预算部门要切实加强主体责任意识，建立相对完善的部门内部预算执行分析机制，按旬、按月、按季度、按年研究分析预算执行中存在的问题，重点分析财政拨款规模较大的重点单位、重点项目。各级财政部门要加强对各预算单位的指导督促，建立以减少存量资金、提高资金使用效率为核心的预算执行考核评价体系，对支出进度较低，存量资金数额较大的部门或者地区，在安排项目预算和分配转移支付资金的时候要适当地采取调减措施，实现预算编制与预算执行的良性互动。

4. 完善通报和约谈制度。建立分月或分季的支出进度通报制度，通过内部通报或外部公开等方式及时将支出进度完成情况通知所属单位、县区，特别要将通报结果送达被通报单位的“一把手”和同级党委、政府，切实引起主要领导关注和重视。改变原来全面通报的做法，采取“黑脸通报”方式，即只对支出进度较慢的部门单位和市县进行通报，对进度落后的地方和单位要真正有所触动，完善约谈机制，对措施不力、执行较慢、多次远低于序时进度的单位和县区，将采取约谈等方式，督促其尽快查找原因，及时缩小差距。

5. 做好各项资金监督检查和绩效评价工作，每年要对重点项目资金进行项目绩效目标跟踪重点监控，对在检查和评价中发现的资金拨付、管理、使用过程中的问题，将实事求是地披露，对存在骗取、截留、挤占、挪用财政资金等问题，将依法严肃处理，绝不姑息。同时，进一步完善财政资金绩效评价体系，开展事前、事中、事后全过程绩效监督，实现社会价值与项目建设的经济价值相结合，实行绩效结果与资金安排相挂钩，实行奖优罚劣，真正做到“小绩效服从大绩效”“用财必问效，无效必问责”，充分发挥财政宏观调控和引导的职能，充分发挥财政促进社会公平和长治久安的作用。

6. 建立提高支出规范性和效率性的激励约束机制，参照财政收入增收贡献激励试行办法，研究建立预算执行情况与财政资金分配相挂钩的具体办法，完善激励约束机制。对支出进度长期偏慢的单位应适当压缩部门预算，以切实加快支出进度，对支出进度慢、年度结余大的部门，下一年度减少资金预算安排，对完成全年计划贡献突出、落实有力、成效显著的单位予以通报表扬，并研究与下一年度转移支付、新增债券、绩效奖金挂钩等激励措施，对懒政怠政和不作为、乱作为的要报告自治区党委和政府，从严追责。

第六篇

动态监控的改革与发展

区块链技术在动态监控上的应用①

王璟谛　陈　良　吴倩华　等

一、预算执行动态监控引入区块链技术应用的重要意义

（一）动态监控的定义及要求

根据《关于印发〈预算管理一体化规范（试行）〉的通知》（财办〔2020〕13号）有关规定，预算执行动态监控（简称“动态监控”，下同），是财政部门以《中华人民共和国预算法》、财政国库管理制度以及财政财务管理规定等为依据，依托计算机信息系统，对部门预算资金、转移支付资金等进行动态监控和分析，对发现的违规支付行为和问题，及时予以纠正处理，以规范预算执行活动、防控财政资金支付使用风险的管理活动。动态监控是财政预算执行管理的一项重要内容，也是财政监督的重要方式，可以有效防范财政国库资金风险。是贯彻落实财政国库管理制度改革中“加强监督制约机制”的重要措施之一。通过建立健全预算执行动态监控机制，实现对财政国库资金支付的全流程监控，能有效保障财政国库资金安全，通过对违规行为或疑似违规行为的纠偏、分析，可以进一步增强预算单位规范使用财政国库资金的意识，提高公共财政预算资金的使用效益。

我国预算执行动态监控体系建设的历史，可追溯至2002年。2002年

① 本文选自广西财政系统调研课题优秀成果，课题组成员：王璟谛、陈良、吴倩华等。部分内容与陈海波同志合作，刊载于《财务与管理》2022年第6期。

中央预算执行动态监控机制建立，同时，财政部向各省（自治区、直辖市）财政部门提出了建立“制度体系+信息系统”的监控模式，动态监控财政资金支付，保障财政资金安全、加强预算单位财政财务管理、提升财政资金使用效率的总体要求。2015 年，对各级财政部门提出了更新更高的要求，2016 年底前，包括具备条件的乡镇财政部门在内，要建立起预算执行动态监控机制，并将监控的资金范围扩展到所有财政资金、监控的对象扩展至全部预算单位；2018 年，要建成预警高效、反馈迅速、纠偏及时、控制有力的预算执行动态监控体系，着重强化技术支撑，达成动态即时、智能预警、综合分析等核心主体功能目标。2020 年中央明确提出“强化对加强动态监控、完善财政扶贫资金、国库集中支付资金、试点单位实有资金等资金监控机制。切实加强预算执行和财政资金安全管理”。

在财政部对各省级财政部门的要求中可以看出，以计算机信息系统为依托，加强信息系统建设、强化技术服务支撑，打造强有力的预算执行动态监控系统，提高预算执行动态监控管理的信息化、智能化水平，在建设各级动态监控体系中扮演着重要角色。

（二）区块链技术的概念及特点

区块链是一种集多种核心技术、多个学科领域于一体的去中心化分布式共享账本和大集成数据库技术，其在 2008 年被提出，而后飞速发展。2014 年，区块链发展为区块链 2.0，被定义为一个可编程的编程语言，成为去中心化的区块链数据库。相较于发展初期的区块链技术，区块链 2.0 更侧重于保护用户的隐私，允许用户根据自身实际编写出更精密和智能的协议。

为了适应不同用户的需要，区块链根据不同需求，逐步发展形成了三大分支类型。首先是公有链允许所有节点自由加入、自由发送交易信息和参与记账过程。与之相对，私有链是仅使用区块链技术中的总账技术来记账，各节点申请加入和各节点申请写入权限被严格把控的一种区块链类型。行业链也称为联盟链，适用于某个特定群体。联盟链的记账人为某一群体内部预先选择的多个节点，每个区块的生成预先由预选节点共同决定，其他节点只参与交易活动，不参与、不过问记账过程，有限第三方可以进行限定查询。

区块链的分布式结构与链式结构，赋予了其去中心化、不可篡改的特点，还延伸拓展成链上信息可追溯、链上交易信息公开透明等特点。区块链的节点处于分布式对等网络，节点之间可以直接点对点进行交易，从组织架构上形成了去中心化，这个结构使其富有容错性与安全性，假设任意单一节点与网络出现问题或遭到恶意算法攻击，均不影响其他节点，降低数据丢失的风险。同时，非对称加密算法技术、数据需经共识算法核验真实性后才允许写入区块信息，这两个技术使区块链上的交易公开透明，并且使信息被篡改的可能性变为0。区块链的链式结构与其去中心化的分布式账本技术，让交易数据在所有参与节点都有储存备份，保障了区块链中区块信息的可溯源性。区块链技术的这些特点，恰恰十分有利于加强动态监控体系建设，也使区块链技术在预算执行动态监控中的应用具有较高的研究价值。预算执行动态监控涉及众多预算单位和单位主管部门、财政部门，故计算机网络的安全性十分重要，一旦涉及计算机网络被攻击，则面临着重大的泄密风险，区块链技术的去中心化就能很好地减少安全风险；公开透明与不可篡改的特点，能有效防止预算单位财务人员因篡改项目合同、伪造或变造会计凭证而导致的财政资金风险；可溯源性也利于财政部门根据动态监控的结果，对具有重大财政、财务风险的资金使用情况进行重点关注，在有针对性地开展事后监督基础，精准分析预算编制和执行各环节的绩效性，为构建预算执行反馈预算编制良性循环机制提供条件。

（三）区块链技术的研究和产业应用现状

从全球发展态势中可知，区块链技术持续保持着高速发展的态势，并且正在朝区块链3.0发展。区块链是一个计算机科学技术领域的术语，但基于其技术优势，在各大领域、各大产业中被推广应用，进一步提高各行各业的数据利用率，引领着各行各业创新工作方式，主导行业变革。各行各业的先进尝试，一定程度上为区块链技术在财政业务领域的应用提供了较为先进的理念和可转化的经验。

1. 区块链技术在各领域的应用情况和发展前景。

全球主要国家都在积极发挥区块链技术在产业发展中的作用，进一步促进产业融合，探索其在实体经济、数字货币等领域的应用。在我国，区块链技术已经被各大领域频频提及，也有了相应的应用尝试。2018 年，区块链的概念和重要性首次被纳入国家信息化规划，2019 年 10 月，习近平总书记在主持中央政治局第十八次集体学习时指出，要推动区块链技术和产业创新发展。各地政府认真研究制定了具有地方性特色的政策指导文件及配套政策，从产业园区建设、人才引进、项目落地等多个方面，积极推进区块链技术产业的纵深发展，延伸产业链，引导区块链与实体产业的应用，创新新业态、打造新方式、扶持新技术，打造科技强国。也有部分省份发布行业标准规范、为行业的技术应用和产业发展提供了制度依据。广西的政府部门也紧紧抓住区块链技术高速发展的翅膀，通过认真分析研判广西壮族自治区块链技术发展趋势以产业应用场景，积极推动区块链技术在广西的应用与实践，先后出台相关的指导意见和发展规划，为广西壮族自治区区块链技术的应用与发展提供了制度保障、并列出了时间表和路线图。落实“前端聚焦，中间协同，后端转化”的创新思路，广西注重区块链技术发展与实体经济深度融合的发展思路，着重在民生领域的优势作用，推动信息惠民，运用区块链技术推进数字政府、智慧城市的高效协同发展，创新应用方式，推动广西产业数字化、数字产业化。

目前区块链技术在全国各地政府部门的积极推进下，已经在部分领域取得了初步成效。在农业领域，广西利用区块链助力农业发展、为巩固脱贫攻坚提供技术力量。巴马的优质农产品、梧州和贺州的茶叶产业上链，让农产品交易安全透明，且畅通农产品质量安全溯源渠道，让农产品购买者放心、舒心，为广西当地的农产品销售保驾护航、为广西延伸农产品产业链提供了技术保障。在税务领域，通过虚开增值税发票以偷税漏税、骗税等行为一直是税务机关打击的重点，近年来利用增值税发票管理漏洞来从事违法犯罪的事件也屡见不鲜，而区块链技术加强了电子发票管理，其信息可追溯的特性为税务机关打击虚开增值税发票行为提供了线索，成为打击这类违法犯罪行为的有力武器。相对地，随着会计电算化的不断发展，发票无纸化发展也给企业会计带来了同一张电子发票重复打印后重复报销等问题，给企业会计增加了新的难度。而区块链发票有效地解决了纳税人在发票流转过程和财务管理工作中的一票多抵、虚假报账等问题。区块链技术在这些领域的运用及所取得的成功经验，为财政部门运用区块链技术进一步加强财政国库资金动态监控工作和提升管理效能提供了十分有益的经验与借鉴。

2. 区块链技术应用在预算执行动态监控领域具有可行性和必要性。

会计管理是财政管理最基本的管理工作之一，区块链技术与会计技术在技术价值上融合具有较高的可操作性，两大技术的融合夯实了财政管理的基础，提升了财政管理价值。一是会计是对各项经营活动进行记录的符号，本质上也是信息处理的一种学问，而区块链技术是一项网络信息技术，也是一种加快信息处理效率的信息技术；二是区块链技术中的智能合约能自动执行提前设置好的逻辑要素，而会计信息的处理也具有一定的学科逻辑，将学科逻辑转换为计算机语言并缔结为一项契约，能加强会计工作的工作效率；三是会计的计量尺度是货币，以货币来反映价值运动，而区块链技术也能体现相应的价值，也具有衡量价值状态的变量。区块链技术与会计工作的融合具有完全可能性，也映射出其在财政管理工作中的可行性。

区块链技术在各领域的成功尝试，也让我国发现了区块链技术在加强政府技术建设、提升政府服务水平的应用可能性，并奠定了较为坚实的基础。北京市委编办、市财政局、市经信局等多部门协同推进北京市政府服务领域中的区块链应用，打造“目录区块链”系统，将各部门数据串联上链，明确数据责任主体、严格压实部门责任，打造大数据模式，解决各部门共享数据难的问题，实现了严格记载数据访问记录、规范数据共享使用管理，构建起数据共享的新规则、新秩序，压缩数据流转时间、提高数据使用效率。广西南宁市利用区块链技术打造“区块链＋人社”平台，先上线了电子劳动合同、人社信用授权、社保卡挂失服务三个应用场景，再逐步研究上线其他应用场景，迈出了广西壮族自治区块链技术与政务服务融合的新步伐，将南宁市打造为智慧城市。

从区块链技术在数字政务领域的运用和有益探索所取得的成功经验来看，区块链技术在强化财政治理、财政国库资金管理方面也有具有较强的可操作性及必要性。当前，财政资金的管理目前存在管理效率低下、财务数据易篡改、资金使用及流转透明度不高等问题。区块链技术利用高效率数据库，提供链上各区块信息的查询，提高查询、项目审批、资金审核等管理效率；同时数据信息与银行凭证、资金流等多个区块内的信息进行多维校对，减少人工操作和校对风险，提高资金流转的真实性、有效性；资金流转全流程上链，利用信息化技术让资金全流程清晰可见，从源头把控风险，可以进行资金支付进度查询、项目来源查询等操作，可以精准查询资金流向明细，对可以账户和收款人进行追踪和纠偏，确保资金使用全流程阳光透明。

二、广西预算执行动态监控体系建设情况

（一）广西预算执行动态监控体系建设情况

1. 动态监控制度建设情况。广西财政厅自 2012 年起高度重视动态监控制度建设，先后印发了《关于全面推进公务卡制度和建立健全预算执行动态监控管理机制的实施意见》《关于贯彻落实财政部进一步推进地方预算执行动态监控工作指导意见的通知》，并制定出台了相关的推进预算执行工作方案，全面系统地开启了全区各级财政的预算执行动态监控工作。

2013 年，自治区本级早于财政部出台预算执行动态监控管理办法，进一步加强自治区本级的财政国库集中支付资金监控管理，为自治区本级财政的动态监控工作提供了遵循；同时，印发了相关操作规程，明确财政厅内部的工作职责与操作规程，明确业务流转方式和预警信息处理程序；配套制定了《自治区本级财政预算执行动态监控预警规则》，从预算指标、用款计划、资金支付、“三公”经费、特定银行账户、违规提取现金、内部制衡、代理银行、归垫资金九类方面设置了 35 条规则，增强财政管理和动态监控工作的规范性和透明度，推进财政管理科学化、精细化。

2. 动态监控信息系统建设基本情况。推动区块链技术在动态监控的应用，需要把握当前动态监控体系建设的基本情况，并聚焦存在的问题与不足，探寻解决思路，针对痛点、难点，发挥技术支撑作用。2010 年 7 月，基于国库集中支付信息系统的建设，嵌入动态监控功能模块，自治区本级财政率先启动了预算执行动态监控体制、机制建设，2012 年底预算执行动态监控机制的建设覆盖到各级财政，提前完成财政部下达广西的建设任

务。2018 年，广西各级财政国库部门继续密切配合，紧紧围绕财政部的工作部署要求，紧密结合自治区财政厅党组确定的“信息化建设年”和“质量管理年”活动，紧扣广西“六强”型财政理财思路，不断深化改革，结合实际拓展和发挥动态监控的职能，严格防范和控制财政资金使用风险，加强财政资金安全管理，在提高财政国库资金管理科学化、精细化水平方面取得了良好成效。在 2015—2018 年，着重解决动态监控发挥有效监控作用的制约因素，因地制宜地完善预算执行动态监控体系和机制，为财政资金安全运行构建有效的“防护网”，为提高国库管理水平有力的决策依据，倒逼预算单位落实财政财务政策、提高财政财务管理水平。

随着预算管理一体化系统在全国范围内逐步推开，自治区财政厅开始分批次在全区推行预算管理一体化。2021 年 1 月 1 日，预算管理一体化正式上线试点运行，翻开广西财政管理信息化、系统化的新篇章。随着市县预算管理一体化系统建设工作深入推进和财政资金运行监控需要，市县财政部门强烈要求加强对预算管理一体化系统的预算执行动态监控功能模块和预警规则设置给予指导。为切实加大对市县预算执行动态监控管理工作的指导力度，进一步做好服务基层的工作，自治区财政厅结合广西实际，从自治区本级预算管理一体化系统预算执行动态监控模块已设置并启用的预警规则中，精选了 9 条共性预警规则预录入市县预算管理一体化系统。预录的共性预警规则包括“单位向本单位基本户或实有资金账户划拨资金预警”“单位向本单位二级及二级以下预算单位划拨资金预警”“公务租车费用支出预警”“购买名贵特产类特殊资源预警”“不按规定使用公务卡预警”“疑似违规列支‘三公’经费、培训费、会议费预警”“资金挪用预警”“大额提现预警”“向个人账户转账预警”等。9 条共性预警规则，具有较强的针对性、指导性和可操作性，基本涵盖了在动态监控工作中出现的各类典型问题。其中，预警规则“购买名贵特产类特殊资源预警”充分发挥源头治理腐败的重要作用；预警规则“公务租车费用支出预警”对违规的公务租车费用支出行为进行监控，有利于促进厉行节约反对浪费政策的贯彻落实，进一步促进各预算单位贯彻落实政府部门“过紧日子”的要求，加强财政财务管理。通过对市县预算管理一体化系统预录预算执行动态监控共性预警规则，可以有效地发挥动态监控模块对市县财政资金支付的规范、纠偏、警示、威慑作用，有效防范和减少市县财政资金支付风险。同时，各市县财政部门可结合当地实际设置和调整具体参数，除此以外，可自行增加个性化预警规则，以确保“规定动作不走样，自选动作有特色”，进一步推动市县预算管理一体化系统建设推广工作扎实高效开展。

3. 广西预算执行动态监控体系存在的不足。预算执行动态监控制度建设步伐滞后于经济飞速发展和改革日益深化的需要。预算执行动态监控范围广、资金量大，造成一些办法规定需要修改和完善，现有的信息系统功能技术缺点等暴露。从现有技术手段和体系建设工作开展情况来看，预算执行动态监控体系建设仍然面临着较大的难题。信息系统运行和建设中存在的问题：一是在日常动态监控审核过程中，财政部门审核预警信息是通过审核有关附件的形式来校验其支付信息的真实性，对预算单位来说，当支付资金触碰预警规则时，仍依靠手工上传相关附件的形式解释说明，手工上传工作量大；二是预算单位所上传附件的真伪性、准确性难以保证，难以准确甄别预算单位支出信息的真实性；三是在现有的预算管理一体化系统中，预算单位预算编制、预算单位审批、项目进展情况、资金支付、银行对账等全流程信息未能在系统中起到统筹运用的效果，难以准确把握资金的来龙去脉；四是预算管理一体化系统上线后，动态监控系统成为一个预算执行动态监控模块，模块初步建成，只能基本满足监控需求，智能化水平仍有待进一步提升。动态监控预警规则仅依靠关键词组、账户信息、收款人字符数量等简单逻辑要素对支付申请进行动态监控，预警、拦截的准确度较低，人工审核工作量大，人工干预多；五是部分设置分预警规则需要结合实际情况进行适时增减变动，如按预算单位银行账户信息、非定点会议场所等基础信息，在实际工作中仍需要采取手工导入的方式，不能自行根据有关文件进行调整。

财政资金管理全流程如图 1 所示。

（二）区块链技术在动态监控应用中面临的困难

区块链技术的特点非常适合创新动态监控的管理方式，但是在实际应用中，还存在着动态监控体系信息共享机制不健全、区块链相关的法律制度建设不健全、可借鉴经验较少等困难，需要逐一探索、重点攻破。

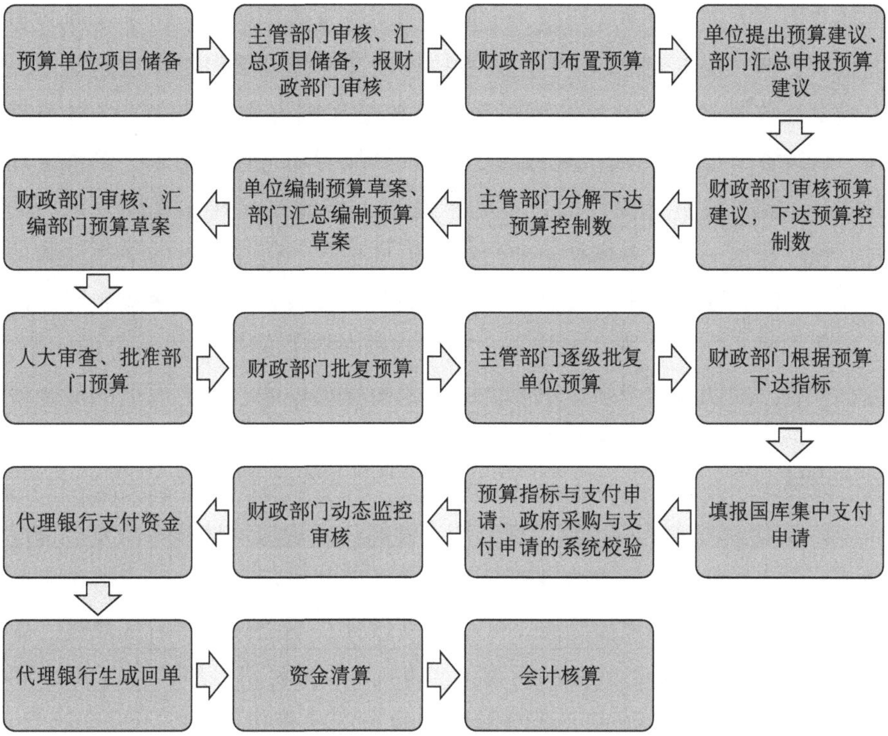

图1　财政资金管理全流程

1. 广西动态监控体系信息共享机制不健全。在目前全区的动态监控体系建设中，存在的突出问题就是存在信息壁垒，难以利用信息共享机制提高动态监控审核的效率。纵向来看，区本级的动态监控管理办法中明确各市、县级的预算执行动态监控管理工作参照区本级的动态监控管理办法执行，但未建立起市、县财政部门的定期反馈机制，不利于自治区财政厅掌握全区的动态监控机制建设情况，不利于省级财政部门给予市、县财政部门政策指导和操作指导。且根据预算管理一体化的相关要求，预算管理一体化系统将全省各行政区划的预算数据进行集中存储，统一存放在省级财政部门。但在数据查询权限上，未将全区的查询权限向省级管理部门放开，不利于自治区财政厅利用数据分析全区财政资金使用情况及新增的资金使用风险点。横向来看，财政部门的平台形成了一个相对独立的平台，未与其他政务部门的平台系统进行对接，未能与其他部门、其他平台之间进行信息融合，存在政务系统多而乱的现状，项目审批环节繁杂、数据流转环节慢、人工干预多等问题，不便于提高资金使用效率。由于各项政务信息未上链，也未能很好地利用预算执行动态监控结果向纪律监察部门提供线索与数据支撑，以及未利用动态监控结果倒逼预算单位加强财务管理、财政资金管理，预算单位难以根据预算执行动态监控结果，调整管理方式和达到自我审计的目的，不利于堵塞工作漏洞，强化管理效果。同时，预算管理一体化系统是一个全新的信息系统，信息运行的平稳性和可靠性仍需时日才能定论，按照“先立后破”的建设机制，很多应并网的信息系统需要后一步才能共享信息，造成当前的信息链脱节或不全的问题。综合来看，广西目前亟须运用区块链技术构建统一的、自上而下的资金使用管理平台，以能更好地实现广西财政资金的高效管理，推进数字政务的融合发展。

2. 区块链技术的应用缺乏规范性文件制约。从区块链技术的发展情况来看，区块链技术的制度建设情况远远落后于其应用情况，区块链技术的实际应用仍存在不少风险隐患。区块链领域存在不法分子打着区块链、虚拟数字货币的旗号进行诈骗的行为，严重扰乱国家经济秩序，且在2020年呈大幅上升的趋势。国家区块链漏洞库发布的报告指出，据不完全统计，2020年度区块链交易安全事件大幅增加，高达555起，较2019年增长近240%。主要包括诈骗或钓鱼事件204起、勒索软件事件143起，交易平台安全事件31起，所造成的经济损失高达179亿美元，环比2019年增长130%。区块链的安全风险问题越来越突出，且交易安全事件和违法犯罪案件呈持续上升的趋势，反映出风险高、控不住、难打击等特点。这是当前区块链发展的痛点、难点问题，警示政府部门要进一步加快顶层设计，探索建立适用于区块链技术的安全保障体系，把数据安全管理地摆在区块链技术发展规划的重要位置。

近年来，区块链技术在各级政府部门的大力支持下得到了迅速发展，但大多政策仅限于地方政策，从国家层面出台的政策较少，缺乏从顶层设计的角度出发的一套评估规范。再者，在全国范围内，缺乏针对各行业实际应用场景中技术安全的相关政策，无法从源头上减少区块链领域交易安全事故频发的情况，也缺乏关于信息泄露等问题的惩罚机制，利用区块链技术违法犯罪的成本较低。从国家层面上看，我国目前仅出台了《区块链信息服务管理规定》《推动区块链技术规范应用的通知》《区块链技术金融应用评估规则》等三个相对完整的技术标准及评估办法的文件。第三，未制定相应的规范来保护联盟链中用户的权益，如果打造基于区块链技术的财政资金支付平台或监管平台，一旦从技术层面出现问题，或者链上遭到恶意的算法攻击，没有制度上的风险防控机制保障及相关应急处理措施，不仅难以保障财政资金安全，也难以保障用户权益，将面临着政务信息泄露的风险。

3. 在动态监控领域可借鉴经验较少。区块链技术在数字政务领域已经有了不少突破和尝试，但动态监控应用场景仍是空白。“区块链＋电子发票”是区块链在财税方面的有益尝试。区块链技术与电子发票的结合，不仅实现了增值税发票无纸化报销的问题、企业端发票多次报账的问题，更极大程度地解决了虚开增值税发票、虚抵增值税进项税额的问题，为税务部门打击虚开发票、做好税务监管提供了较大帮助。但反观财政资金监控与治理领域，对财政治理的研究课题仍然较少，成功案例也鲜有报告。在已推广应用的实际应用场景中，财政部门虽然有积极参与各大区块链平台的建设，但大多处于配合部门，作为牵头部门来推动区块链技术在财政治理领域技术落地的较少。据悉，山东省济宁市金乡县财政局为了深度推进预算绩效管理工作，加强区块链技术与政务工作的融合，建立了“区块链＋预算绩效”信息化平台，并于2021年初由金乡县财政局开始试运行，推动当地预算绩效管理工作朝着高效、透明发展。然而对在动态监控领域上的应用，目前全国范围内也缺乏基于区块链技术的预算执行动态监控的平台或系统，理论研究仍停留在纸上，缺乏可借鉴经验，在全国范围内推广开来还有一定的难度。

三、区块链技术在财税金融等领域应用的经验启示

（一）“区块链技术＋电子发票”的成功案例

深圳市税务局积极创新增值税发票管理方式，推出全国首个“区块链＋电子发票”方案，用区块链技术来加大打击虚开增值税发票的力度，创新财税管理模式，减轻财务人员负担。“区块链＋电子发票”以云基础设施、区块链基础平台、电子发票业务平台、业务应用平台等技术为整体架构，

保障链上数据可追溯和不可篡改，并集合企业注册申请接入，开票、报销、红冲，发票真伪查验，数据分析监控、告警，开票规则控制等功能，将发票申领到发票报账等发票流转全信息上链，实现了发票状态全流程可查询可追溯；同时也解决了重复报销问题，报销时仅需在链上更新发票状态，无需打印纸质发票进行存档，发票状态一旦更新，就无法多次报销；对税务端而言，也更好地开展监管，打击虚开发票行为。

电子发票融入区块链技术后，开票方式有了巨大的变革，而这些变革，赢得了多方赞誉。目前，深圳市推行的“区块链 + 电子发票”技术已覆盖全市各行各业的纳税人，截至 2021 年 3 月底，深圳共开具区块链电子发票 4700 万张，总开票金额超 600 亿元，日均开票量突破 12 万张。“区块链 + 电子发票”给纳税人带来了极大便捷与高效，一是降低了企业开票成本，无须采购税控专用设备，网上一键申领无须人工前往税务大厅，发票管理流程优化；二是提高开票、入账效率，财务人员可以一键完成发票验真、入账工作，减少报销工作量；三是提供多样化的开票服务，使用手机端、电脑端、单机版、服务器版开票方式可以满足各类纳税人的开票需求。不仅如此，区块链电子发票场景的尝试也形成了先进经验，2021 年 4 月，国家税务总局深圳市税务局、国家电网、公安第三研究所、腾讯公司等近 10 家机构参与研究的区块链电子发票国家标准正式发布，该标准成为全国，乃至全球的区块链技术电子发票行业标杆和国际标准，推动了区块链技术在国际税收领域的应用和融合，占据区块链技术在税收领域的创新制高点。

（二）“区块链技术 + 电子对账”的成功案例

金融业务合作需要频繁对账以保障资金运行安全，传统的对账方式耗时长、成本高，2016 年微众银行推出了金融机构间的对账平台，利用分布式账本，保障了数据一致性的问题；利用智能合约展示对账所需的要素与逻辑，确保数据处理逻辑可审计、可信度高。机构与机构之间无须直接进行业务系统对接与数据传输等行为，只需部署区块链节点互联，并打通业务系统与自己的区块链节点即可。平台将区业务资金信息和交易信息等上链，建立起了联盟中的信任机制，简化对账流程、降低时间成本、注重数据保密，考虑到银行业的隐私保护和监管合规性，该平台与各节点之间原本使用的银行核心系统各自独立，业务数据脱敏后方可上链，且业务数据传输、存储也采用加密方式，严格遵循银行业信息技术的强监管与高安全度要求。

金融机构对账平台通过将金融业务的资金信息和交易信息上链储存，优化了对账流程、提升了对账的时效性，降低了对账银行的人力成本及时间成本。金融机构对账平台自上线以来，交易数据同步速度提升至秒级，实现 T+0 日准实时对账，极大地提高金融机构对账效率，降低对账成本。金融机构对账平台自上线以来，保持 0 故障运行，截至 2020 年 4 月，已接入 3 家合作银行，在生产环境中运行的交易记录笔数超过 1.15 亿笔。

（三）“区块链技术+扶贫基金”的成功案例

脱贫攻坚基金区块链平台由中国工商银行贵州分行整体向贵民集团提供，所提供的区块链技术平台具有较高的安全性和稳定性，实现了资金透明审批、资金封闭运行、资金投后管理三大功能。首先是资金透明审批功能，扶贫资金涉及省市县扶贫办、财政部门、基金管理公司等多方力量，区块链中的共识机制技术，能基于各方用户达成一致的管理办法或运行方式，实现扶贫资金审批全过程透明，将审批信息和支付信息勾稽起来进行数据比对、审核校验，达到信息共享、相互监督。区块链技术中的智能合约技术，能实现资金的封闭运转，扶贫项目审批通过后，资金投向、投放金额等信息多维核对，确保扶贫资金专款专用、杜绝挤占挪用。同时，实现资金投后管理，通过双方跨链融合实现扶贫项目信息、资金信息共享，有效地让管理人员掌握资金项目使用情况和使用进度，为管理者做出决策提供参考。区块链技术应用于脱贫攻坚领域，将精准扶贫、金融服务、科技创新有机结合，成为全国脱贫攻坚工程一次非常有意义的探索与实践。

脱贫攻坚基金区块链平台构架如图 2 所示。

（四）区块链技术应用的经验启示

1. 以制度建设作为抓手，统筹做好数据应用和保密。财政资金的使用涉及多个部门、多个领域，涵盖单位资产信息、人员信息、地方债务信息、支出信息等多方面，项目信息的流转、资金流的审批过程、资金流向等重要信息，在流转过程中都需要做好数据保密措施。在当前区块链风险

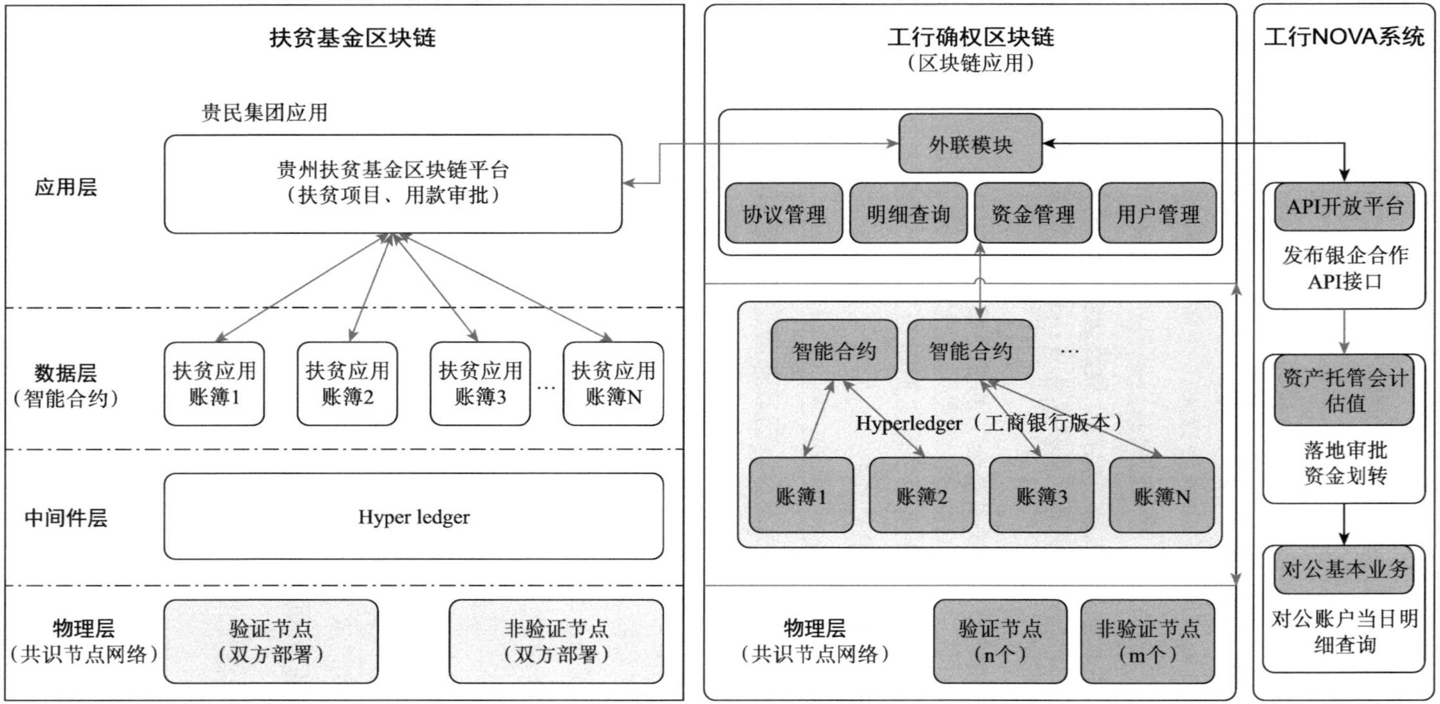

图 2　脱贫攻坚基金区块链平台构架①

① 此图有关银行机构根据财政机关的监管要求设计的流程架构。

隐患未被完全排除的情况下，更应该进一步强调数据信息的安全性、保密性。在实际应用的场景中，金融机构对账平台注重用户隐私与信息脱敏，在业务数据上链前进行脱敏，且业务数据传输、链上存储也使用了加密方式，这点十分值得区块链技术在动态监控业务上的应用借鉴。另外，在安全性方面，在推进区块链技术在财政领域、动态监控领域的应用的同时，各部门也要同步加强对制度的探索，技术管理部门可以在技术规范、技术标准、技术应用方面制定制度性规范，规范技术的应用。同时要制定应急措施，定期做好系统排查、堵塞系统漏洞，并按期做好模拟攻防演练，做好对计算机网络攻击的应对措施。业务管理部门也应该积极制定好有关的风控措施，本着岗位不相容原则安排相关岗位，用制度来制约权力的滥用，避免出现一人多岗、一岗多权、伪造凭证、变造凭证等的情况。

2. “制度 + 技术”，给资金管理安全高效安装科技的翅膀。在政府部门的传统业务办理过程中，纸质审批件多、审批流程繁琐、管理平台众多、数据信息分散、管理效率低下的问题非常普遍，且财政部门与各部门之间业务审批平台不统一、业务数据流分散，不利于“顺藤摸瓜”查找数据源头、核对支出信息，这成为财政治理的堵点、痛点、难点。深圳市税务局先破后立，2018 年 5 月，在全国范围内未有尝试的情况下，创新发展“区块链 + 电子发票”，为提高以票控税的税收征管效率，治理偷税漏税、打击虚开发票起到了重要的作用，并于 2021 年 4 月确认发布《基于区块链技术的电子发票应用推荐规程》，这种以技术促进征管的模式也值得借鉴。目前财政资金使用过程是在预算管理一体化系统中进行的，但距离真正打通部门之间的数据壁垒还有一定差距。预算执行动态监控工作应以技术来促进财政管理模式的现代化发展，加强技术应用和技术探索，利用区块链技术赋能现代化政务处理模式，减少人工干预流程，加强财政、财务管理，把财政资金管好用好。

3. 多方力量共同发力，促进产业提效增速和技术良性发展。在政务服务、政务管理的应用场景中，吸纳了很多技术力量，除了政府部门中的公安部门、电信管理部门、人社部门、财政部门之外，还吸纳了许多社会力量参与，包括银行业、IT 行业、非银金融行业等众多行业。而在财政资金使用的过程中，也涉及预算单位自身、预算单位主管部门、项目承包方、资金收款单位、代理银行等众多单位。要打造“区块链技术 + 动态监控”，关键就是核心技术的实施和业务流程的确认，需要由技术力量雄厚、经验成熟的区块链技术项目实施公司来保障技术应用的安全性和完整性，同时也需要财政部门会同各业务部门，汇总了解各部门需求，保障链上的各节点能够共同发力，汇聚力量加大财政管理水平，规范使用资金，提高动态监控的精准度与工作效率。

四、推进“区块链技术+动态监控”的几点政策建议

（一）加快相关制度建设，夯实工作基础

制度建设具有根本性和基础性作用，是新事物发展不偏离主航道的基本遵循与保障。

1. 自治区层面完善区块链技术应用的顶层设计和加快试点推行。区块链技术在动态监控上的应用属于财政部门在技术应用上的新尝试，新事物需要有不断发展和逐步完善的过程，需要在自治区财政层面进一步优化预算执行动态监控管理办法、预算执行动态监控业务操作规程等制度性文件，以制度建设来规范实际操作，同时也有利于各市县财政部门参考借鉴。技术应用前，要先制定推广实施方案，明确财政部门、预算单位主管部门、预算单位、国库集中支付代理银行、项目实施公司在技术应用过程中的责任，规范项目实施公司的具体做法、要求其制定风险防控措施，并且要求做好应急管理措施，当在技术应用和日常系统使用过程中，出现因遭受恶性算法攻击、系统升级、数据丢失、涉密数据流失等原因带来的不利影响时，能采取有效措施降低损失。在实际工作中，可以在试点地区先破后立、不破不立，在区块链技术实际应用后，结合系统运行的实际情况和经验，再修订动态监控相关制度性文件，进一步明确财政部门、预算单位、预算单位主管部门、国库集中支付代理银行等各方责任，修改完善操作规程，进一步加强预算单位财政资金与财务管理。同时，要积极与其他部门联合研究制定重点项目资金的管理办法，形成工作合力、促进信息共享，从源头上对重点项目资金进行重点关注，进一步发挥财政资金惠企利民作用。

2. 积极吸纳先进经验和先进做法。全国各省份之间的配套政策、经济

发展、人才培育等基本要素均存在差异，区块链技术发展不均衡问题也十分突出，先进省份之间的先进经验十分具有借鉴意义。进一步推动区块链技术在预算执行动态监控上的尝试，需要加强业务交流。一是加强横向的省际业务交流，充分学习各兄弟省份之间的制度建设情况和动态监控系统建设情况，为广西建立具有广西特色的动态监控相关制度体系提供经验支持、为实现区块链技术应用在动态监控业务平台上提供思路。二是由于先进省份之间经济形势比较多元化、复杂化，充分了解先进省份的具体做法，有利于广西针对不同资金类型和资金项目，建立起对重点项目资金的动态监控，进一步扩大动态监控的辐射范围。三是加强纵向的业务交流，进一步深入基层，了解区本级、市级、县级财政部门的动态监控基本情况，听取基层财政部门的个性化需求，建立定期联络点制度，研究不同情况下，如何应用区块链技术使动态监控既提高资金使用效率，又织牢资金安全防控网，同时指导市县财政部门制定个性化的动态监控体系。四是与预算单位之间开展动态监控联席会议，听取收集预算单位、预算单位主管部门的意见和建议，以便启发思路，进一步完善动态监控制度。

（二）进一步扩大监控范围，拓宽监控覆盖面

1. 创新监控方式，掌握预算单位实有资金相关情况。在探索动态监控体系建设的过程中，基于实有资金的特殊性质，怎么管控、管控多少的问题，一直困扰着财政部门。由于其不纳入单位的预算管理，导致预算单位实有资金的收入来源与支出情况、余额情况游离于财政部门的监督范围之外，财政部门难以监控和掌握单位内部资金的使用情况，只能单纯依靠预算单位的内部控制制度与外部审计部门来监督制约，资金安全风险较大。乘着区块链技术应用于动态监控的东风，财政部门可以探索研究对预算单位实有资金的动态监控方式和预警规则，通过加大区块链技术的运用，有针对性地研究管控方法，将预算单位实有资金纳入预算执行动态监控管理。预算单位将实有资金账户交易情况、余额信息等上链，通过区块链技术中的智能合约，对预算单位利用实有资金进行公共交易时发起与代理银行、清算银行之间的信息校验，自动校验其交易的真实性、合法性与合理性。另外，信息上链后将自动保存将其所有数据交易信息记录，有利于让财政部门、审计部门对交易数据进行核查，进一步提升对单位实有资金的

事中、事后监督，进一步降低资金安全风险。

2. 拓宽监控覆盖面，强化转移支付动态监控工作。中央直达资金是稳住经济基本盘的重要支撑，具有激发市场主体活力、保障和改善民生的重要作用。而扶贫资金对巩固脱贫攻坚成果、加强财政对乡村振兴的支撑作用，具有十分重要的意义。加强对这两类转移支付资金的动态监控管理，强化动态监控抓手，是严格财政资金监管、降低财政资金风险的重要举措之一。转移支付的性质赋予了这两类资金的动态监控工作更高、更严谨的要求，与国库集中支付的动态监控不同，监控的内容拓宽至预算下达时效性、资金支付规范性、资金台账完整性等三个方面。中央直达资金与扶贫资金需要层层拨付，预算下达时间长、资金使用不规范、资金台账不健全等问题成为目前资金监控的重点。当前中央直达资金、扶贫资金的动态监控主要依靠财政部建立的监控系统，独立于国库集中支付依托的系统，系统建设还有较大的提升空间。资金下达的时效性、资金支出进度、预警信息的处理仍需要上级部门通过人工提醒的方式督促各下级单位进行处理，时间较长、人工工作量大。区块链技术可以对直达资金打上相关标识，标注时间戳，并详细记录直达资金下达、支付、处理等各项信息，压实主体责任，严格资金监管；还可以校验收款人信息，核对资金支付是否到人到户、是否违规将中央直达资金或扶贫资金划转至预算单位实有资金账户，严厉打击虚报冒领、截留挪用等违法行为，保障直达资金发挥惠企利民实效。除此之外，由于相关信息都在区块链上，能够进一步建立不可篡改的资金使用台账，保障账目清晰、账账相符，保证资金合理使用。

（三）重点领域先行先试，经验成熟后全面推广

区块链技术用于财政治理领域属于新尝试，预算执行动态监控辐射的范围广，推广应用不可以一蹴而就。在具体推广应用过程中，可以参照预算管理一体化的推广办法，逐步先行先试。一是选定具有较好的产业基础和资源、区块链技术应用相对成熟、产业园区规模较大的省市，先行先试。对试点城市，先凝聚专家力量，探索制度研究、攻破技术难题，在研究制定具有普遍约束性的制度性业务文件，如动态监控管理办法的同时，也进一步探索研究系统应用技术标准等，树立典型行业案例，形成先进示范效应，再在全国范围内推广，带动其他省市逐步实现区块链技术的应

用。全国各地方政府可以因地制宜地制定具有当地特色的、符合当前发展形势的制度性文件，为行业发展提质增速。二是对财政资金中部分重点资金先行先试，在监控的所有财政资金范围中，将值得重点关注的涉及民生福祉的重点项目资金的项目来源、审批流程等信息上链，并探索建立一套高效、安全的重点资金管理办法与动态监控操作规程，待动态监控操作流程和技术应用、系统运行都稳定后，再逐步向所有预算单位和所有财政资金推广，将链条延伸至所有财政资金。

（四）利用区块链技术优势，统筹支撑地方财政发展与安全

一项技术要应用在新的领域，要注重技术层面与业务层面的融合。在技术创新上，需要引进人才，做好人才培养工作，也要适时引进行业龙头等技术力量；在业务规范性上，要组织一支既有各预算单位、又有各级财政业务骨干的队伍，共同研究、规范实行，打造一个业务精良、技术精湛的高效“区块链＋动态监控”平台。

1. 利用共识服务确保业务规范和监控流程的实施。共识机制是区块链节点，即区块链技术应用在动态监控后的各预算单位、代理银行、收款银行等单位，就动态监控链上各区块信息达成彼此认同、一致共识的机制，相当于一种所有参与节点均认同，并且一致遵循的契约机制。共识机制明确了记账权限的问题，明确了共识机制，能保证业务规范和监控流程的实施，进一步提升数字签名、验签速度，加快工作效率。对动态监控而言，就相当于财政资金支付行为涉及的各方单位，共同选举出财政部门作为监督管理行为的实施者、预算执行动态监控工作的主管部门，负责明确动态监控中的各方职责、制定业务管理办法、明确业务操作规程，并且要通过调阅资料、电话核实、约谈和实地取证、组织部门协查等方式对监控疑点信息进行核实；预算单位仍然是责任主体，并且预算单位要对自身的支付行为和提供的证明材料负责，预算执行动态监控不改变、不侵犯、不影响预算单位在资金使用、财务管理、会计核算方面的权利，但预算单位要自觉接受财政部门的动态监督，不能通过其他方式规避财政部门的监督，并且当支付申请被动态监控系统预警拦截时，要配合财政部门核实相关疑点信息，在支付行为结束后追加区相关区块信息；各国库集中支付代理银行也要配合财政部门的动态监控工作，提供相应的数据信息进行数据交换与

验证，达到预算单位、财政部门、代理银行三方及时自动比对支付信息的效果，较好地解决困扰财政部门多年的“不相容岗位相分离”的难题。

“区块链＋动态监控系统”审批流程示意图如图3所示。

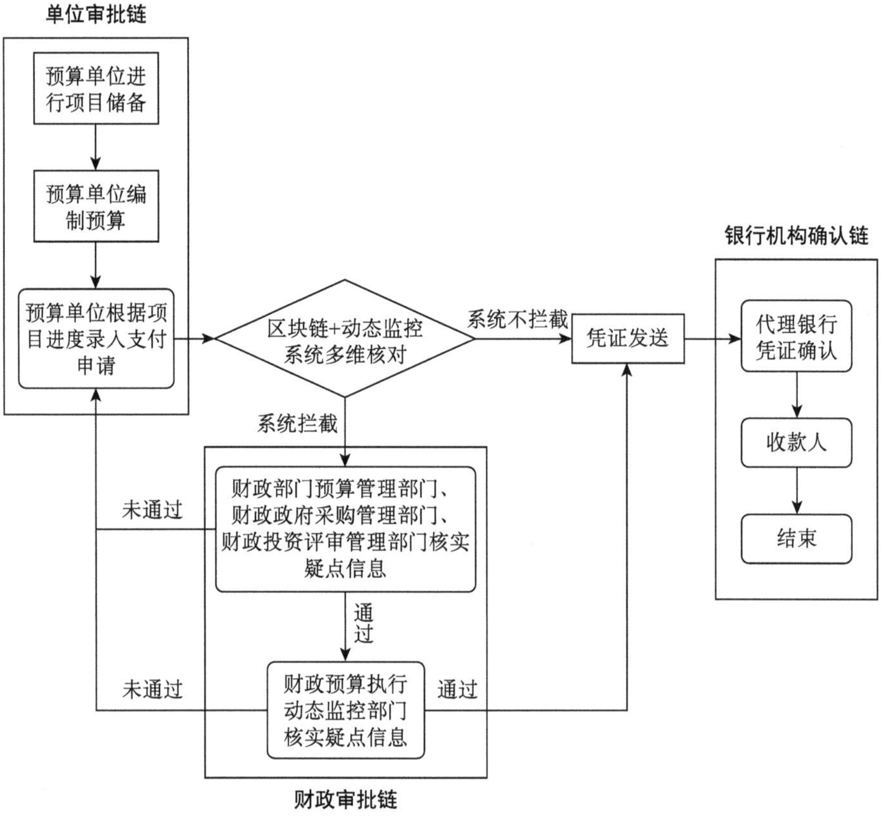

图3 “区块链＋动态监控系统”审批流程示意图

2. 利用智能合约来设置动态监控审核逻辑。智能合约是区块链的技术集合中的重要组成部分，属于一种计算机协议，通过计算机编程语言控制着各区块节点之间权利、义务，由信息系统自动执行验证相关信息。当区块信息上传到链上时，会自动触发智能合约对该信息的验证与校验。对动态监控主管部门来说，财政部门要结合本地实际制定覆盖范围广、具有侧重点的动态监控预警规则，明确动态监控审核的各项逻辑控制。同时，可以将预警规则的具体设置转换为计算机语言，通过智能合约自动执行对支付信息的逐项、逐条审核，并且自动与链上其他信息，包括项目审批信息、项目实施进度、经济科目选择、收款人账户等信息进行多维校验，同时将预算编制环节数据、预算执行环节数据、代理银行支付相关数据、清算银行的清算数据等进行全流程核对，提高系统审核的智能化水平，减少人工上传附件、人工审核附件等干预环节。另外，还可以针对性地设置关于直达资金、扶贫资金等重点项目资金的预警，对直达资金分配、资金下达的时效性和准确性进行监督，进一步督促部门提高资金分配与资金下达的效率，并且在支出环节验证业务的真实性与合法性后才能支付，保障资金安全性。此外，还可以设置对工作效率的提醒，自动推送待审核时间较长、整改效率过慢、支出进度较慢等的相关信息，对用户起到智能提醒的作用。

“区块链 + 动态监控系统”多维信息校验、核对示意图如图 4 所示。

3. 利用通道隔离功能实现数据隔离及隐私保护。预算单位的资金支付安全不仅要受到保护，且由于各个预算单位之间的项目进展和主管的业务各不相同，所以账务安全也必须受到隐私保护。区块链技术在动态监控的应用，不仅要强调业务的透明性，同时也要强调数据必要的保密性。开通预算单位主管部门对所属预算单位的信息查询单一通道，非同一系统之间的数据则进行隐私保护。开通主管部门对下级预算单位的查询权限，一是有利于上级部门掌握下级预算单位的项目实施进度、财务管理情况等信息，督促项目执行，加快工程进度；二是有利于预算单位部门及时掌握所属预算单位的年度支出进度，进一步加快支出进度、规划全年资金使用，避免出现年末突击花钱等情况；三是有利于掌握所属预算单位的财务管理工作开展情况，督促所属预算单位开展定期的财务管理自查等相关工作，打造完整的财务管理体系，堵塞内部资金安全漏洞；四是有利于促进对下级部门之间的业务指导。

4. 建立高效率查询数据库。区块链技术是一个分布式账本，将所有信息都凝聚成了一个来源于四面八方的信息链条，其去中心化的特质保障了财政收支信息的公开透明，预算单位可通过对链条追溯到相关资金支付情况的相关信息。建立高效率的查询数据库，搭建政府信息共享平台，赋予了预算单位一定范围内访问、浏览、分享财政收支信息的权利，相当于赋予了预算单位监督财政部门的动态监控工作的权利，保障了预算单位的知情权，减少财政部门与预算单位之间因工作角度与立场不同而导致的分

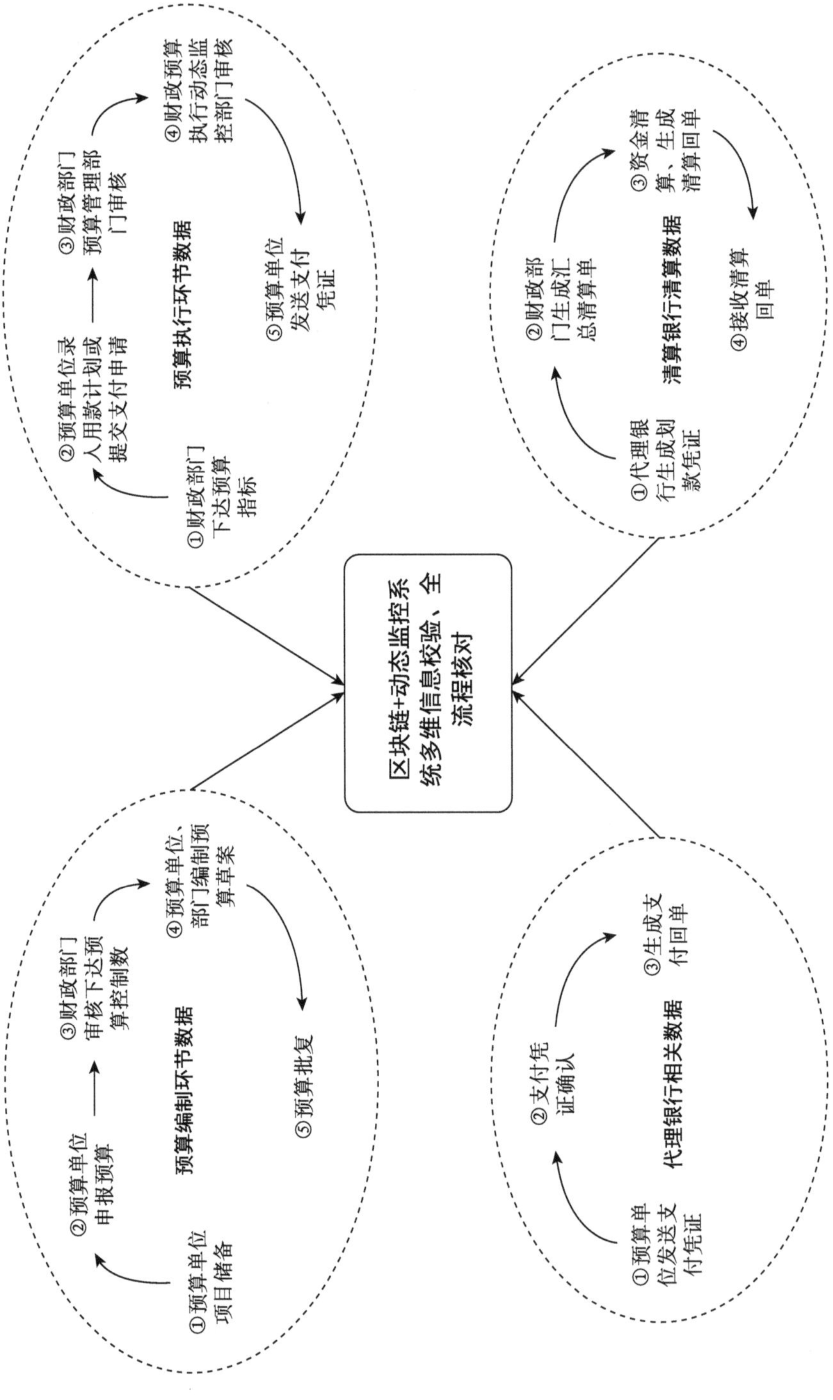

图4 “区块链 + 动态监控系统” 多维信息校验、核对示意图

歧，从而进一步增加财政部门财政监督的公信力。具体做法一是要实现财政部门的部门预算管理处对财政资金使用情况进行追溯，如预算单位的支出进度等，便于督促预算单位主管部门进一步指导下属预算单位的财政资金管理工作，提高资金的使用效率及规范性，督促相关项目按时按质落实到位，保障财政资金合理、合规支出。二是要实现对被预警数据的追溯，保证动态监控预警信息的数据可以高效率查询、调阅，以便能更好地开展事中监督，将不合规行为及时拦截，同时也掌握下级财政部门的动态监控工作开展情况，监督其工作开展的质量，及时针对问题和不足，给予下级财政部门一定的监督指导工作。三是对未违规的支付数据，同样也要保留对应的链条信息数据，不能因支付信息未被监控预警就不上链，要进一步保证未支付的信息可以进行追溯，以便开展后续的专项事后监督工作，发现潜在的资金安全风险和漏洞，以进一步促进全区构建自上而下的动态监控体系。

（五）建立健全长效机制，拓展区块链技术在财政管理领域应用

技术的应用要本着先破后立、不破不立的原则进行先行先试，但技术的应用要在制度的框架内运行，并且要进一步注重用户体验感，才能达到转变服务型政府的目的。在技术应用过程中要认真总结工作经验，详细记录预算单位、基层财政部门等用户反馈的意见建议，通过信息收集、完善台账、及时反馈等形式，构建起一套具有广西特色的、基于区块链技术的动态监控体系。同时，要利用预算单位反馈的关于管理方面的经验，进一步建立健全动态监控的长效管理机制，进一步加强财政资金管理。

1. 建立健全重点单位、重点资金项目重点管理机制。动态监控要善于挖掘隐藏在日常支付行为中的风险。区块链技术利用计算机算法，对数据库中复杂、零碎、庞大的数据信息进行分类、整理，将碎片化数据整理为清晰的报表数据，打造完整的报表体系，根据不同需求提供不一样的表格内容，以便财政部门及时掌握所辖各预算单位的整体国库集中支付资金运行情况、预警情况、违规情况等相关信息，为各级党委、政府部门做出决策提供强大的数据支撑。动态监控主管部门要定期组织力量针对动态监控结果，开展分析研讨，组织“回头看”。选择日常审核被责令整改的数据中，违规行为较多的单位以及问题类型，进一步关注，要求预算单位要反

馈整改信息，并且制作监控处理单记录核实处理情况。要研究日常动态监控审核过程中暴露的不合规、不合理的行为，并且研究新的动态监控预警规则，进一步规范资金的使用。另外，要对数据体现出来的违规行为较多的预算单位进行重点监督管理，建立健全重点单位重点管理机制，可针对不同时期的特点，制定阶段性、临时性动态监控预警规则，或是制定新的智能合约，对重点关注的预算单位加强审核溯源问根、追踪问效，提高其资金使用的规范性意识，倒逼其加强财务管理，规范资金使用。同时，还要对违规行为较多的市、县财政部门进行重点关注，定期将市、县财政部门的整体动态监控情况进行通报，营造比学赶超的氛围，进一步压实责任，定期到联络点了解实际情况，对动态监控业务不熟悉、不到位的，适时组织培训；对确实有较大困难的，给予一定的支持。

2. 建立健全数据共享机制，提高技术应用绩效。区块链技术正式推广实施后，能够凝聚多方部门力量，促进形成有效的治理措施，给社会经济发展带来有序、高效的良好氛围。动态监控主管部门要利用区块链技术特点，建立健全数据共享机制，着力解决信息不对称的问题。一是要加强与其他平台系统之间的数据共享，如与预算单位银行账户系统、人事部门管理系统等的共享，达成数据互联互通，减少人工维护预警规则参数环节、人工导入人员基础信息等环节，加强系统的智能化水平，构建互联互通、多方核对、高效取数的系统。二是要加强推动预算执行动态监控的结果运用，明确什么样的数据可以共享、什么样的数据加强保密，促进业务数据、动态监控数据在各部门之间的共用、共享，整合财政与组织、人社、银行、审计等部门的基础信息库，降低信息传输的时间、人力成本，提升协同办公效率。三是利用动态监控结果来倒逼预算单位、单位主管部门加强财务管理，规范财政资金的使用。还可以利用所构建的报表体系开展分析，为自治区审计、监察、纪律检查部门决策提供相应数据支撑，形成监督合力，提升动态监控的警示纠偏效果，防止政府内部贪污腐败现象的发生，打造政府部门风清气正的良好范围。四是根据“区块链技术+动态监控”的数据经济价值，为单位和个人征信增信，为评价一个地方政府信用等级及发债融资服务，为构建科学的预算项目库体系服务，助力地方经济社会高质量发展。

【简评】预算执行动态监控是财政治理现代化的重要组成，是有效防范资金支付风险的重要手段。如何在新形势下提高财政资金运行效益，对预算执行动态监控工作提出了新时代命题。预算执行动态监控从国库集中支付拓展到扶贫资金动态监控、中央直达资金动态监控，预算单位实有资金动态监控，监控的范围不断拓展和要求跳跃式攀升。同时，建立财税金融体系，促进财政高质量发展，预算执行动态监控系统所面临的智能化水平低、人工干预环节多、预警规则设置较为粗放、资金流转环节不透明、资金使用情况难以追溯和追踪等问题亟待进一步解决和提升。从目前的技术手段来看，区块链技术具有可追溯、公开透明、不可篡改等特点，符合新态势下预算执行动态监控管理工作的需求，但由于区块链技术在财政治理领域的应用少、缺乏必要的规范性指引，应用在预算执行动态监控方面仍存在一定的难度。本篇将围绕区块链技术在动态监控领域的应用，围绕广西预算执行动态监控实践，针对预算管理一体化系统建设与管理改革面临的困难与问题进行研究分析，对加强动态监控信息系统建设、强化技术服务支撑，提高动态监控的信息化、智能化水平进行尝试性探索，为全面提高预算执行动态监控工作效能、服务地方经济社会高质量发展提供决策参考。

对广西预算执行动态监控工作的几点思考[①]

李　青　王璟谛　孙建国　等

随着改革开放的深入推进，我国经济社会发生巨大变化，每年财政收支海量资金流动。为了管好用好国家资金，更好地为人民服务，推动经济社会健康持续发展，党的九届全国人大四次会议提出："改革国库制度，建立以国库单一账户体系为基础的现代国库集中收付制度"[②]，将分散在各个部门、各预算单位银行账户的资金收归财政国库单一账户体系集中管理，切实提高财政资金的使用效率和安全性。2001 年初，财政部正式启动国库集中支付改革，历经 20 余载基本实现了"横向到边、纵向到底"、对所有地区、所有资金和所有单位全覆盖的改革既定目标，初步建立起现代财政国库管理制度框架。其中，预算执行动态监控（以下简称"动态监控"）通过对资金支付事前审核、事中监控和事后督促的功能实现了预算执行管理的威慑、警示、纠偏和规范的作用，是财政管理中不可或缺的重要手段、重要环节和重要内容。但是，当前建立现代财政制度支撑国家治理体系和治理能力现代化建设，满足人民对美好生活的向往和追求，对有效加强财政资金监督管理提出了更高要求，如何完善动态监控制度、提升财政资金支付安全性、规范性、有效性，仍是当前财政国库管理的一个重要课题。

---

① 本文是 2020 年广西财政系统调研课题优秀成果。课题组组长：李青、王璟谛。课题组成员：孙建国、邓梦盈、刘继尚。

② 2001 年 3 月，《国民经济和社会发展第十个五年计划纲要》。

一、加强动态监控工作的重要意义

广义的动态监控应该是对政府收支行为的实时监督，包括一切国家公共机构及公共事业单位的一切收支行为。本文动态监控主要指当前依靠国库单一账户体系、搭载在国库集中支付信息系统平台上动态监控系统，以及依法建立起的各项监控制度，对财政资金支付使用进行审核、查错纠偏、防范风险的一系列机制。建立有效的动态监控体可以进一步提高资金使用的规范性和安全性，也可以提高机关单位的工作效率。

（一）动态监控是财政支撑国家治理体系和国家治理能力现代化的重要基础

财政是国家治理的基础和重要支柱，财政资金管理则是基础的基础。国库集中收付制度改革是财政资金管理的重大变革，彻底改变了原有的财政资金运行模式。动态监控作为国库集中收付制度改革的重要组成部分，是现代财政国库管理体系的重要组成部分，对规范财政预算执行管理、加强财政资金管理具有至关重要的作用。动态监控机制的建立确保了财政资金使用安全、规范，大幅提高资金使用效率，财政资金运行机制得到保障，进而为深化财政各项改革提供了基础保障。

党的十九大报告提出要建立全面规范透明、标准科学、约束有力的预算制度，全面实施绩效管理。其中“标准科学、约束有力”被明确列为该制度目标。“约束有力”意味着预算管理要更“硬”，要切实落实预算法，增强预算执行刚性约束。完善动态监控工作是顺应新常态下预算管理制度改革和建设现代国库管理体系的需要，“标准科学”的预警规则以及高素质的动态监控工作人员能够确保对财政资金“约束有力”，从而促进财政资金使用“规范透明”，更好地实现绩效目标。

2013 年印发并实施的《党政机关厉行节约反对浪费条例》规定，“党政机关应当遵循先有预算、后有支出的原则，严格执行预算。严禁超预算或者无预算安排支出，严禁虚列支出、转移或者套取预算资金。”以及现行《预算法（修订版）》规定“为了规范政府收支行为，强化预算约束，加强对预算的管理和监督”，等等。既为加强预算执行监督提供了法律依据和法治保障，又侧面反映动态监控的重要性和必要性。2020 年全国预算执行和草案报告中指出："强化对加强动态监控、完善财政扶贫资金、国库集中支付资金、试点单位实有资金等资金监控机制。切实加强预算执行和财政资金安全管理。"报告对预算执行动态工作提出新的更高要求，充分体现此项工作的重要性。

（二）动态监控是源头治腐防变的重要手段

根据现行预算法和国库管理制度要求，所有预算单位根据人大批复的预算以及项目实际进展情况，从零余额账户申请拨付资金给最终收款人。因资金量大，拨付笔数多，经过探索以及学习国外先进经验，动态监控能够从预算执行源头开始，根据设定的规则对违规资金进行拦截纠偏，确保了财政资金规范使用。

动态监控具有实时监控、全过程监控、监控成本低的特点，能有效克服传统财政资金监督时间滞后、手段单一等弊端，是财政监督模式的创新，也是财政监督控制的重要手段。财政监督的重点和关口从事后移到事前和事中，财政部门能够通过对预算单位支付全过程监控及时纠正财政资金使用过程中的违纪违规及不规范操作行为，从源头确保预算单位按规定使用资金，从而提高财政监督的效率和效果，寓监督于管理之中，有效防范和化解资金支付风险。通过"制度 + 技术"实现以科技促公开，以公开促廉洁，构筑起反腐败防火墙，为廉政建设提供有力支撑。

党的十八大以来，党风廉政建设和反腐败斗争向纵深发展。提高财政透明度，严格落实中央八项规定，是新形势下加强财政监督工作的重要内容。动态监控对敏感支出的监控作用非常明显，如对"三公"经费、会议费、差旅费以及购买名贵特产等支付行为的实施监控，是将贯彻中央八项规定精神纳入监控目标的具体体现。尤其是，推行公务卡制度改革，将公务卡结算和大额现金提现纳入监控范围，有效地约束公务消费和防止"三公"经费、会议费、培训费的无序增长，现金结算大幅减少，为源头预防和治理腐败提供了技术支撑和机制保障。

（三）动态监控是深化国库集中支付改革的重要内容

动态监控是伴随着国库集中支付改革产生并发展的，二者相互促进、相辅相成。国库集中支付改革为动态监控实施提供载体，动态监控是国库集中支付改革的重要组成部分，动态监控对财政资金支付全过程的监督检查，在制度和技术层面规范和保障财政资金安全。通过动态监控反馈的数据信息，可以及时掌握国库集中支付制度改革中存在的问题，为深化改革提供决策依据，促进国库集中支付改革的总体目标实现。同时，对公务卡业务的监控，强制结算目录内的支出必须按规定通过转账或公务卡结算，使单位减少现金提取和使用，促进公务卡结算制度的实施推行。

（四）动态监控是保障特殊转移支付资金直达基层直接惠企利民的重要机制

通过动态监控能够提高对重点关注的转移支付资金管理水平，上级财政部门能够及时掌握下级财政部门资金收到和拨付情况，督促各级财政部门在规定时限内完成预算分解下达工作，有利于提高专项资金“高效到位”。

脱贫攻坚作为三大攻坚战之一，近年来中央和各地都投入了大量的扶贫资金，为了让扶贫资金能够发挥最大效益，确保扶贫资金规范高效使用，财政部建设了扶贫资金动态监控系统，对预算下达的及时性、支出、到人到户补助、绩效目标等情况进行实时监控。依托此系统，2020 年对抗疫特别国债等直达资金进行全程监控，确保资金直达基层，直接惠企利民。通过动态监控特殊转移支付资金下达使用情况，对出现疑点问题及时处理，达到预警纠偏、在确保资金安全的前提下提高资金使用效益的作用，确保省级财政在当好“过路财神”的同时，又不做“甩手掌柜”，确保中央及时了解掌握基层财政收支运行实际情况，为进一步作出科学决策提供重要信息。

二、广西动态监控工作现状

广西自 2010 年建立自治区本级动态监控机制，经过十年的发展，按照“完善操作，优化流程，提高效率，确保安全”的原则，动态监控工作稳步推进，全区各级财政部门都建立起了“预警高效、反馈迅速、纠偏及时、控制有力”的动态监控机制。

（一）动态监控机制建立总体情况

截至2019年底，广西已实现区、市、县、乡四级动态监控全覆盖，自治区本级1332个预算单位，14个地级市共4465个预算单位、121个县级（含县级市）共15306个预算单位纳入动态监控范围，动态监控工作实现常态化、规范化管理（见表1）。

表1　　广西动态监控机制建立情况表

级次	监控机制建立情况			监控单位情况			监控资金量（亿元）
	已建立地区数（个）	地区总数（个）	占比（%）	监控单位数（个）	单位总数（个）	占比（%）	
区本级	1	1	100%	1332	1332	100%	675.41
市本级	14	14	100%	4465	4465	100%	1619.82
县本级	121	121	100%	15306	15306	100%	3392.34
乡　级	1131	1131	100%	5948	5948	100%	530.57
合计	1267	1267	100%	27051	27051	100%	6218.14

资金监控范围上，全区国库集中支付资金、部分财政专户资金纳入动态监控。有些市县将监控资金范围进一步扩大，如河池市、崇左市将转移支付资金、预算单位实有资金账户资金等也纳入监控范围。

（二）加强制度建设，构建动态监控长效机制

根据相关法律法规、财政部有关制度文件，结合广西动态监控工作开展实际，自治区财政厅2013年出台了《关于印发自治区本级财政动态监控管理办法的通知》（桂财库〔2013〕19号）、《关于印发自治区财政厅动态监控管理操作规程的通知》（桂财库〔2013〕3号）、《关于印发自治区财政动态监控预警规则的通知》（桂财库〔2013〕35号）等制度文件，这三个文件构成了目前动态监控的基本制度框架，对动态监控范围、方式方法、预警规则、操作流程等进行了规定，进一步规范动态监控工作。

广西各地财政部门以上述文件为指导，都制定了相关制度文件，同时，在实际工作开展中不断完善相关制度，如：自治区本级根据工作实际，完善内部操作规定，调整动态监控授权支付大额转账审批流程；梧州

市修订出台《梧州市本级财政动态监控预警规则》（梧财支〔2019〕10号）。制度建设的加强为广西动态监控工作规范开展、长效运行提供了良好制度基础。

（三）完善预警规则，确保资金支付安全

预警规则的设置是整个动态监控工作的基础。广西根据新形势、新情况不断调整和完善预警规则，使动态监控涵盖财政资金支付过程的所有环节，形成较为完整的监控链条。从预算指标、用款计划、违规提取现金到“三公”经费、购买名贵特产预警，动态监控预警规则得到不断完善。近年来，广西壮族自治区本级在九项35条预警规则基础上增设“预算单位向非定点会议场所支付会议费”预警规则，对向非定点会议场所支付会议费的行为进行拦截，规范自治区本级预算单位会议费的支付行为。增设“购买名贵特产类特殊资源”预警规则，对预算单位购买烟、酒、珠宝玉石等物品的支付行为进行预警拦截，加强对公款违规购买名贵特产行为的有效监控（见表2）。各市县也根据当地实际，完善预警词条，如南宁市将“真龙香烟”、某地级市将“奇石”、梧州市将“高档六堡茶”等当地特有名贵特产资源列于预警词条中。

表2　　自治区本级动态监控预警规则汇总表

序号	预警规则名称	主要内容
1	预算指标预警	超预算指标申请、超预算额度支付、申请和支付进度预警
2	用款计划预警	支付方式、申请凭证、大幅度波动等预警
3	资金支付预警	资金支付方式和范围、向基本户或实有资金划转资金、上下级部门单位之间划拨资金、授权支付大额转账、住房公积相关支付、挪用资金、化整为零支付、向特殊收款人账户划转资金、向非定点会议场所支付会议费、购买名贵特产类特殊资源等预警
4	“三公”经费预警	实时监控“三公”经费
5	特定银行账户预警	向个人账户划拨资金预警、海外账户预警、疑点账户预警
6	违规提取现金预警	超限额、单笔大额等提现预警、不按规定使用公务卡预警
7	内部制衡预警	岗位设置预警、审核程序预警
8	代理银行预警	代理银行业务办理规范监控
9	归垫资金预警	零余额账户支付归垫资金预警

（四）动态监控总体运行良好

经过多年的建设，广西动态监控总体运行良好，监控效果明显，基本形成了事前、事中、事后，内部监控和外部监控相结合的立体监控体系。据统计，2013—2018 年，自治区本级动态监控预算资金量约 4875. 23 亿元，占同期自治区本级各类财政支出总量的 93. 7%，累计监控笔数超过 62 万笔，其中经监控发现并及时限制违规支付的资金总量约 954. 42 亿元，笔数超过 8. 7 万笔。2019 年，广西全区动态监控资金总量为 6218. 14 亿元，触碰预警规则（含违规支付申请被系统拦截支付的资金）544. 26 亿元，其中：授权支付大额转账资金超过 200 亿元，其余主要是向本单位基本账户（或实有资金账户）或向二级及以下预算单位划拨资金。

动态监控震慑和预警作用得到发挥。系统自动对单位违反预警规则的支付申请向财政部门提示预警信息，财政部门对相关情况进行人工核查，预算单位支付信息透明度高，预算单位各种违规支出无处遁形，倒逼预算单位切实履行预算执行主体责任、强化财经纪律，提升财务管理和会计核算水平，加强内部控制管理，预算单位规范操作意识及风险防范意识日渐增强。

三、当前广西动态监控面临的困难和问题

广西动态监控工作在不断推进中已形成较为成熟的监控模式，但仍存在不足和待完善的地方。从现阶段运行情况分析，相关制度建设有待加强，动态监控覆盖面还有待延伸，信息技术运用尚需加强。

（一）动态监控制度建设相对滞后

动态监控自 2010 年在广西推进以来，很多制度规则办法手段都是刚刚推进该项工作时建立的，未随该项工作的推进得到及时更新，虽有修修补补，但与建立现代财政制度，推进国家治理体系与治理能力现代化的要求还存在差距。

1. 当前广西动态监控机制制度建设相对滞后，存在制度建设不完善，相关制度文件未及时更新的问题。广西壮族自治区本级的动态监控相关管

理制度文件自2013年出台一直沿用至今，部分办法规定不能适应当前发展的需要。如财政部新出台了《财政部关于中央预算单位预算执行管理有关事宜的通知》（桂库〔2020〕5号），对暂不能通过零余额账户委托收款的社保缴费、职业年金缴费、水费、电费、取暖费等允许从单位零余额账户划转至实有资金账户，而广西对该类业务是否可转入基本账户等未有明确文件规定，在实际监控预警信息审核中缺乏文件依据。预算单位作为预算执行的主体，其动态监控的职能职责尚未在相关制度中进行明确和细化。

2. 部分实践经验及做法未及时上升成制度政策。如根据工作推进新增预警规则、预警关键词，调整大额资金审批流程等变化未能更新入相关文件规定中。同时，因机构改革，财政部门内设机构出现调整，相关操作规程未更新，不利于明确职责划分和岗位流程优化。

3. 动态监控预警规则设置尚不够科学。广西目前的动态监控预警规则设置，虽已经在资金监控上发挥较好的监督作用，但还存在个别预警规则设置不够科学，拦截针对性有待提高的问题。以购买名贵特产类特殊资源预警规则为例，预警拦截简单粗暴，拦截业务过频，只要支付、收款信息中含某一关键字眼即被预警，一些正常的支付业务也被预警拦截，人工审核工作量大，增加了审核人员的工作负担，也影响了预算单位的支付效率。另外，监控规则配置中，若函数设置得严，则影响资金支付效率，增加审核人员工作量，若函数设置得宽，则可能无法对违规资金支付实施有效监控，易形成监控死角，如何科学设置预警需进一步研究完善。

4. 监控成果运用制度缺失。现阶段主要根据动态监控管理办法规定，初步建立了预算制定动态监控分析报告制度，每个季度总结一段时间以来的动态监控工作情况，对资金支付监控结果作统计分析并提出下一步改进工作意见，形成监控报告汇报给领导。但受限于系统统计分析功能较差等原因，监控数据分析利用不足，且监控报告等监控结果信息未与各业务处室或纪检、审计等部门共享，监控成果运用不足，未能形成监管合力。

（二）动态监控全面性不足

动态监控应该对财政资金实施全范围、全链条监控，但由于技术手段以及部分财政资金未纳入集中支付等制约，动态监控工作仍存在一些盲区和堵点。

1. 现阶段动态监控资金的范围有限。一是从监控资金范围看，目前动态监控主要监控国库集中支付资金，未涵盖所有财政性资金，如拨付量大的实拨资金及单位实有资金等，具体见图1。特别是，预算单位实有资金作为财政资金的一部分，单位的实有资金账户未纳入日常监控范围，只能依靠预算单位内部监督和外部审计监督，其收支情况在财政监控范围之外体外循环，不利于财政部门对财政资金的整体管理与掌握。二是从预算执行环节看，财政收入环节未能纳入监控范围。目前，财税库银横向联网已经推广，绝大部分税收均通过横向联网系统实行电子缴库，但财政部门、税务部门、预算单位之间收入或预算执行信息的共享和共用不够，财政收入监控难以开展。

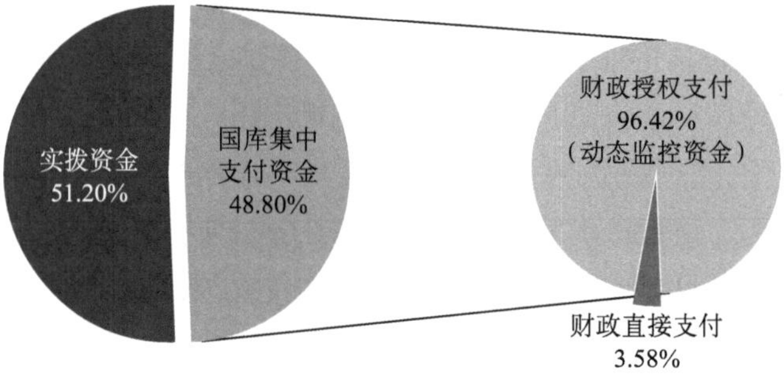

图1 2019年自治区本级预算执行动态监控资金情况

2. 未能实施全链条监控。一是政府采购、投资评审环节还未能纳入动态监控范围内。二是从监控实施环节上看，目前的动态监控只注重资金支付环节的监督、控制和处理，事后跟踪问效处理运用存在不足。

3. 财政绩效监控存在不足。推进预算绩效实现情况监控工作，是提高预算执行效率和资金使用效益的现实需要。预算执行中对支出进度和绩效目标实现情况进行监控，能够及时纠正偏差，确保绩效目标按期保质实现，但广西尚未很好利用系统监控加强绩效监管。根据财政部部署要求，扶贫资金动态监控系统建立了绩效管理监控，但由于绩效目标等信息通过手工录入，时常出现绩效目标录入不规范、不及时的情况，不利于绩效目标的跟踪监控，且对是否实现绩效目标尚未全方位动态监控、缺乏深层次绩效分析评价，以及科学反馈预算安排、预算编制的机制。

4. 代理银行代理业务情况监控效果不佳。代理银行是财政资金支付的直接参与者，代理银行代理业务的规范性直接影响财政资金的安全与效率。监控内容包括代理银行是否按照代理协议办理业务，资金支付、清算是否合规，系统支付信息反馈是否完整、及时，是否按要求完成对账等业务代理情况等。从实际工作看，虽设立有代理银行预警规则，但系统监控未达到预警效果。如规则设置有“业务办理预警”对支付业务办理是否及时、准确进行预警，但实际效果不够理想，特别是在年中、年末等关键时间节点，代理银行仍存在漏单或业务办理有误等情况，系统未能及时反馈。目前代理银行管理上，主要由国库部门采取事后问题记录并列入季度或年度考评的方式进行，监控滞后，系统预警未能发挥效果。

（三）监控信息系统建设智能化程度偏低

动态监控工作主要依赖动态监控系统，系统水平的高低决定了动态监控工作的效能。动态监控对未纳入集中支付系统资金无法监控的同时，规则设置不够科学导致频繁触发预警规则，产生无效预警信息影响监控效率。总体上看，广西的动态监控系统建设智能化程度偏低，系统技术手段应用还不充分，阻碍了动态监控工作的进一步深化。

1. 系统功能不够完善。以自治区本级为例，动态监控系统作为国库集中支付系统的一部分，自 2010 年建设上线使用至今已有 10 年，目前的动态监控系统，在预警审核、规则设置两项功能上使用基本能够支撑日常监控工作需要，但系统除了增加上传附件、增设预警规则、增加查询报表等个别完善外，未进行过整体升级优化。存在报表查询功能较弱，无法提供个性化查询，缺少综合分析应用等问题。

2. 监控智能化、自动化程度低。对精准程度高的监控，如预算执行是否规范、科目是否串用等，难以精准判断，制约了监控的深度和广度，一些隐蔽性的违规问题和支付行为难以发现。

3. 信息孤岛问题依然突出，各系统数据信息共享存在壁垒。一是动态监控系统与预算单位银行账户系统等外部系统未能实现对接，银行账户信息需要人工导入、比对更新，影响工作效率，影响对预算单位违规向本单位基本户或实有资金账户划转资金的监控工作开展。二是动态监控系统与扶贫资金动态监控系统（直达资金监控系统）两套系统并行使用，不利于监控工作整体开展。全国各省动态监控系统由各级财政部门建造，相关数据未能实现从上至下贯通取用。

4. 监控数据利用不足，系统数据可视化欠缺。及时、准确掌握各类监控数据、充分挖掘数据潜在价值，是加强动态监控管理、提升现代化治理能力的需要。目前动态监控系统中的报表功能主要还是供查询统计使用，数据分析、整合、利用不足，难以利用监控数据开展深入研究。同时，数据可视化欠缺，未能在海量数据中提取有用信息形成直观的图表模型供管理、决策使用。

（四）动态监控工作推进堵点较多

1. 预算单位实有资金监控存在较大难度。推行国库集中收付改革时，出于政策性或实际工作因素，广西壮族自治区本级及部分市县仍保留有预算单位实有资金账户，已经取消预算单位实有资金账户的市县，单位原实有资金账户资金通过财政代管资金账户核算。对仍保留有预算单位实有资金账户的地区，未实现所有财政资金统一纳入国库单一账户体系管理，给“将所有财政资金运行置于财政监管之下”的监控目标带来难度。同时，因预算单位银行账户管理系统未与银行对接，相关账户信息由预算单位填报，且实有资金账户资金不通过支付系统拨付，支付信息无法获取，实有资金监控缺乏基础条件。

2. 公务卡支付监控存在堵点。一是一些单位部门公务卡刷卡消费后不通过公务卡系统还款，而是通过转账方式将刷卡金额转入职工非公务卡账户，降低了公务卡支付监控效果。二是基层预算单位对公务卡业务认识不到位，受公务卡用卡基础环境不佳等影响，仍习惯于提取现金结算会议费、差旅费等，而这些按规定应强制采取公务卡结算的费用预警频繁，部分县级财政部门因人少事多，难以审核这类监控数据，便不再监控这类业务。

3. 基层动态监控信息化建设经费保障困难。财政收支矛盾加剧，部分基层财政运行困难，没有资金支撑包括预算执行动态信息管理系统在内的国库收付信息系统升级改造。为推进国库管理信息系统建设，自治区财政曾经连续三年安排经费用“以奖代补”的方式支持各地推进财政国库管理改革，完善相关信息系统和制度建设，相关的管理办法规定建立监控信息报告和通报制度，定期召开联席会议。近年来，由于缺少经费保障，相关的制度运行已经处于停滞状态。

（五）动态监控人员队伍问题

动态监控是集政策性、专业性、时效性要求较高的工作，需要专门的工作人员，但是目前有些财政部门对预算执行动态工作不重视或由于人员编制等问题导致动态监控工作人员配置不足。

1. 动态监控相关培训不足。动态监控涉及知识面广，要求工作人员熟悉相关政策法规及相关规章制度，且须具备一定的财务专业知识和综合分析能力。但目前的培训管理制度无法满足从事监控工作人员提升相关业务知识、解决问题的能力的需要。

2. 基层财政部门动态监控业务人员配备严重不足。一些市县由于人员不足，不能设置多层级动态监控审核岗位或无法安排专人专岗负责动态监控业务，只能由从事其他国库业务的同志兼做动态监控工作，导致动态监控工作难以有效推进，甚至形同虚设。基层财政部门还存在人员年龄偏大的问题，对计算机操作使用不熟练，未能对预警信息产生足够的敏感性且处理能力不足。

3. 预算单位对动态监控工作重视程度不够。普遍存在单位财务人员对相关政策制度理解不到位，操作不熟练，支付被预警拦截时不能及时提供相关证明材料或者相同支付预警拦截问题重复发生。个别单位以“化整为零”方式规避大额资金报备审核制度，容易形成管理漏洞出现资金违规使用风险。

四、部分省市基本情况、主要做法及经验启示

动态监控机制建立健全过程中，各省市在监控实践中做了大量积极探索，积累了很多值得借鉴的工作经验，主要集中在拓宽监控资金覆盖面、重视信息化技术运用和完善动态监控配套措施等方面。

（一）部分省市动态监控的基本情况

截至2019年底，浙江省、广东省、河北省、贵州省都建立覆盖省、市、县、乡四级财政的动态监控体系，省、市、县三级预算单位100%纳

入监控。浙江省乡镇级已有80.5%完成动态监控机制建立，贵州乡镇级作为县级预算单位纳入监控，覆盖率达93.91%，河北省、广东省乡镇级监控实现全覆盖。资金监控范围上，河北省已覆盖所有财政资金。广东省将财政专户资金、转移支付资金纳入监控，贵州省将预算单位实有账户资金纳入监控。各省（区）2019年度省本级动态监控情况对比如表3所示。

表3　各省（区）2019年度省本级动态监控情况对比

地区	监控单位情况		监控资金情况		违规申请支付资金情况	
	单位数（个）	监控单位覆盖率（%）	监控资金范围	监控资金量（亿元）	违规申请支付资金量（亿元）	违规资金比例（%）
浙江省本级	700	100	国库集中支付资金	50.78	11.14	14.90
河北省本级	1103	100	国库集中支付资金、财政专户资金、预算单位实有资金账户资金、转移支付资金	1093.44	0.69	6.34
广东省本级	1274	100	国库集中支付资金、财政专户资金、转移支付资金	9603.44	0.87	0.009
贵州省本级	948	73.42	国库集中支付资金、预算单位实有资金账户资金	1092.05	1.18	0.11
广西壮族自治区本级	1332	100	国库集中支付资金、财政专户资金	675.41	201.90	29.89

从违规申请支付资金预警情况上看，河北省本级主要集中在是收款人、金额、用款和科目等支付信息不符合财政财务管理规定上。广东省本级主要是违规向本单位实有资金划款、违规向上下级单位账户划款。浙江省本级违规申请支付资金预警主要集中在收款人信息错误、不符合转回基本户和实有资金账户政策以及支付手续不全上，2019年浙江省本级在这三类违规申请上，分别预警拦截资金上亿元。贵州省本级违规申请支付资金预警主要集中在收款人、用途、科目不符合财务管理规定和申请提现支付

住房公积金、养老保险上，2019 年预警拦截资金也超过亿元①。可以看出各省动态监控在规范单位资金使用上卓有成效。

（二）部分省市动态监控有益经验

1. 浙江省动态监控的做法及经验。在完善制度保障上，浙江省在原有管理办法等制度基础上，在 2018 年出台《浙江省省级国库集中支付动态监控管理工作基本规程（试行）的通知》，明确财政部门内部职责分工、监控流程等工作规程，促进监控工作制度化、规范化。

2. 河北省动态监控推行的做法及经验。河北省动态监控全面覆盖国库集中支付资金、财政专户资金、置换债资金和实拨资金。

在完善技术支撑上，河北省依托财政信息一体化平台整合公务卡系统、银行账户系统，专项资金及时分析监控系统，实现全省数据互联互通，并与河北省人大、审计部门数据联网，实时推送预算执行数据。

3. 贵州省动态监控的做法及经验。贵州省动态监控结合贵州省纪委推动的“数据铁笼”建设要求，在系统完善、大数据运用上成效明显。

在强化制度建设上，贵州省在原有管理办法、操作规程等文件制度基础上，在 2019 年又制定了动态监控工作互动机制及“三公”经费监督管理的相关规定文件，进一步完善动态监控管理制度。

在扩大资金监控面上，2018 年起对省级预算单位实有资金账户试点监控，2019 年扩大试点范围到 112 家省级预算单位，并通过预算单位银行账户管理系统中的单位账户收支流水信息开展监控。

在完善系统功能上，一是从 2017 年起开始进行动态监控系统升级改造，近 3 年间不断强化动态监控系统功能，提升数据筛选精准度，提高系统预警能力，实现事前实时预警阻断、特殊事项事中从严管控、资金流向事后跟踪排查的全流程监控。二是搭建动态监控数据分析平台，省级财政部门能够自动提取市县动态监控数据，实时掌握全省监控情况。三是动态监控系统与预算单位银行账户管理系统对接，提取单位银行账户相关数据信息。

在监控结果利用上，贵州省财政厅与省纪委监委形成联动机制，定期

① 数据来源于财政部门公开报告资料。

共享“三公”经费监控信息，发挥监控合力。

4. 北京市动态监控的做法及经验。在动态监控资金范围上，北京市实现财政资金全覆盖。对预算单位实有资金账户的监控，采用先试点后推广模式，将 14 个部门 36 家预算单位的实有资金纳入动态监控范围，逐步推进实有资金监控工作。

在信息系统完善上，一是多系统互联，动态监控系统与国库集中支付系统、政府采购系统、银行账户审批系统、代理银行等互联互通，实时获取数据。二是完善规则，提升监控精准度。北京市制定了包括财政内部、预算单位、代理银行、市对区级专项转移支付等 4 大类 90 条预警规则，针对公款违规购买名贵特产预警增加“景泰蓝”“牙雕”“漆器”等 50 项关键词预警。另外，还建立了“黑白名单”，通过负面清单、政府定点机构白名单等加强监控精准度。

在动态监控结果利用上，北京市的动态监控结果信息同时向预算单位及代理银行共享，在节假日敏感时期提供监控信息供市纪委监督检查，并将年度动态监控预警情况纳入政府绩效考评，充分发挥动态监控效能。

五、优化广西动态监控管理的工作建议

广西动态监控有效地提升了财政资金使用效益，但是仍存在一些问题和不足，针对这些存在问题，应该结合广西实际，借鉴其他省市先进经验，进一步完善动态监控制度和方式方法，提升现代信息技术化、智能化、自动化支撑，进一步加大监控力度、扩大资金范围，并在此基础上拓展到执行进度、内部控制和绩效追踪、反馈预算编制等各环节，建立起能突出监控重点的全链条、全方位动态监控体系。

（一）完善动态监控机制相关制度建设

1. 更新完善现行制度文件。以《中华人民共和国预算法》《党政机关厉行节约反对浪费条例》和国库管理相关制度，参照财政部最近印发的《中央财政预算执行动态监控管理办法》，结合广西当前工作实际及工作推进需要，及时更新相关管理办法、预警规则、操作规程等制度文件，强化制度保障并严格执行，做到有章可依，有章必依。

2. 细化动态监控预警规则。预警规则的合理科学设置是做好动态监控工作的重点和难点。通过调研座谈，在听取预算单位及财政部门内部各处室意见的基础上，加强研究，对现有预警规则进行梳理优化、补充修订和完善，对新出现的问题经过严密讨论和评估后科学制定规则，并经试运行后再正式上线使用，使动态监控更加合理化、科学化，减少合规支付被预警拦截、不合规支付不被预警拦截的情况，提高资金支付效率，构建完善、安全、有效的动态监控规则体系。

3. 逐步扩大动态监控资金范围。随着预算管理、国库集中收付制度改革的深化，首先，纵向拓展动态监控范围，将单位实有资金账户、实拨资金、转移支付资金等纳入监控。其次，横向延伸监控范围，将财政收入收缴资金纳入监控，监控资金收缴是否及时足额入库。

（二）深化国库集中支付制度改革

1. 完善国库单一账户体系，深化国库集中收付改革。继续深化国库集中收付改革，逐步将所有财政资金纳入国库单一账户体系统一管理，减少财政资金流经环节，加强银行账户管理，清理单位不合规的账户。

2. 深入推进国库集中支付电子化改革。国库集中支付电子化改革仍然是当前和今后一段时间内，推动国库集中支付制度改革的关键内容，是构建财政资金安全“防护网”的必然要求，也是建立动态监控的基础。进一步深化国库集中支付电子化改革，将电子化管理覆盖范围扩大到所有预算单位，逐步实现支付电子化管理业务覆盖到所有预算单位、所有财政性资金。同时，进一步完善监控机制和监控体系，实现财政资金安全和效率双提升。

3. 持续推进公务卡制度改革。一是优化公务卡系统功能和业务流程，扩大公务卡强制结算目录项目范围，优化公务卡报销流程，为预算单位用款提供更加便利的服务。二是加大公务卡培训宣传力度，严格执行公务卡制度，切实提高公务卡用卡率，严控现金使用范围，减少公务支出中的现金提取和使用，提高支付透明度并加强对公务卡支付的监管。

（三）加强动态监控信息系统现代化建设

1. 积极推进财政预算管理一体化系统建设。借财政预算管理一体化系统建设之机，提升动态监控系统的智能化、自动化水平。动态监控作为预算管理一体化系统的一个模块进行建设，能够打破原本分散系统间的壁垒，真正实现基础数据共享，实现信息集成化管理。

一是实现多系统联接联通，解决信息孤岛问题。预算指标调整、预算单位银行账户信息变更等信息数据可实时同步获取更新，建立多维智能预警，提升预警的灵敏性，实现对所有财政资金流动实时监控，实时无误监控资金动向。

二是强化重点监控。围绕中央和自治区关心的领域和广西财政热点难点问题，进一步改进动态监控的方式和方法，有效开展相关项目进度、资金支付和使用效益动态监控。如针对工作中重点关注的资金，包括民生资金、科研经费等，或对个别重点单位开展重点监控，准确发现倾向性、苗头性问题，提升动态监控的针对性和有效性。

三是建设强大的报表功能。报表如实统计监控数据，并能根据日常监控需要进行多角度、多层查询，满足个性化查询需要。

四是建设综合分析功能模块，强化数据分析能力。对预警拦截的各类数据，运用定量定性分析等方法，结合重点指标，自动生成数据图表和分析报告，对监控情况形成直观的监控报告，并通过横纵向比对分析数据，进一步提升监控深度。

五是增加项目资金使用绩效评价的功能模块。积极推进动态监控系统与绩效评价系统的链接，加强预算单位、预算项目的财政资金绩效跟踪监控和评价分析，突出监控数据价值分析利用，为破解财政管理改革发展难题提供有用信息。

2. 积极推进动态监控系统功能升级。动态监控系统是做好监控工作的基础，在财政预算管理一体化系统全面建成之前，围绕业务提醒功能、业务监控预警、监控设置管理、监控数据综合分析等功能提升需求，对现有信息系统资源进行整合和升级改造。

（四）建立推进动态监控工作的长效机制

1. 建立和完善机构和人员经费保障机制。自治区、设区市财政部门要设置独立的动态监控部门，明确部门职责和责任分工，保障人员足额配置，配备专人专岗，建立一支精政策、懂业务，具有较强实践经验的监控队伍。机构人员编制少的县区级部门也要配备专门的动态监控工作人员，并明确其职责，极特殊情况下，动态监控工作由其他岗位兼任，也要明确动态监控工作是其岗位工作的重要组成部分，必须将动态监控工作做实做到位。同时对动态监控系统建设、改造升级等要给予足额经费保障。

2. 完善沟通联系和信息共享机制。一是适时恢复动态监控联席会议制度并定期召开相关工作会议，通报新情况，共同研究新问题，探讨新举措。二是建立横向动态监控互动机制。各级要建立使用本级动态监控系统相关的财政内部处（科、股）室、预算单位、人民银行、代理银行之间的动态监控互动机制。三是建立动态监控调研工作机制。每年定期到市县和预算单位开展调研，了解基层和单位的需求；积极外出学习先进地区的做法和经验，相互取长补短。四是建立动态监控通报机制。按季对监控数据进行统计分析归类，定期向预算单位反馈通报监控结果，督促相关单位及时整改纠正。五是定期开展动态监控报告工作。定期撰写动态监控分析报告，根据监控发现的问题，及时进行研究分析，向领导报送动态监控预警情况，尤其是当地热点问题、重点领域动态监控情况要向同级党委、政府领导报告。六是建立多部门信息共享共治机制。国库集中支付动态监控、财政扶贫资金和中央直达资金监控、财政绩效评价、债务管理信息系统、人大联网系统监控、审计、监察、纪委等部门监控系统的信息共享机制，形成立体监督体系，有效提升监控效力。

3. 建立动态监控结果运用激励机制。加强动态监控结果反馈处理机制，通过对预警拦截的各类数据综合分析，对具体项目、违规类型频发的原因进行深挖，系统数据分析结果结合人工分析，形成动态监控报告，及时地为领导提供决策参考，争取各级领导的重视和支持。同时向各级财政部门预算管理机构、预算单位和代理银行通报监控情况，充分利用监控结果，发挥动态监控震慑作用，促进预算执行更加规范合理，充分调动预算单位和代理银行的主观能动性，有效将现代财政国库制度改革转化促进地方经济社会发展的治理效能。

4. 建立政策宣传和业务培训机制。一是注重动态监控工作人员业务能力的培养，开展财政财务相关政策法规和各项规章制度方面的培训，提高业务人员的政策理论水平、实操业务水平和综合分析能力。二是定期开展预算单位动态监控业务座谈会，加强对预算单位培训，通过政策解析、培训加深预算单位相关制度规定的理解，提高预算单位规范操作程度。三是积极在财政厅网站等媒体上宣传动态监控相关制度政策，定期向预算单位通报动态监控拦截和处理违规支付资金情况。

新形势下预算执行动态监控的工作思考①

王璟谛　等

当前，国内市场疲软、需求不振、供需不对称多重矛盾交织，国际形势诡异多变、逆全球化思潮暗流涌动，总体上经济形势不容乐观，财政经济增长乏力，财政收支矛盾尖锐程度进一步加剧。新形势下以平稳的财政金融运行支撑经济运行处于合理区间非常关键。预算执行动态监控是财政国库的重要内容，也是财会监督的重要方式，主要通过现代信息技术智能化自动化支撑，结合财政管理的制度要求和专业人员的审核，实现对财政预算资金管理有效性、合规性、及时性的监督监控，具有全覆盖、全过程、全链条、全天候、成本低的特点，要抓好财政管理工作，除了要科学编制预算外，务必要抓好预算执行动态监控工作。根据相关法律法规，我们对财政预算执行动态监控通常简称“动态监控”，是源头防范和治理腐败的重要举措，是党在新时代治国理政的重要手段。

习近平总书记指出，“以党内监督为主导，推动人大监督、民主监督、行政监督、司法监督、审计监督和财会监督、统计监督、群众监督、舆论监督有机贯通、相互协调”。他还曾经指出财政补贴不是唐僧肉，不是这个吃法，要求加强监督。《党政机关厉行节约反对浪费条例》（2013 年印发）第八条规定，“党政机关应当遵循先有预算、后有支出的原则……建立预算执行全过程动态监控机制，完善预算执行管理办法，建立健全预算绩效管理体系，增强预算执行的严肃性，提高预算的准确率，防止年底突出花钱等现象发生”。强化对加强预算执行动态监控、完善财政扶贫资金、

① 本文是 2023 年广西财政系统调研课题优秀成果。课题组组长：王璟谛。课题组成员：吴倩华、覃龙、韦健、甘钧钰、刘继尚、韦智欣、张景浪、钟海霞。

国库集中支付资金、试点单位实有资金等资金监控机制，切实加强预算执行和财政资金安全管理，成为新形势的需要。

预算执行动态监控在规范预算执行、严肃财经纪律、推动各项重大政策贯彻落实等方面发挥了积极作用，2020 年以来全国在财政扶贫资金监控系统上建立起直达资金监控系统。为中央资金有效直达基层和惠企利民，发挥了重要作用。然而，预算执行动态监控制度体系建设方面的进展一直较为缓慢，存在动态监控预警规则体系不够细化、信息化建设仍停留在粗放化水平、全流程动态监控体制机制建设未完全建立、动态监控范围窄、结果运用不够有力等管理短板，尚未实现对所有财政性资金监督监控，在提高财政资源配置效率和资金使用效益仍然存在不少的问题与短板，需要对问题根源进行深入剖析，深入加强对动态监控工作的规律性认识和思考，提出加强预算执行监控的几点工作建议，不断提升动态监控信息化智能化，助力地方财政治理体系和治理能力现代化。

一、近年来动态监控取得的主要成效

2022 年，从动态监控实务中看，被动态监控系统预警或拦截的业务共 22.61 万笔次，其中，拦截退回不合规或违规支付金额占总的被预警拦截资金 15.3%。总的看，更加充分地发挥了动态监控实时、全面、有效的震慑、警示和提醒作用。进一步核查发现，未按规定向最终收款人支付行为涉及的项目资金和未按规定开展财政投资评审项目资金金额巨大，引起了强化预算执行的规范性和有效性的思考。

（一）发现并纠正了国库资金“二次拨付”的问题，坚决守住财政资金安全最后一道防线

我国实行国库集中收付制度，对政府全部收入和支出实行国库集中收付管理，近 20 年来的改革成效斐然。国际货币基金组织充分肯定我国的国库集中收付制度改革，并称之为财政改革史中里程碑，是分税制改革以来最成功的财政改革。建立预算执行动态监控机制是国务院批准实行国库集中支付制度改革的三大内容之一，是现代财政国库管理制度体系的重要组成部分，确保财政资金直接向最终收款人支付，资金直达惠企利民，提高

支付效率和资金效益。然而，资金审核过程中，发现部分预算单位依据与国库集中支付规定不一致的地方政府文件规定，或者通过不规范的合约，将财政资金通过以拨代支的方式划拨给第三方账户，然后再支付给最终收款人，实质上行使了资金二次拨付权，这增加了资金流转的环节和公权力寻租的机会，造成了国库集中制度的扭曲变形，削弱了国库集中支付源头治理腐败的机制，削弱了政府对财政资金的宏观统筹能力，影响了地方营商环境。具体案例有：一是某省某厅局代建案例。某省某厅局项目建设，实际中标单位为A建筑工程公司、B工程咨询公司、C建筑设计公司等公司。为了顺利推进项目建设，某厅局委托某市人民政府负责，并根据《某市政府投资项目代建制管理办法》，先将项目资金拨付给某市代建单位，再由代建单位支付给实际中标单位和施工企业，该做法不符合国库集中支付管理中要将资金直接支付给最终收款人的有关规定。二是某省某厅局三方协议案例。某省某厅局与A公司、B公司签署了两个项目协议，某厅局是预算执行的主体，A公司等项目建设公司是产品或劳务的供应者，约定B公司负责项目资金代收代付，资金先由某厅局拨付给B公司，再拨给A公司等项目建设公司，该做法不符合国库集中支付管理中要将资金直接支付给最终收款人的有关规定。三是某省某厅局依据地方部门文件的有关规定，将财政资金拨付到市县基本账户或相关请款人，再由市县（或请款人）拨付给相关个人和单位，该做法不符合国库集中支付管理要求，与某省人民政府印发的国库管理制度改革意见不一致，造成了事权与支出责任相分离，相关资金的使用脱离省财政监管。四是某省某事业单位支付工程款的收款账户与中标合同预留收款账户不符。另外，还发现某省某学院将培训费转到其基本户、某省某直属国有企业将财政补贴资金支付给第三方等问题。此类事项并不鲜见，尤其是专项债对应的基本项目建设，尤其是国库改革初期为征拆土地和水库移民等方面设立了国库资金拨付过渡期。

（二）发现并纠正未按规定开展财政投资评审的问题，进一步完善了财政预算的全链条管理

根据预算法要求，使用财政资金的重大建设项目，在安排预算资金之前应当开展财政投资评审。资金审核过程中发现，部分预算单位存在未开

展财政投资评审就进入招标和施工环节，存在“应评未评”的情况。一是某省某事业单位未按规定开展财政投资评审，两个工程项目涉及金额巨大。其中，A工程项目概算金额约30亿元；B工程项目概算金额约20亿元。二是某省某公益性事业单位总投资0.4亿元的基础设施项目未按规定开展财政投资评审。三是某省某高等职业院校的校区和学生宿舍项目申报初步设计概算总投资1.24亿元（未审批），在没有完成项目初步设计批复的情况下进行招标并开工建设。四是某省某高等职业院校项目投资7亿元，概算金额10亿元（未经省发改委批准），不符合财政投资评审送审要求。另外，某省某医学院附属医院整体搬迁项目、某省某医院医疗中心项目、某省某高等职业院校建设项目、某省某公益性事业单位建设项目、某省某厅局直属事业单位大型修缮项目、某省某厅局直属事业单位建设项目等，均未按要求进行投资财政评审。此项情况多见于预算单位用自筹资金或特殊行业的基本建设项目。

（三）发现并纠正超预算超范围拨付资金的问题，进一步完善了预算执行反馈预算编制的机制

先有预算，后有支出，无预算不支出，是预算法的基础性规定和预算管理的基本原则。部分预算单位未严格按照预算安排的用途使用资金。一是某省某高等院校制定了内部政策，对本校内部认定为贫困生的学生，使用自有资金进行补助，但因自有资金不足，使用一般公共预算资金发放该笔款项。二是某省某本科院校为偿还国家开发银行到期贷款本金，但因尚未取得非税收入，且自有资金不足，该单位使用专项资金支付该笔款项。三是某省某高等院校将中央直达资金转入本单位实有资金账户，使用该账户代发差旅费，该做法不符合中央直达资金的使用管理。四是某省某高等专科学校在已经使用“生均定额拨款”资金支付某项专项费用的情况下，在资金下达后，将该资金转到基本户用于该专项以外的支出。五是将本应直接支付至公积金中心相关账号的住房公积金，通过基本户归集。如某省某厅局年末将次年一季度住房公积金转至厅本级基本户。此类情况多与银行账户管理不严格相关。

（四）发现并纠正支出进度与项目实施进度脱钩的问题，进一步增强财政管理与经济发展的联动

预算法其实施细则规定，财政支出既要依法依规，又要真实精准，做到充分保障，又不能闲置浪费。部分预算单位为加快支出进度，在未达到合同规定的付款条件的情况下支付款项或未按项目实施进度超进度拨付资金。如某省某厅局在尚未按合同约定对项目进行验收的情况下向其管理的两个直属事业单位支付项目尾款、某省某事业单位全额预付购买设备的合同款项、某省某厅局在合同中约定签订合同后立即支付合同总额的 80%，支付进度与项目实际实施进度不符。另外，某省某厅局直属事业单位未及时开展施工图预算评审，导致申请支付进度款的金额超过投资评审审定的合同价款以及合同约定的进度。某省某高校安排拨付 2 亿元，经核实实际工程进度仅 0. 3 亿元。在年末加强“三公”经费资金支付审核中还发现并纠正部分单位提前拨付车辆运行维护支出（加油费）等支出，提前拨付跨年开展培训费等。同时，发现部分预算单位超序时进度支付基本支出，包括水电费、职工伙食费等。如某省某厅局直属事业单位在 2022 年 1 月向厅本级支付 2022 年全年伙食补助。此类情况多见于预算单位为了应付支出进度考核相关（与绩效资金挂钩）。

（五）发现并遏制其他资金支付违规行为，进一步提升预算管理标准化和预算执行规范化水平

一是主动关注民生资金。除了加强脱贫攻坚资金监控外，主动将政府投资工程类细化项目资金纳入监控，发现并纠正了基建工程类项目未按规定拨付农民工工资的问题。如某省某高等职业院校在合同已经约定农民工支付专户的前提下，仍将第四期工程进度款及人工费划转至其他账户。2022 年，累计审核并保障自治区本级基本建设工程项目的农民工工资超过 3 亿元。通过加强人工审核，还发现部分预算单位违规通过农民工工资账户结算材料等工程款项的问题。二是主动加强预算单位实有资金账户监控，发现并遏制未按规定垫付资金的问题。严格要求预算单位严格执行财政部有关要求，发现未按照财政预算执行动态监控预警规则要求履行资金垫付报批手续。如某省某高等学校在未履行报批手续情况下垫支了政府专

项债券利息及服务费。三是主动加强专项债项目资金审核，发现大量项目未开展财政投资评审的新情况，发现存在预算执行主体与申请使用专项债券项目业主不一致的情况，扰乱了资金支付管理秩序。如某省某医学院校使用专项债券为其附属医院代为支付相关工程款的情况。

二、做好动态监控工作的几点规律性认识

（一）坚持加强党对动态监控工作的领导，是做好动态监控工作的根本保证

党政军民学，东西南北中，党是领导一切的。只有加强党的领导，才能方向正确，才能行动有力，才能寓服务于管理之中，把依法理财与实施积极的财政政策统一起来。加强党的领导是具体的，具体而言就是加强财政工作领导。2022 年，我们紧紧围绕中央和自治区的重大战略、财政热点问题开展动态监控，结合部分先进省份和广西实际开展工作研究，取得了积极工作成效，得到了领导的重视和肯定。一是自治区领导充分肯定动态监控工作成果。审核中心通过加强对监控数据的分析，形成了《“十三五”广西财政收支述评和“十四五”展望》的调研报告，获得主要领导的肯定性批示，相关建议融合吸收到“十四五”广西财政规划当中。《清理财政暂付款的几点思考》的课题成果也得到肯定性指示，激发了财政干部加强预算执行动态监控和资金支付审核的工作热情，为发现、纠正和查处违规支付行为提供了有力的精神动力。二是厅主要领导对动态监控有关分析报告给予肯定性指示，要求“树立审核监督权威”和“把下一步（报告中的工作建议）解决措施落实”等，主要领导组织召开转移支付资金监督监控工作会议，提出长远的管理目标和近期可操作可落地的工作要求，为开展好动态监控提供了保障和遵循。三是各预算单位主要领导重视动态监控工作反馈，部门领导旗帜鲜明地支持财务部门依法整改和依法办事，督促相关部门及时整改纠正不合规的支付行为，为规范和加强预算执行提供了组织保障、扫清管理障碍。

（二）坚持制度先行和加强监控相统筹，是做好动态监控工作强力保障

一是不断完善动态监控制度体系，明确当前动态监控的方向和重点，

稳步开展制度建设工作。修订并印发《广西壮族自治区本级财政预算执行动态监控管理办法》，夯实制度基础。二是进一步完善动态监控工作规程，压实业务主管部门责任，完善厅内各处室分工。将自治区本级动态监控预警级别由红色、蓝色两级，调整为红色、黄色、蓝色三级预警，拓宽动态监控资金范围，突出监控重点。三是进一步完善自治区本级预算执行监控规则体系，优化规则设置，加强对单位化整为零行为的动态监控，强化动态监控的威慑力。按照财政部的要求，在“购买名贵特产类特殊资源”预警规则中，新增“茅台”“五粮液”两个关键词作为甄别要素。增设“公务用车运行维护费年底突击花钱预警”等规则，将一条“三公”经费预警规划细分为21条预警规则。四是构建加强重点领域、重大项目资金监控的机制，织密织细织牢监控网格，加大对易发多发问题领域的资金支付监控和审核力度。五是依托监控系统严格开展“三公”经费管理，建立健全月报制度，定期对市县进行反馈指导，压实资金使用单位的责任。重点关注财政部反馈的“三公”经费预警信息，督促厅内各部门预算管理处和市县财政部门及时整改落实。2022年12月对公务用车运行维护费做到凡支必审，督促预算单位严格落实过“紧日子”、党政机关厉行节约反对浪费等各项要求，严肃财经纪律，有效防范年底突击花钱。积极将日常审核的有效经验、成功做法上升固定为操作规范或制度规定，大大地增强了动态监控的规范化科学化。

（三）坚持信息化应用和人工重点审核相结合，是做好动态监控工作的基本方法

近年来，全国每年财政支出20万亿元左右，广西每年财政收支也近万亿元（含往来资金）。根据国库集中支付制度要求，无论是直接支付还是授权支出，尤其支付比例占大头的授权支付是从预算单位零余额账户提出支出用款计划后申请拨付资金，通过财政部门审核可开具支付令给代理银行将资金拨付给商品或劳务提供者或用款单位。海量的资金收支，统统纳入国库单一账户体系进行核算，自治区本级近三年平均支出超过千亿元，支出170万笔左右，单靠人力无法完成相关支出的审核把关。如果没有先进制度机制和先进信息技术支撑，将无法及时发现拦截一些预算单位利用虚假收款人账户、虚假的购销合同，甚至非常低级的骗取、套取财政资金的行为，也没有人力通过事后发现检查核查掺杂在海量支付信息中违规信息。预算执行动态监控系统天生具有信息化、自动化、智能化的特点，能够实现全覆盖、全过程、全链条、全天候、成本低的监控功能，克服过去财政事后监督的缺点，重在事前预警和事中拦截、实时监控，及时拦截预算单位违规支付行为，建立起预算执行反馈预算编制的机制，辅以通报机制和约谈机制，对预算单位的违规操作形成震慑，把一些不良苗头和违规行为惩治消灭在萌芽状态，实现从机制上和源头上防治腐败。为全面从严治党提供机制创新和手段创新。然而，实践证明，再完善的制度和先进的信息系统都无法避免存在缺陷和不足，所以需要人机配合，紧盯“关键少数”，加大对重大项目、重点领域、重点单位和重点资金的监控，不断细化授权支付大额转账的审核要求，将审核环节延伸至政府采购、财政投资评审环节，延长资金支付的审核链条，并实现从简单的保障财政资金安全，向推动预算单位加强财政资金使用管理、推动预算项目科学化、规范化管理转变。结合基本建设工程领域易发多发财政资金风险受到查处的实际，着重严格基建项目资金拨付审核，将国库集中支付管理中资金必须拨付给最终收款人要求贯彻始终，严禁预算单位将资金拨付给“过渡户”“代建户”，防止财政资金沉淀在预算单位实有资金账户。着重严格贯彻落实政府采购和财政投资评审的管理要求，确保项目“应采尽采”“应评尽评”，对不符合资金管理要求的项目资金坚决不予支付。以上如前文所述，监控成效非常明显，有效地减少财政资金浪费。

（四）坚持团结协作和各记其功相统一，是推进动态监控工作关键一招

现代预算制度下，动态监控具有全链条管理的特点，涉及方方面面和各个环节，必须调动各环节负责部门的积极性，压实各自的责任，包括预算单位主管部门。一是有效调动厅内相关处室加强动态监控的工作积极性。据统计，动态监控系统审核退回不合规或违规支付资金近百亿元、6845 笔次，其中工业交通处、教科文处、自然资源和生态环境处分别办理退回 3778、381 和 352 笔次，资金分别为 14. 84 亿元、27. 32 亿元和 3. 8 亿元，审核中心办理 2028 笔次、46. 80 亿元，业务处和审核中心退回业务量“七三开”，资金量“五五开”，客观反映厅内处室间的团结协作，也反映了审核中心最后把关的必要性。经建处、社会保障处等积极联系国库部

门，加强对预算单位规范办理动态监控相关业务的指导。财政投资评审中心与审核中心密切配合，有效制约了不合规的资金支付。二是构建厅内联合审核机制，做好动态监控审核的协调配合。建立健全授权支付大额转账联合审核机制，促进财政全链条管理的规范化。首次以清单式材料、表格式申请单等形式，通过动态监控和支付信息审核，发现部分预算单位未严格做到项目“应采尽采”“应评尽评”的，对不符合要求的项目资金坚决不予支付。三是坚决落实政府性基金“以收定支”原则，对每一笔基金支出征求部门预算管理处、预算处、国库处意见，核实基金资金入库情况等，保障有关支出不挤占一般公共预算支出，助力自治区本级库款处于合理区间。四是加强厅际动态监控工作协作，压实一级预算单位对本系统所属预算单位执行监控职责。积极与自治区交通业务管理部门、自然资源管理部门、体育管理部门和数据信息管理部门开展工作调研，增进政策了解和工作理解，压实其对二级预算单位的监管，共同推进动态监控工作。

（五）坚持加强政策指导和加大业务培训，是抓好动态监控工作的重要手段

一是积极指导和支持预算单位严格按照国库集中支付的有关要求开展工作。针对预算单位财务人员不熟悉国库制度和动态监控规定，开展了在线直播的视频培训。二是建立动态监控信息交流互动机制及时向对口预算单位的分管领导、财务处长、经办人通报动态监控有关情况，对出现过违规支付问题的单位加强监管，做到对预算单位监督到位、提醒到位、管理到位。三是统一大额资金拨付审核需要提供的材料清单。针对基本建设项目的支出存在化整为零违规操作多发频发的态势，进一步加大对大额资金审核力度，明确500万元及以上的单笔授权支付大额转账审核材料清单，规范了授权支付大额转账的管理，解决了财务支付与财政管理信息不对称反复提供材料的问题，提高了财政资金支付合规性有效性。四是进一步做好数据信息服务。完善报表功能。将《支出合计统计表》数据与支付中心的统计数据进行衔接，确保表间数据一致，并下发市县财政部门使用。新增《大数据纠治“四风”预警信息统计表》，供自治区纪委监委、厅内相关处室直接查询。五是以“两年”活动为契机，制作预算执行动态监控业务宣传视频，进一步加大自治区本级预算执行动态监控的政策宣传力度、业务操作培训力度，提升服务管理水平。同时，审核中心调整增加初审复审岗配置，不断提高资金审核效率，做到凡审必严，统筹兼顾了安全和效率。

（六）坚持系统研究和重点突破，是深入推进动态监控改革的科学方法

一是注重顶层设计，批准了系统建设三年行动计划。组建自治区、市、县三级财政部门业务骨干组成的预算执行动态监控系统建设攻关小组，通过集中办公的方式，创新性提出选择性推送、虚拟账户识别、跨年度控制投资评审项目支出总金额等思路，加快提升系统的智能化水平，积极推进预算执行动态监控体制机制建设和系统建设，有效助推财政事业高质量发展。二是注重群策群力，共同研究，一体推进。组织厅内动态监控联席会议、市县预算执行动态监控工作调研座谈会。深入地交流探讨和经验借鉴，进一步厘清了预算执行动态监控的工作思路，统一了动态监控过程中所发现问题的解决方案，并为下一步统筹推进全区预算执行动态监控工作提供了决策参考。三是注重全链条线上监控设计，推动动态监控闭环管理。严格遵循预算管理一体化建设的业务规范和技术标准，在自治区本级预算执行动态监控模块正常平稳运行的基础上，将监控处理单要素集成、业务流程、规则和技术保障融合融通，积极探索研究业务需求并开展试点运行工作，实现了监控处理单业务从无到有的突破。四是注重结合市县实际开发系统。深入某地级市开展预算执行动态监控业务调研，了解相关市县动态监控机制、动态监控系统建设情况及需求，了解市财政局关于加强农民工工资监控的有关做法，收集市县财政部门的意见建议。五是注重借鉴外省先进经验。赴福建省财政厅开展“数字财政”建设经验学习调研，学习动态监控范围、预警规则级别设置、操作规程修订、监控处理单设置等先进经验。六是注重开展相关的重点课题调研。积极参与自治区组织部牵头与中央高校的区校合作项目研究，积极围绕热点问题开展课题《广西资金安全管理问题研究》和《动态监控视角下财政预付款的问题研究》，开展《完善国库集中支付制度背景下的预算执行动态监控制度体系的几点思考》等课题研究，为动态监控提供新的工作思路。

三、当前预算执行仍然存在较多风险

（一）部分领域预算执行风险仍需关注

除上述发现的部分预算单位存在未严格落实国库集中支付制度的规定和违反财政投资评审法规等问题以外，还发现存在其他不规范支出行为。包括：

1. 资金拨付或存放不规范的行为。主要是通过联合体中标，将资金拨付到三方共管资金账户。如某设计公司开设的账户作为业主单位和中标联合体共管账户，由业主单位将基本建设项目资金先拨付到共管资金账户，再由此账户分账划拨给各分包企业，与国库集中支付管理中要将资金直接支付给分包方的要求不一致。发现存在同一笔资金重复录入办理支出的问题。某省某厅局本级，支付两笔（支出项目、金额、收款人相同）资金，被“向个人账户转账”黄灯预警。退回预算单位作相关说明，预算单位解释为第一笔录入时发现有错误无法删除，就继续录入同样金额的支付申请送审。

2. 部分单位存在规避财政投资评审的故意。某省某医院约10亿元的工程项目，2020年因项目资金来源不明朗，未能准确确定相关项目的财政性资金是否达到财政评审条件，未确定属于财政评审范围的情况。但是以上是总体项目，不是可实施具体项目。经核查发现其所有招投标项目的资金来源全部为财政性资金，与预算单位最初报告项目的财政性资金来源不达评审条件不一致。另外，某省本级部门委托平台国有公司建设的基本建设项目，不少项目没有开展财政投资评审工作，项目合计金额非常大。这种情况存在着较大的财政资金管理风险，给财政管理提出了新的命题。

3. 存在未执行政府性基金“以收定支”的问题。政府性基金遵循“以收定支”的原则，在预算管理一体化系统中，按收入控制支出的业务规范和技术标准管理，对“收不抵支”的项目支出进行控制。存在个别自治区本级的预算单位安排基金预算支出，由于未及时督促有关部门将土地出让收入足额缴入国库，出现某年年度内相关基金“收不抵支”的支出管理风险。

4. 主动规避动态监控的风险。发现部分预算单位存在将授权支付大额转账支出（以下简称“大额支出”）采取化整为零方式规避预算执行动态监控的行为，如审核发现的某省某学院某校区建设项目主动规避动态监控的支付行为，针对容易潜藏着的管理风险解剖分析，提出细化管理的举措，有效发现此类风险。又如，某省某医学院附属医院，为规避授权支付大额转账预警规则，将工程进度款拆分为2000万元以下的支出，触碰“化整为零预警（蓝色）”规则，涉及金额2.48亿元，经过督促和指导，该单位已严格按照授权支付大额审签手续办理相关资金支付。某省某监狱支付个人差旅费金额为7.5万元，被“向个人账户转账”黄色预警。审核时发现支付金额异常退回预算单位要求提供相关票据证明材料。预算单位无法提供证明材料，解释为操作过程中数字输入错误，无法核实是否如预算单位提出申请支付金额与实际不一致的意见。

综上所述，充分反映出“重预算、轻执行”“重分配、轻监管”的问题仍然比较突出，其对预算管理和地方经济发展的危害是巨大的。如只对单笔2000万元以上的大额资金（授权支付）进行全面审核、拨付资金不审核项目实施进度，不审核资金向第三方支付等。这些问题的后果是，人为拉长资金拨付链条，增加了廉政风险、资金安全风险，造成支出进度虚高等财政信号失灵，造成国库资金流失但预算单位实有资金剧增，造成财政资金绩效考核失效。长此以往，必然积弊难解。尤其是，当个别预算单位进行所谓的“技术处理（把项目变成多笔小于2000万元的支出）”后，相当于没有资金需要全面审核，形成预算单位实质上的“敞口花钱”，将会造成国库集中制度源头预防和治理腐败的机制部分失效，层层拨付资金将会损害广西的营商环境，存在较大的管理风险。2022年，审核发现部分预算单位在未开展财政投资评审的情况下开工建设，违反了财政投资评审管理规定，鉴于这些项目已开工建设，无法再开展财政投资评审。按财政投资评审审减率（5%—10%）推算，若以上违规行为能及时发现并制止可以减少4亿—8亿元甚至更多的财政资金损失，可以有更多资金投入基本民生等急需紧要的领域。同时，此类项目容易出现项目总投资超概算、工程款超进度支付的风险，建设不符合基本建设管理程序，造成了不良的示范效应，已被纪委监委列为工程建设领域腐败问题专项治理整治重点内容之一。

（二）产生风险和问题的简要分析

发生此类问题的原因是多样的，究其重要原因有：

1. 部分制度或机制不完善不衔接。比如，由于部分规定不完善不细化，某省某部门对投资评审规定“自治区本级拨付的资金”理解成“除中央转移支付资金以外的自治区本级安排的资金”，与财政部门不一致、执行不一致；又如，纳入预算的基本项目建设，预算的安排、债券资金的分配与财政投资评审存在部分脱钩。同时，国库管理改革从以直接支付为主向以授权支付为主转变，相关的监管规定没有配套，存在客观上的制度性漏洞。另外，支出进度考核制度还不够完善，缺乏客观的免责条款和规定。参考单一的序时进度要求与预算安排进度存在差异、与客观实际存在差异，在进度绩效考核的压力下促使少数预算单位盲目追求支出进度，违反了资金支付按预算、按合同、按项目实施进度支出的规定。

2. 一体化系统功能智能化有待提高。一是预算管理一体化系统建设、系统功能设置不完善，比如财政投资评审、政府采购的审核流程缺失，动态监控无法从中获取直接、有效的信息，需要进一步完善有关要素控制。二是动态监控系统未能通过一体化系统模块间数据逻辑校验验证支付的真实性、可靠性，导致单位仍需要提供材料证明其合规性，人工审核工程量大。三是系统智能化水平不够高，当前动态监控模块运行模式为单一的线性模式，财政投资评审、政府采购等的监控仍未在系统中实现系统对接和电子化审核，难以实现智能化审核需求，需要立项进行二次开发。四是同一模块无法同时兼顾不同层级财政部门的需要，不能及时地提供不同财政部门需要的数据信息等，遇到问题需要两家运维公司共同协商解决，沟通协调时间较长。五是信息系统运行存在稳定性不足的问题，在季度末、年末等关键节点，及年后数据统计节点，存在系统卡顿、附件无法预览和操作错误等问题。

3. 业务培训和政策宣传还不充分。一是部分财政干部不熟悉财经法规和各专项制度，包括对财政投资评审是预算安排的前置要求、预算是政府采购的前置要求和项日实施进度是资金支出重要条件等常识性基础性制度要求不熟悉，对未开展投资评审或政府采购的项目也安排了预算资金，继续办理支出的审核手续。二是预算单位经办同志不熟悉常识性的财经纪律和国库管理制度的问题突出。对存在下位规定与上位法（规定）冲突的，未按上位法（规定）有关规定履行相关手续和办理资金支付。比如，部分预算单位经办人员不知道项目资金应该向中标实施公司拨付资金、一定规模的项目建设投资应当开展投资评审，等等。由于不熟悉财政相关制度，预算单位提供解除预警信息的佐证材料存在一定的随意性，需要花费大量的时间和精力进行人工审核，一定程度上影响了审核效率。

4. 缺乏动态监控结果运用机制。在厅内缺乏内部制衡的机制。对厅内各处，动态监控工作在厅内存在干好干坏一个样，尽责不尽责没区别。比如，部门预算管理处未及时审核监控预警信息，将大量监控预警信息集中在月末、季末、年末进行审核，一定程度上影响资金支付效率。对预算单位，被发现问题的与遵纪守法的一个样，没有影响预算的安排，甚至也没有被通报批评。诱发了部分预算单位财务人员的侥幸心理，认为可以规避相关规则及不按照有关程序办理支付业务。

四、继续做好动态监控的几点建议

（一）坚持依法监控，严格执行财经法规制度

一是严守财经纪律，始终将保障财政资金安全置于工作的首要位置。持续纠正预算单位在执行财政预算管理制度、国库集中支付制度过程中的不规范行为，力促财政资金的规范化管理。二是严格执行制度，强化监控审核，不断提升财政资金使用效益。系统监控与人工审核两手并重，在充分发挥信息系统监控作用的基础上，不断加大对大额资金、重大项目资金的人工审核力度，使财政资金的使用符合“按预算、按计划、按进度”的管理要求，尽量避免财政资金过度沉淀于预算单位的不经济、不效益问题的出现。三是加强投资评审等重点领域项目资金审核。统筹好发展与安全，对属于“应评未评”的重点建设项目，区分客观实际和具体情况，经过分管部门预算管理处及国库部门的厅领导批准后，仍可办理资金支付业务，但原则上累计支付进度不得超过中标合同金额的75%—85%（分类确定），待完成财政投资评审手续后，再予以办理。对应急支出、拨付农民工工资等特殊事项的，对支出进度已经超过前述规定的资金拨付需求，须

报主管部门主要负责人同意并报财政部门主要负责人批准后，按照特事特办的原则办理。四是加强监督监控联动，不断完善财政资金管理使用的综合性审查机制。会同厅内相关处室，不断完善财政资金拨付的综合性审查机制，确保财政资金的管理和使用符合财政综合性管理的要求。继续加强与纪检监察部门的联动，及时通报、移交监控审核过程中发现的问题和线索，并将纪检监察部门对财政资金的管理要求贯彻落实到日常审核。

（二）注重顶层设计，完善动态监控制度和机制建设

一是继续完善预算执行动态监控制度体系。修订完善动态监控操作规程和规则体系文件制度，为进一步落实、落细工作要求，划分主体责任，规范业务程序，系统性提升动态监控的警示、纠偏作用，夯实工作基础提供依据。二是不断研究探索提升预算执行监控威慑力的方法和手段。以加强动态监控结果运用的制度建设为抓手，研究探索预算执行反馈预算编制的良性机制。三是加强对市县预算执行动态监控工作的指导。研究探索加强市县动态监控工作的有关问题，并适时出台指导意见，不断夯实预算执行动态监控市县工作基础，为建立上下贯通的转移支付动态监控体系作准备。四是优化大额支出管理。统筹好安全与发展，着重加强多发易发领域和重点资金监控审核，简化优化其他大额资金管理。全面加强对单笔支出2000万元（含本数）以上的大额资金支付审核。对项目金额在2000万元（含本数）以上的，参照大额资金管理。全面加强基本建设项目的财政资金支付审核。着重审核财政投资评审、预算安排、政府采购（工程招投标）、工程实施进度和农民工工资保障等方面。简化其他大额资金管理流程和审签手续。

（三）严格控制跨行政层级资金支付行为

除自治区财政厅外，各部门各单位不得对下级政府部门和单位下达转移支付预算或拨付转移支付资金。自治区土地储备业务主管部门要严格执行国库集中支付制度，资金直接支付给受补偿对象。自治区收储国有林场、农场、村集体和其他国家企事业等单位土地时，不得将资金拨付到土地所在地的征迁中心或土地储备中心，相关补偿款项按规定程序直接支付至被收储单位或村集体账户。自治区收储自然人土地的，按规定程序直接

拨付给自然人；对部分情况特殊的地区，将2023年设置为过渡期，继续沿用原有拨款方式和渠道；过渡期间，相关资金存放在当地财政部门开设的资金账户进行规范管理，防范资金下沉后廉政风险；过渡期结束后，严格依照国库集中支付制度执行。自治区水库移民资金、其他移民征地拆迁资金，要严格执行国库集中支付制度。

（四）加强业务研究，健全动态监控机制和系统建设

一是按照将全部财政性资金纳入监控范围的目标，继续稳步推进动态监控系统建设三年行动计划，利用大数据信息化手段提高动态监控效能。调度好、使用好各地各级攻坚小组的人力资源，确保各项工作稳步推进、实施。力争尽早实现对代理银行的动态监控，尽早对市县财政运行风险进行干预和约束。二是深入聚焦自治区本级预算单位财政资金管理和使用的痛点和难点。研究对财政预付款项、代垫款项等业务的有关政策，统筹防控财政资金安全风险与促进优化营商环境，为下一步做出预算执行层面的指导意见、强化资金使用监管提供保障。三是按照构建财政资金拨付和使用的综合性审查体系要求，不断完善动态监控审核流程。将财政投资评审和政府采购等财政资金拨付相关流程嵌入动态监控系统中，构建多部门线上联审机制，提升重大资金支出审核流程的完整性和规范性。

（五）进一步压实预算单位主管部门和财政内设部门在动态监控工作中的责任

一是进一步优化动态监控审核流程，引入预算单位主管部门参与对所属预算单位的大额资金支出和疑似违规支付行为等的审核程序，压实预算单位主管部门责任。预算单位主管部门可以利用预算管理一体化系统或自建系统，加强对所属预算单位资金支付和使用的管理等情况的动态监控，对动态监控发现的问题要切实整改、开展自查，避免类似问题反复发生。二是负责动态监控的执行机构，要加大监控审核力度，及时将监控检查情况反馈相关方，定期开展综合分析，及时将重要情况向单位主要领导和分管领导汇报，为领导决策提供参考。要建立定期通报制度和“黑脸”通报制度，肯定正面案例和有效经验做法，对多发易发的违规问题以适当形式予以“黑脸”通报。三是进一步完善预算执行反馈预算编制机制，加强运

用动态监控结果开展预算绩效管理、会计队伍人才管理等工作。积极将动态监控结果作为财政部门内部各单位评选先进和干部考核、任用的重要参考依据。

（六）加强系统建设，提高动态监控智能化水平

一是继续推进动态监控系统建设三年计划落实，加快推动预算执行动态监控系统与相关业务系统的数据衔接工作，力争实现不同业务系统之间的自动数据校验，进一步提升监控审核效率和精准性，减轻人工审核的业务量和工作量。二是研究探索预算执行动态监控规则体系及跨行政级别的监控，统筹加强全区财政管理水平的提升。积极研究探索上级转移支付资金监控的有关问题，助力相关政策落地见效。

（七）加强业务交流与培训，着力提升动态监控效能

一是积极赴先进地区等财政部门开展学习调研，了解有关动态监控的制度、做法和经验，互通有无，以填补广西动态监控领域空白。二是开展全区动态监控培训和宣传，全力推动全区预算执行动态监控管理水平提升，进一步提高财政资金对重大项目、重点支出的保障能力，强化预算约束，在确保财政资金安全的前提下加快支出进度。三是加强预算执行动态监控相关规章制度的宣传工作，让主管部门、预算单位、代理银行和厅内各处室充分了解各自职责，并规范办理预算执行动态监控业务。

参考文献

［1］赵健．优化财政收入结构问题研究［J］．财政研究，2008（5）：52—55.

［2］刘明慧，党立斌．地方财政收入的合意性——基于结构视角的分析［J］．宏观经济研究，2014（8）：10—20.

［3］贾俊雪，郭庆旺．市场权力、财政支出结构与最优财政货币政策［J］．经济研究，2010（4）：67—80.

［4］李耀华，杨佩卿，姚慧琴．中国式财政分权下地方政府收入结构偏向分析［J］．人文杂志，2018（8）：52—61.

［5］Petchey J D，Levtchenkova S. Fiscal Capacity Equalization and Economic Efficiency：The Case of Australia［J］．International Center for Public Policy Working Paper，2007：13－30.

［6］Corsetti G，Ma & Kowiak B. Fiscal Imbalances and the Dynamics of Currency Crises［J］．European Economic Review，2006，50（5）：0－1338.

［7］李建军，王德祥．经济开放与地方财政收支非平衡——基于中国省际面板数据的实证研究［J］．武汉大学学报（哲学社会科学版），2012（1）：106—112.

［8］陈建宝，戴平生．我国财政支出对经济增长的乘数效应分析［J］．厦门大学学报（哲学社会科学版），2008（5）：26—32.

［9］姚耀军，和丕禅．农业财政支出与农业 GDP（1978～2001）：一个实证分析［J］．中国农业大学学报（社会科学版），2004（1）．

［10］周剑涛．农业财政支出的实证分析［J］．江苏农村经济，2004（12）．

［11］魏朗．财政支农支出对我国农业经济增长影响的研究——对1999～2003年农业生产贡献率的实证分析［J］．中央财经大学学报，2007（9）．

［12］高铁梅：计量经济分析方法与建模［M］．清华大学出版社，2006.

［13］李子奈：高级计量经济学［M］．中国人民大学出版社，2002.

［14］缪小林，伏润民．我国地方政府性债务风险生成与测度研究——基于西部某省的经验数据［J］．财贸经济，2012，1：17—24.

［15］Hana Polackova. Contingent Government Liabilities：A Hidden Risk for Fiscal Stability［R］．World Bank Policy Research Working Paper，1998.

［16］William Easterly，David Yuravlivker. Evaluating Government Net Worth in Colombia and Repubilic Bolivariana de Venezuela［C］．Government At Risk：Contingent Liabilities and Fiscal Risk，2002：181－202.

［17］Schick A. Budgeting for Fiscal Risk. The World Bank，Mar 2000.

［18］Julian B，Robin S. Development of an Earthquake Loss Model for Turkish Catastrophe Insurance［J］．Journal of Seisnology，2002，6：431－446.

［19］魏加宁．中国地方政府债务风险与金融危机［J］．商务周刊，2004，3（5）：42.

［20］黄思明，王璟谛．国外发达国家地方债经验借鉴［J］．经济研究参考，2015（53）：7—12.

［21］龙海洋，徐智华．地方政府发行债券可行性的经济学探微——在全球金融危机的视角下［J］．北华大学学报，2009，10（3）：16—20.

［22］周小川．推进中国债务资本市场持续健康发展［J］．中国金融，2010（23）：9—10.

［23］王璟谛．民族省区政府债务问题思考［J］．中国财政，2019（10）：47—50.

［24］贾康，孟艳．关于财政政策与货币政策协调配合的简要认识［J］．财政研究，2008（6）．

［25］江飞涛，李晓萍，贺俊．财政、金融与产业政策的协调配合研究——基于推进供给侧结构性改革的视角［J］．学习与探索，2016（8）．

［26］刘尚希．转变传统思路，促进财政金融政策协调发展［J］．清

华金融评论，2017（3）.

［27］王文甫．财政政策与货币政策对经济增长的影响及其相互协调［J］．统计与决策，2007（6）.

［28］庄芳，庄佳强，朱迎．我国财政政策和货币政策协调配合的定量效应——基于协整向量自回归的分析［J］．金融研究，2014（12）.

［29］李强，徐康宁．金融发展、实体经济与经济增长——基于省级面板数据的经验分析［J］．上海经济研究，2013（9）.

［30］刘思峰，袁潮清，王业栋．广义虚拟经济视角下我国虚拟经济与实体经济协调发展实证研究［J］．广义虚拟经济研究，2011（4）.

［31］张瑞芳，王燕．财政“暂付款”发生的基础及运行风险［J］．山西财税，2013（11）.

［32］金嘉欣．关于加快清理和规范管理地方暂存暂付性款项的探究思考［J］．预算管理与会计，2019，No. 335（07）.

［33］王璟谛．国家治理视角下民族自治地方财政问题研究［D］．北京：中央财经大学，2019.

［34］李娉，王俊倡．建立财政暂付款控制制度防范财政风险［J］．审计与理财，2011（012）.

［35］赵明英．辽宁财政规范暂付款会计核算管理问题研究［J］．地方财政研究，2020（6）.

［36］广西财政厅课题组．创新“六强”型财政理财思路服务壮美广西建设研究［J］．经济研究参考，2020（10）.

［37］王小龙，李敬辉等．预算管理一体化实用教程［M］．北京：经济科学出版社，2020.

［38］中华人民共和国财政部国库司．财政国库手册［M］．北京：中国财政经济出版社，2020.

［39］财政部．财政部关于加快建立地方预算执行动态监控机制的指导意见［J］．中国工会财会，2009（08）：60—61.

［40］财政部．财政部关于进一步推进地方预算执行动态监控工作的指导意见［EB］．中华人民共和国财政部，2015（5）.

［41］区块链技术应用联盟，达瓴智库，亿欧智库等．2020 全球区块链创新应用示范项目集［DB/OL］．2020（7）.

［42］许金叶．区块链技术与会计融合的可能性、落脚点及需解决的问题［J］．财务与会计，2021（4）：36—39.

［43］杜玥霞，秦日臻．国网电商公司参与编制的一项国际标准发布［N］．国家电网报，2021-03-31（2）．

［44］曾雪云．区块链技术原理与财政应用前景［J］．财会月刊，2019（7）：160—165.

［45］武国亮，杜永红，敏伊贞．财政国库动态监控管理的现实、问题与发展［J］．教育财会研究，2015（6）．

［46］樊丽江．Q市国库集中支付动态监控管理研究［D］．云南：云南财经大学，2015.

［47］韩珍．动态监控问题探微［J］．财审会计，2016（3）．

［48］李梓铃．W市动态监控的优化研究［D］．陕西：西北农林科技大学，2019.

［49］黑羽佳．我国动态监控体系建设研究——基于部分省市的实践［D］．北京：财政部科学研究所，2013.

［50］陈楠．国库集中支付监控体系的完善［D］．陕西：西北大学，2015.

［51］金鲁洁．国库集中支付动态监控研究——以温州市B区为例［D］．陕西：西北农林科技大学，2018.

［52］李梅．推进县区国库集中支付动态监控管理的探讨［J］．时代金融，2018（10）．

［53］广西财政厅课题组．构建广西财政动态监控机制的实践与思考［J］．经济研究参考，2015（11）．

［54］金琪琳．对国库集中支付动态监控的研究——以Z市为样本［D］．河南：河南大学，2017.

［55］苏晓艳．河北省省级国库集中支付动态监控机制建设研究［D］．河南：郑州大学，2017.

［56］徐立群．动态监控问题研究——以滨州市财政局为例［D］．山东：山东大学，2017.

［57］财政部国库司．动态监控机制建设［J］．中国财政年鉴，2011（12）．

［58］李樱. 完善区级财政预算执行动态监控机制的研究［J］. 财经界，2016（10）.

［59］王志俊. 基于 J2EE 的预算执行动态监控系统的设计与实现［D］. 福建：厦门大学，2013.

后　记

人生是一个讲缘分的过程。2012 年，我报考财政部科研所（现中国财政科学研究院）国家“少数民族高层次骨干人才计划”博士研究生，因故未能成行。2014 年我借调到财政部工作，有幸拜访李保仁老师，在李老师谆谆教导和党的民族政策关爱下，我顺利报考并攻读中央财经大学博士学位。

作为一名少数民族干部，我希望学以致用，在攻读博士学位的同时，以无知者无畏的决心开展财政实务问题研究。本书既是我求学过程的思索、工作中的见解，也是多年来我和我的研究团队工作思考，还是不少基层财政干部的智慧的反映。在研究和写作过程中，我有幸得到了学术界前辈和有关领导的指导和支持。

学习是一件快乐的事情，终身学习是我对自己基本的期许。但是攻读博士学位的煎熬超出我的预期。博士学位论文的学习研究和写作过程要求高强度大，非常不易，尤其像我这样学习基础一般、上有老下有小的大龄学生，面临许多需要克服的困难。通过攻读博士学位和撰写博士论文，我感到自己获得重生，那种高峰体验的快乐感觉令我难忘。

基层财税工作经历十分宝贵。习近平总书记教导我们，要以身许国、心系人民，把论文写在祖国的大地上。在多个层级工作的往事仍然历历在目，其中的意义不亚于攻读博士学位。1996 年，我在乡镇税务所工作，常为征收零散税收与地摊小贩打交道，行走乡间村野，总的看，皇粮国税，深入人心；偶尔也有个别偷奸耍滑和暴力抗税的分子，尤其是集市中拍刀藏枪的屠夫司空见惯。某个月夜，我骑行摩托车曾遭遇过危险，被一个偷税的惯犯在山村公路上用大卡车追逐冲撞，山高路绕让其不敢全速开车，最后我侥幸脱危，而次日一早，这户竟然乖乖地到税务所补缴税款，税法的震慑力可见一斑，但这个事回想起来还是有些后怕，基层干部的处境常常让我忧思。后来，我有幸到财政部工作过，对中央部委同志们的敬业精神、专业水平和大局观印象深刻，也激起我进一步学习深造的念想。可以说，要做好各层级的工作并不比攻读博士学位容易。

为写好博士学位论文，我投入了大量的时间收集基本的数据和信息，思索的问题千千万万。刚开始时，我发现对重要问题的研究无从下笔。通过学习新的理论知识、长夜静思、反反复复，不断地向老师同学讨教，我苦苦寻求这些重要问题的答案。恰好，学习期间我有幸到南宁市宾阳县挂职工作，有机会将理论和实践结合起来。与农民朋友、各层级部门负责人等不同群体交谈探讨，帮助我将对问题迷惘的烦恼逐步转变为获得清晰思路的喜悦，掌握的知识扩展到诸多学科，使我的研究能力和思辨能力明显提升。

感谢我的父亲母亲。感谢我的大家庭里父母的养育之恩，哥哥姐姐关照之情；小家庭中，妻子郭珊珊和儿子王国鑫为我创建了温馨的学习环境，我心中幸福满满。非常感谢他们，同时深感内疚。我的父亲在苦难中长大，少时贫穷困难，更多是靠我的太奶奶资助上学。后来，我的父亲凭着不服输的一股硬气，在手无分文的艰苦条件下创办了一所民办中学，教学成绩卓著斐然，为乡村群众做了一件有益的事。他在将年近半百的岁数上，成为象州县第一个以农民身份取得大学文凭的人（1987 年广西大学自学考试毕业）；在 75 岁高龄时，他完成《人生争口气》的著述并印送乡村邻里，还继续创作毛笔体钢笔体的硬笔书法集。我的母亲通情达理，一直呵护我，是我最亲的人。我小时候家境清贫，当时还没有实行义务教育制度，父亲母亲支持我们五兄妹一起上学读书，做到了一碗水端平。小时候我觉得理所当然，村里有些人还当作笑话。现在回望父亲母亲的艰难与坚持，深深感受到他们的平凡和伟大。尤其是，父亲觉得我们不够争气不够努力，他利用农闲时间争分夺秒求学，夜晚睡醒即起身再学、困乏再眠，苦战三年，终于取得大学文凭。这对我们兄妹五人是鞭策和鼓励，在全村全乡是榜样。这样的精神力量是宝贵且长远的。

感谢敬爱的老师们。我的博士生导师李保仁老师，他把美好的青春献给新疆，献给了祖国的边疆，他对民族地区有着深厚的感情，对民族地区财政问题有着独特的见解，加上他深厚的理论功底和哲人般的睿智思维，给我注入强大的信心和温暖的力量。李保仁老师不顾高龄，仔细阅改我的论文并提出宝贵的意见，精心指导我的学习和研究，付出了许多心血。可以说，没有老师的鼓励和科学指导，我无法完成博士论文研究写作。老师不仅治学严谨、知识渊博，在管理和创新上独树一帜，是令人感怀敬佩的领导者。近几年他所创设的博士培养导师组制度得到了高度认可和推广，让更多的博士生受益，为国家培养博士生拓宽了道路；他为中央财经大学引入建立的精算师专业至今仍然在培养金融人才方面发挥着重要作用。我的导师组中，安秀梅教授、曾康华教授、冯海旗教授、黄振华教授，还有中央财经大学财税学院的马海涛、白彦锋、温来成等多位教授，以及我的硕士生导师黄绥标教授，他们从不同的领域和视角给予指导，为我完成学业和论文撰写提供积极的帮助，使我的学术研究能力进一步提高。没有硕士、博士学习阶段的钻研，就没有现在对研究和写作的基础和兴趣。

感恩所有扶助过我的人。本书成书过程中，我谨记当代马克思主义中国化的立场、观点和方法，学习和汲取了历任财长的理财思想和历任财政厅厅长理财资政的理念，得到了有关领导同志的指导，得到了财政部国库司领导和博士同学的支持，得到了很多省财政厅同仁的大力支持，得到了《当代广西》编辑部专家的指导，得到了中国财政经济出版社的李昊民和张怡然同志的帮助，闫彬彬博士在计量模型构建和宏观政策解读多个方面给予了帮助，赖晓雯同志参与全书的校稿核改工作。此外，还得到了本单位同事的关心关照。一路走来，我结识了很多值得我学习和感谢的朋友。我的课题研究得到自治区财政厅领导的多次指点，得到有关省厅的同仁和市县财政系统多名领导的帮助。我与不少市县领导干部和国库系统的老朋友保持着紧密的联系，他们帮助我及时准确了解各地财政经济运行的实际情况。比如，部里历任国库司领导和石桂华、司书耀、张志成等专家，厅里同事们、处长们，市县的陈国栋、庞泳、覃群道、甘钧钰、韦健、罗建新、覃龙、赖晓文等朋友，他们精通财政之道，能够驾驭复杂财经局势，我从他们身上汲取到新的智慧和精气神。为此，我对他们表示诚挚的感谢！还要对刘波社长、黄佳民博士、高立博士、刘金林博士、苏娜博士、曹雪娇博士、师玉朋博士、张程博士、梁文卓博士、许海东博士等，对已专门在文中列名说明参与各个课题研究团队的成员，对未能一一列名的领导同学同事表示诚恳的感谢！

感恩这个伟大的时代和伟大的国度。我们的国家是共产党的天下，人民的天下。国家一切权力属于人民，写入宪法，谁也无法超越。没有共产党执政，我们必然生活在门阀权贵统治之下，黑恶势力必然四处横行。没有共产党领导，我们就无法从贫困国家变成世界强国，矗立于世界民族之林。党的领袖们的丰功伟绩和人格魅力，世人有目共睹，令人崇敬。生活在这样伟大的国度，作为一名中国人，我怎能不骄傲不自豪？我既是受益者，更是奋斗者，即使做不到习近平总书记提出的“我将无我，不负人民”，起码也要为中华民族伟大复兴而呐喊助威、添砖加瓦。

学习和研究永无止境。尽管我连滚带爬吃力地完成博士学业，而经过系统专业学习的我，更有信心走上理论研究之路，养成学思用贯通的习惯，不断思索，持续获得学理和实践上的感悟。真理探索无止境，学习领悟永不停息，研究永远在路上。愿有生之年，我能做到不断求索、不断创新、不断前行，无愧于时代赋予我们的历史使命，为中华民族伟大复兴尽绵薄之力。

学理哲理的思考永无止境。我们要运用好辩证唯物主义和历史唯物主义的方法，就能更好地理解“核心意识”不仅有政治学价值，也有经济学价值。中华民族伟大复兴需要注入强大的稳定性和内生动力，需要最大程度地减少的不确定性带来的经济成本、社会费用，实现国家和人民的利益最大化。以“交易费用（成本）论”和“产权理论”为基石、以确定性原理为底层逻辑的制度经济学，能够帮助我们更加深层次地挖掘和阐释“两个确立”和“两个维护”于中国实际，具有的伟大政治意义和重要经济意义，从经济学理论上更合理地解释经济发展中激励寻利效应与防止寻租行为，从而引导人们拥戴核心，依法办事，减少不必要成本和费用。在其他条件不变，确定性的外部性效应可以有效减弱信息复杂性，拓宽确定性边界，压缩不确定的范围，实现交易费用（成本）最小化，进而带动既定经济规模下经济效益的增加，促进政治稳定性、社会有序性，改善公众对经济社会发展的预期，产生帕累托效应，有效实现最广泛人群的利益。国家在制度供给方面最为关键，最重要最本质的要求是用权力约束权力，确保违反制度的损失成本远大于违反制度获得收益，才能有效提高制度遵从度，才能有效矫正领导干部扭曲或错位的政绩观并有效减少对市场的不当干预，有效防范党员干部寻租行为，把集体行动和利益集团、个人行为引领到寻利性生产上来，以增进整个社会福祉。以全民法治的确定性和合理性，为中华民族伟大复兴保驾护航，这不是学者的政治正确，是当代中国人应有的旗帜鲜明的正确价值观，也是学理常识。

地方财政运行的思考和探索永无止境。广西财政支出主要来自中央的财力补助，在一个较长的时期内不会有质的改变。广西的基本公共服务投入水平长期偏低，除自身经济发展不足外，财政体制不科学、转移支付制度不完善也是重要原因，并形成了投入的历史累积性缺口。近几年，中央给广西一般性转移支付水平达到了全国平均，专项转移支付水平仍然偏低，总的看，尚未充分考虑对广西投入的历史缺口和现实需要，其中的客观因素很难改变，但主观努力仍有空间。为此，文中研究建议将争取中央及各部委的支持作为一个专项攻坚工作，系统研究、整体部署、持续推进。甚至可以考虑，全面整合各地各部门各类资源，夯实领导力量、提供组织保障；建立起对接不同层级不同类型援助的体制机制，并提供相应的人才人力物力保障。这些是操作层面的东西。从宏观角度看，如何更加科学地进行央地分权、集分平衡，事权与支出责任相适应，在集中统一下给予地方尤其是自治区更大的自主发展权力，更好地发挥两个积极性，仍有很多需要研究的地方。广西的高质量发展，符合中央深耕亚太地区、睦临周边国家意图，符合巩固国家利益和满足地区人民发展需要。尤其是，中美博弈加剧，逆全球化思潮抬头，通过前沿地区经略周边国家的重要性应该上升到一个前所未有的高度，且需要加大实施力度进度。这其中的中央与地方、中央与自治地方的财政体制，既与单一制国家不一样，也与联邦制国家有很大的不同，值得继续深入研究。

诚然，财政与政治、财政与经济、财政与管理，均有重合交叉，貌似深不可测，又仿佛始终在身边，始终有许多研究不透的地方，又觉得反复思量有所收获。在经济理论趋向全球化的今天，我们更加应该全面加强党对经济工作的领导，充分发挥市场（“无形之手”）在资源配置中的决定作用，更好地发挥政府（“有形之手”）的作用。我理解这个“政府”在我国特殊政治语境下应该是指党领导下的所有公权力，不只是四家班子中的“政府机关”，与西方经济学中的“政府”概念大相径庭。党全面领导经济工作，就要理顺政府与市场的关系，其中抓好财政管理是关键。在我们的国家治理实践中，财政的重要性呈自下而上增强的趋势，而财政部门在同级行政机关的影响力呈自上而下增强的倾向，这就是实际情况，对一些非专业领域的读者来说，注意不要将财政与财政部门混为一谈。为此，我多年前就建议在地方党委应当设立财经委员会（2015 年提出），提供领导机制、组织机构和人才人力保障，定调把向、科学设置本地区财经发展预期，使增长区间具有弹性合理性，全面统筹整合税务、海关、财政、人大、发改、审计等机构财政职能职责，尤其是要发挥各级人大的作用，这是一个系统工程。很多财政干部自称“财政人”，但是，大多数财政干部、财政学者很难跳出“财政”看“财政”，作为本书的主要作者，我也毫不例外。中西方的财政看似一样，差异实则是一道肉眼看不清的鸿沟，现代信息技术可以很快将中西方财政理论异同进行面上的对比分析，但是中西方财政理论合流共进还需要一个漫长的时期。目前，既有吃“洋”不化，亦有食“古”不变，不是技术问题，也不是理念问题，而是不能刻舟求剑，不能固步自封，而是需要开放包容，把东方哲思与西方智慧融合起来，放眼全世界来正确看待中国今日的发展问题，尤其是财政经济领域还有很多亟需改革的地方，减少不合宜的政策规定，大幅度降低国家和社会运行成本。

书中收录到的文章有不少已经公开发表过，也有文章从未公开，既反映我和我的研究团队不懈努力，也说明财经问题复杂深远，很多东西还需要持续的探索和思考，例如对财政基本法的出台、新形势下预算法的修订、建立适应边疆民族省区特有财政体制（与发达地区和普通省份侧重点不一样）等，都还需要进一步深入研究。

最后，欢迎各位读者和专家不吝指教，指出本书内容的不足之处。

王璟谛

2024 年 11 月